Bernd Rodewald

Die Portfolio Selection Theorie als Entscheidungshilfe für die Wertpapierdepotplanung

Europäische Hochschulschriften

Publications Universitaires Européennes
European University Papers

Reihe V

Volks- und Betriebswirtschaft

Sciences historiques et sciences auxiliaires de l'histoire
History, paleography and numismatics

Bd./vol. 90

Bernd Rodewald

Die Portfolio Selection Theorie als
Entscheidungshilfe
für die Wertpapierdepotplanung

Herbert Lang Bern
Peter Lang Frankfurt/M.
1974

Bernd Rodewald

Die Portfolio Selection Theorie als Entscheidungshilfe für die Wertpapierdepotplanung

Herbert Lang Bern
Peter Lang Frankfurt/M.
1974

Ab Manuskript gedruckt.

ISBN 3 261 01434 2

Peter Lang GmbH, Frankfurt/M. (BRD)
Herbert Lang & Cie AG, Bern (Schweiz)

Vorwort:

Die vorliegende Arbeit stellt die unveränderte Veröffentlichung der von der Wirtschafts- und Sozialwissenschaftlichen Fakultät der Universität Göttingen angenommenen Dissertation gleichen Titels dar.

Nach Abschluß meiner Promotion gilt mein besonderer Dank meinem Doktorvater, Herrn Professor Dr. Jürgen Bloech, der diese Untersuchung angeregt und in jeder Phase ihrer Durchführung aufmerksam verfolgt und unterstützt hat sowie Herrn Professor Dr. Hans-Dieter Deppe, von dem die Arbeit als Zweitgutachter beurteilt worden ist.

Von meinen Kollegen muß ich besonders Herrn Dipl.-Kfm. Axel Fromm erwähnen, auf dessen Diplomarbeitsergebnissen ich aufbauen konnte, wobei das von ihm erstellte EDV-Programm des Markowitz-Algorithmus eine wesentliche Hilfe für mich gewesen ist. Außerdem habe ich mich über die Diskussionsbereitschaft meines Kollegen, Herrn Dipl.-Kfm. Lutz Klingelhöfer gefreut, ebenso wie über zahlreiche programmiertechnische Hinweise von Herrn cand. math. nat. Rüdiger Weiß.

Meiner Ehefrau Helga danke ich sehr herzlich für das Verständnis, das sie mir während der Promotionszeit entgegengebracht hat und für die sorgfältige und mühevolle Erstellung des Manuskriptes.

Gliederung:

Seite

Seite

Tabellen und Übersichten:

Seite

Seite

Symbolverzeichnis:

a_i	absolutes Glied der Rendite-Index-Regressionsgeraden des Wertpapiers i
A_i	absolutes Glied der Kurs-Index-Regressionsgeraden des Wertpapiers i
A	Matrix der Koeffizienten der Restriktionen
a_{n+1}	erwarteter Indexstand
b_i	Steigmaß der Rendite-Index-Regressionsgeraden des Wertpapiers i
B_i	Steigmaß der Kurs-Index-Regressionsgeraden des Wertpapiers i
B	Vektor der Restriktionskoeffizienten b_i
c_i	Standardabweichung der Rendite-Index-Regressionsgeraden des Wertpapiers i
C_i	Standardabweichung der Kurs-Index-Regressionsgeraden des Wertpapiers i
c_{n+1}	Indexstandardabweichung
C	Matrix der Varianzen und Kovarianzen
c_{ij}(für $i=j$)	Varianz (σ_i^2) der Rendite des Wertpapiers i
c_{ij}(für $i\neq j$)	Kovarianz der Renditen der Wertpapiere i und j
$cov(c_i, c_j)$	Kovarianz der Standardabweichungen c_i und c_j

D_i	Dividende des Wertpapiers i
$E(c_i)$	Erwartungswert der Standardabweichung c_i
E_p	erwarteter Ertrag (Rendite) des Portefeuilles
G	Vektor der Einzelerträge μ_i
I	tatsächlicher Indexstand
K_{io}	Kurs des Wertpapiers i zum Zeitpunkt o bei Vornahme der Vorausschätzung
K_{it}	Kurs des Wertpapiers i zum Zeitpunkt t entsprechend der Kurs-Index-Regressionsgeraden des Wertpapiers i
N(t)	Zwischenmatrix der Iteration t
p_{ik}	Eintrittswahrscheinlichkeit k der Rendite r_{ik} des Wertpapiers i
$p(r_{ik}/r_{jk})$	bedingte Wahrscheinlichkeit k für das gleichzeitige Eintreten der Renditen r_{ik} und r_{jk} der Wertpapiere i und j
r_{ik}	Rendite k des Wertpapiers i
r_i	Rendite des Wertpapiers i entsprechend der Rendite-Index-Regressionsgeraden des Wertpapiers i
r_{iI}	Kurs-Index-Korrelationskoeffizient des Wertpapiers i
r_{ij}	Kurs-Kurs-Korrelationskoeffizient der Wertpapiere i und j

R	Vektor bestehend aus einem Nullvektor und dem B-Vektor
S	Vektor bestehend aus dem G-Vektor und einem Nullvektor
x_i	relativer Anteil des Wertpapiers i am Portefeuille
X	Vektor der Portefeuilleanteile x_i
x_{n+1}	relativer Anteil des Dummies "Index" am Portefeuille
U	Vektor der Lagrangeschen Multiplikatoren λ_i der Restriktionen
$var(c_i) = q_i$	Varianz der Rendite-Index-Regressionsgeraden des Wertpapiers i
$var(c_{n+1}) = q_{n+1}$	Indexvarianz
VK	Varianz-Kovarianz-Matrix
V_p	Varianz des erwarteten Ertrages (Rendite) des Portefeuilles
w_i	Risikokomponente des Wertpapiers i in den einzelnen Iterationen
W	Vektor der Risikokomponenten w_i
y_i	Ertragskomponente des Wertpapiers i in den einzelnen Iterationen
Y	Vektor der Ertragskomponenten y_i

μ_i	erwarteter Ertrag (Rendite) des Wertpapiers i
λ_i	Lagrangescher Multiplikator der Restriktionen
λ_E^i	Lambdawert, dessen numerische Größe über die Auswahl des Wertpapiers i für die nächste Portefeuillebildung entscheidet
ρ_{ij}	Korrelationskoeffizient der Renditen der Wertpapiere i und j
σ_p	Standardabweichung des erwarteten Ertrages (Rendite) des Portefeuilles

1 Einführung

In den Jahren 1952 bis 1959 hat Markowitz ein Verfahren zur Wertpapierdepotplanung entwickelt, das unter dem Schlagwort der Portfolio Selection Theorie[1] eine kaum noch zu übersehende Zahl weiterer Veröffentlichungen nach sich gezogen hat. In der Bundesrepublik Deutschland fand diese theoretische Konzeption erste Beachtung durch die grundlegenden Arbeiten von Hielscher[2], Neuhaus[3] und Müller[4] sowie durch die Computer-Depots in der Zeitschrift "Capital"[5].

Eine vom Verfasser bei deutschen Banken und Investmentgesellschaften im Juni 1971 durchgeführte Befragung[6] hat jedoch ergeben, daß - trotz bereits seit Jahren bestehender EDV-Programme[7] - die Praxis von der Anwendung des Markowitz-Modells noch sehr weit entfernt ist. Die überwiegende Zahl der angesprochenen Institute beschäftigt sich,

---

1 H. M. Markowitz, Portfolio Selection. "Journal of Finance", Vol. 3 (1952), S. 77ff., wieder abgedruckt in: K. J. Cohen and F. S. Hammer, Analytical Methods in Banking. Homewood (Ill.) 1966, H. M. Markowitz, The Optimization of a Quadratic Function Subject to Linear Constraints. "Naval Research Logistics Quarterly", Vol. 3 (1956), S. 111ff., Derselbe, Portfolio Selection. Efficient Diversification of Investments. New York/London/Sydney 1959.

2 U. Hielscher, Das optimale Aktienportefeuille. Grundlagen der Kapitalanlagenplanung am Aktienmarkt. 3. unver. Aufl. Frankfurt (Main) 1969.

3 W. Neuhaus, Zur Planung effizienter Wertpapierportefeuilles. Diss. Köln 1968.

4 H. Müller, Portfolio Selection als Entscheidungsmodell deutscher Investmentgesellschaften. Bd. 10 der Schriftenreihe für Kreditwirtschaft und Finanzierung. Hrsg. K. F. Hagenmüller. Wiesbaden 1970.

5 vgl. hierzu: "Capital", 6. Jg. (1967), Nr. 8, S. 51ff. Die Computer-Depots sind ab Mai 1971 durch Experten-Depots ersetzt worden. "Capital", 10. Jg. (1971), Nr. 4, S. 154 und Nr. 5, S. 170.

6 Die Befragung konzentrierte sich auf die drei Großbanken, die Deutsche Genossenschaftskasse, die Bankhäuser I. D. Herstatt und C. G. Trinkaus sowie den diesen Banken nahestehenden deutschen Investmentgesellschaften.

7 IBM 7074 Portfolio Selection Programm (7074-FI-02X), IBM 7090 Portfolio Selection Programm (7090-FI-03X), IBM 1401 Portfolio Selection Programm (1401-FI-04X), Optimale Wertpapiermischungen mit dem IBM System/360.

soweit Modelle angesprochen sind, kaum mit diesem Gebiet[1]. Werden überhaupt Gründe für diese Verhaltensweise genannt, so beruft man sich auf entsprechende pessimistische Äußerungen in der Literatur[2].

In der vorliegenden Arbeit, die andere Anwendungsgebiete neben der optimalen Wertpapiermischung bewußt außer acht läßt[3], wird der Versuch unternommen, die negative Ein-

---

1 Es besteht kein ersichtlicher Grund an den Angaben der Institute zu zweifeln.

2 vgl. hierzu: E. Erlenbach, Die Börse ist kein Computer. "Frankfurter Allgemeine Zeitung" Nr. 73 v. 28.3.1970, S. 17, H. Müller, Portfolio Selection-Entscheidungshilfe bei der Vermögensanlage. "Bank-Betrieb", 9. Jg. (1969), S. 428ff., o. Verf., Investmentanalyse bleibt herkömmlich. "Blick durch die Wirtschaft" Nr. 131 v. 9.6.1971, S. 1, o. Verf., Wertpapieranlage. "Optimale Mischung" im Modell. "Wirtschaftswoche", 25. Jg. (1971), Nr. 18, S. 39ff.

3 Zu weiteren Anwendungsgebieten der Portfolio Selection Theorie vgl.: H. E. Büschgen, Wissenschaftliche Unternehmensführung und operations research im Bankbetrieb - III. Teil. "Bank-Betrieb", 10. Jg. (1970), S. 54, D. Chambers and A. Charnes, Inter-Temporal Analysis and Optimization of Bank Portfolios. "Management Science", Vol. 7 (1961), S. 393ff., J. Ebel, Beiträge zur Portefeuilleanalyse und zur Wirksamkeit einiger geldpolitischer Maßnahmen. Diss. Saarbrücken 1969, Derselbe, Portefeuilleanalyse: Entscheidungskriterien und Gleichgewichtsprobleme. Köln/Berlin/Bonn/München 1971, G. D. Eppen and E. F. Fama, Three Asset Cash Balance and Dynamic Portfolio Problems. "Management Science", Vol. 17 (1971), S. 311ff., G. Franke, Verschuldungs- und Ausschüttungspolitik im Lichte der Portefeuille-Theorie. Köln/Berlin/Bonn/München 1971, R. D. Haas, A Portfolio Model of International Capital Flows. Doctoral Diss. University of Georgia 1971, R. C. Hutchins, Measurement of Multicompany Diversification. Doctoral Diss. University of Southern College 1971, H.-J. Jarchow, Der Bankkredit in einer Theorie der "Portfolio Selection". "Weltwirtschaftliches Archiv", Kiel 1970, Bd. 104, Heft 2, S. 189ff., Derselbe, Von Keynes zur Portfolio Selection. "Der Volkswirt", 23. Jg. (1969), Nr. 6, S. 36ff., H. Levy and M. Sarnat, Diversification, Portfolio Analysis and the Uneasy Case for Conglomerate Mergers. "Journal of Finance", Vol. 25 (1970), S. 795ff., L. Peters, Planungsmodelle vom Markowitz-Typ. Diss. Freiburg (Breisgau) 1969, Derselbe, Simultane Produktions-Investitionsplanung mit Hilfe der Portfolio Selection. Berlin 1971, G. Schneider, Zur Planung von Bankportefeuilleentscheidungen. Frankfurt (Main) 1970, K. V. Smith and J. C. Schreiner, A Portfolio Analysis of Conglomerate Diversification. "Journal of Finance", Vol. 24 (1969), S. 413ff.

stellung der Praxis zur Portfolio Selection Theorie auf der Grundlage eigener empirischer Untersuchungsergebnisse kritisch zu überprüfen. Zu diesem Zweck werden verschiedene Modelle vorgestellt und - soweit EDV-Programme und entsprechende Computer zur Verfügung stehen - anhand von gerechneten Beispielen miteinander verglichen. Um zu realitätsnahen Abbildungen zu gelangen, werden mit einem selbsterstellten Programm Mischungen von 89 deutschen Aktienwerten vorgenommen, die durch lineare Restriktionen beliebiger Art zusätzlich verknüpft sein können. Alle empirischen Tests basieren auf ex post-Daten, so daß die Ergebnisse der Berechnungen den jeweils tatsächlich eingetretenen Zuständen der Umwelt gegenübergestellt und damit beurteilt werden können.

Bei der Ermittlung der benötigten Input-Daten liegt das Schwergewicht - unter Vernachlässigung der "Fundamentalanalyse"[1] - auf der "Technischen Analyse"[2], wobei auf die

---

1 Zur Fundamentalanalyse vgl. u. a.: H. E. Büschgen, Aktienanalyse und Aktienbewertung nach der Ertragskraft. Die Price-earning-ratio und die Schätzung des Reingewinns aus dem Steuerausweis bei deutschen Aktiengesellschaften. Wiesbaden 1962, Derselbe, Wertpapieranalyse. Die Beurteilung von Kapitalanlagen in Wertpapieren. Stuttgart 1966, Derselbe, Problematik externer Gewinnschätzungen bei Aktienanalysen. "Kapitalanlagen" - Beilage zum "Handelsblatt" Nr. 196 v. 12.10.1971, S. 42f., J. B. Cohen and E. D. Zinbarg, Investment Analysis and Portfolio Management. Homewood (Ill.) 1967, B. Graham and D. L. Dodd and S. Cottle, Security Analysis. Principle and Technique. 4. Edition New York/San Francisco/Toronto/London 1962, H. Schlembach, Die Bewertung von Aktien. Leitfaden für Kapitalanleger und Anlageberater. 2. Aufl. München 1969, G. Siebert (Hrsg.), Beiträge zur Aktienanalyse. Frankfurt (Main) 1972, J. L. Treynor and F. Black, How to Use Security Analysis to Improve Portfolio Selection. "Journal of Business", Vol. 46 (1973), S. 66ff., H. Waschkowsky, Prognose von Aktienkursen. Eine Untersuchung der verschiedenen Analysemethoden. Frankfurt 1971.

2 Zur Technischen Analyse vgl. u.a.: J. Bleymüller, Theorie und Technik der Aktienkursindizes. Wiesbaden 1966, R. D. Edwards and J. Magee, Technical Analysis of Stock Trends. Springfield (Mass.) 1966, M. Gburek, Charts und Analysen sind besser als Aktien-Astrologie. "Das Wertpapier", 20. Jg. (1972), S. 5ff., B. Hidding, Wie erfolgreich ist eine Aktienanalyse? "Das Wertpapier", 18. Jg. (1970), S.1060ff., U. Hielscher, Technische Aktientrendanalyse I und II. "Zeitschrift für das gesamte Kreditwesen", 23. Jg. (1970), S. 312ff. und S. 367ff., W. L. Jiler, How Charts can help

Verwendung anderer als der von Markowitz angegebenen Risikogrößen (Varianz- bzw. Standardabweichung) verzichtet[1] wor-

---

Fortsetzung d. Fußnote 2 d. vorhg. Seite
You in the Stock Market. 3rd Printing New York 1965, o. Verf., 1,5 : 0 für die technische Analyse. "Das Wertpapier", 20. Jg. (1972), S. 198, o. Verf., Kursanalyse. "Das Wertpapier", 18. Jg. (1970), S. 211f., K. Reinemer, Aktienkursbewegungen - betrachtet nach der technischen Analyse. "Beiträge zur Aktienanalyse", Darmstadt, Heft 5 (1967), S. 35ff., W. Schiller, Technische Aktienanalyse. Chart-Reading. München 1971, H.-D. Schulz, Analyse zyklischer Aktienkursbewegungen. Diss. Darmstadt 1969, Derselbe, Analyse zyklischer Aktienkursbewegungen I, II und III. "Zeitschrift für das gesamte Kreditwesen", 22. Jg. (1969), S. 522ff., S. 652ff. und S. 712ff., Siebert, a.a.O., S. 117ff., Waschkowsky, a.a.O., S. 160ff.

1 vgl. hierzu: M. Adler, On Risk-Adjusted Capitalization Rates and Valuation by Individuals. "Journal of Finance", Vol. 25 (1970), S. 819ff., C. P. Alderfer and H. Bierman Jr. Choice with Risk: Beyond the Mean and Variance. "Journal of Business", Vol. 43 (1970), S. 341ff., W. J. Baumol, An Expected Gain-Confidence Limit Criterion for Portfolio Selection. "Management Science", Vol. 10 (1964), S. 174ff., A. Beja, On Systematic and Unsystematic Components of Financial Risk. "Journal of Finance", Vol. 27 (1972),S.37ff., M. E. Blume, Portfolio Theory: A Step Towards Its Practical Application. "Journal of Business", Vol. 43 (1970),S.152ff., E. F. Fama, Portfolio Analysis in a Stable Paretian Market. "Management Science", Vol. 12 (1965), S. 404ff., L. Fisher and J. H. Lorie, Some Studies of Variability of Returns on Investment in Common Stocks. "Journal of Business",Vol. 43 (1970), S. 99ff., J. Fried, Forecasting and Probability Distributions for Models of Portfolio Selection. "Journal of Finance", Vol. 25 (1970), S. 539ff., G. Hanoch and H. Levy, Efficient Portfolio Selection with Quadratic and Cubic Utility. "Journal of Business", Vol. 43 (1970), S. 181ff., M. C. Jensen, Risk, the Pricing of Capital Assets, and the Evaluation of Investment Portfolios. "Journal of Business", Vol. 42 (1969), S. 167ff., J. M. Joyce and R. C. Vogel, The Uncertainty in Risk: Is Variance Unambigous? "Journal of Finance", Vol. 25 (1970),S. 127ff., H. Levy and M. Sarnat, Alternative Efficiency Criteria: An Empirical Analysis. "Journal of Finance", Vol. 25 (1970), S. 1153ff., J. C. T. Mao, Survey of Capital Budgeting: Theory and Practice. "Journal of Finance", Vol. 25 (1970), S. 349ff., G. E. Pinches and W. R. Kinney Jr., The Measurement of the Volatility of Common Stock Prices. "Journal of Finance", Vol. 26 (1971), S. 119ff., W. F. Sharpe, Mean-Absolute-Deviation Characteristic Lines for Securities and Portfolios. "Management Science", Vol. 18 (1971), S.1ff., R. C. Stapleton, Portfolio Analysis, Stock Valuation and Capital Budgeting Decision Rules for Risky Projects. "Journal of Finance", Vol. 26 (1971), S. 95ff., B.K. Stone, Risk, Return, and Equilibrium: A General Single-Period Theory of Asset Selection and Capital-Market Equilibrium. Cambridge (Mass.)/London 1970, D. A. West, Risk Analysis in the Sixties. In: Readings in Investment Analysis, Ed. by D. A. West. Scranton (Pennsylvania) 1969, S. 48ff.

den ist. Im Hinblick auf die Praktikabilität der bekannten Portfolio Selection Modelle hat die Regressions- und Korrelationsanalyse als Erklärungsfunktion für Aktienkursentwicklungen den Vorzug gegenüber der Random-Walk-Theorie[1] erhalten.

Die Random-Walk-Theorie geht davon aus, "daß der Kurs eines Titels im Zeitpunkt t_2 keineswegs mit einer irgendwie gearteten Gesetzmäßigkeit aus dem Kurs im vorhergehenden Zeitpunkt t_1 herauswachse, mit Ausnahme der aus dem Zufall entstehenden Gesetzmäßigkeit"[2]. Die Regressionsanalyse dagegen versucht durch Extrapolation des in der Vergangenheit beobachteten Kursverlaufes zukünftige Börsennotierungen vorauszusagen.

Aufgrund des anwendungsorientierten Aspektes der Arbeit sollen mathematische Herleitungen soweit wie möglich unterbleiben, lassen sich aber - besonders bei der Darstellung der Modelle im zweiten Kapitel - nicht vollständig vermeiden.

---

1 vgl. hierzu: H. E. Büschgen, Zum Problem der Planung von Wertpapierbeständen, insbesondere durch Kreditinstitute und Investmentgesellschaften. "Kredit und Kapital", 2. Jg. (1969), Heft 1, S. 3, P. L. Cheng and M. K. Deets, Portfolio Returns and the Random Walk Theory. "Journal of Finance", Vol. 26 (1971), S. 11ff., E. F. Fama, Efficient Capital Markets: A Review of Theory and Empirical Work. "Journal of Finance", Vol. 25 (1970), S. 383ff., B. D. Fielitz, On the Behavior of Stock Price Relatives as a Random Process with an Application to New York Stock Exchance Prices. Abstract of Doctoral Diss. "Journal of Finance", Vol. 25 (1970), S. 694ff., K. V. Smith, Portfolio Management. Theoretical and Empirical Studies of Portfolio Decision-Marking. New York/Chicago/San Francisco/ Atlanta/Dallas/Montreal/Toronto/London/Sydney 1971, S. 115ff. und S. 250ff.

2 Büschgen, Zum Problem der Planung. . a.a.O., S. 3.

2 Darstellung der bekannten Portfolio Selection Modelle

21 Das Standardmodell

Die Grundkonzeption der Portfolio Selection Theorie, die als Standardmodell Eingang in die Literatur gefunden hat, ist von Markowitz und Hielscher bereits in so detaillierter Form allgemein und an einem 3-Wertpapierbeispiel dargestellt worden[1], daß sich eine ausführliche Diskussion an dieser Stelle erübrigt. Es erfolgt lediglich die Modellformulierung mit einem anschließenden knappen Überblick über den Ablauf des als "Kritische-Linien-Methode" bezeichneten Algorithmus sowie eine Charakterisierung der erforderlichen Input-Daten.

Modellformulierung[2]:

Zielfunktion:

(21.1) $$V_p = \sum_{i=1}^{n} \sum_{j=1}^{n} x_i x_j c_{ij} \rightarrow \text{Min!}$$

Restriktionen:

(21.2) $$E_p = \sum_{i=1}^{n} x_i \mu_i$$ (parametrisch einzuhaltende Beschränkung)

---

1 Markowitz, The Optimization of ... a.a.O., Derselbe, Portfolio Selection (1959), a.a.O., S. 170ff., Hielscher, Das optimale Aktienportefeuille ... a.a.O., S. 248ff. und S. 294ff.

2 Grundsätzlich ist auch die von Brockhoff vorgeschlagene Modellformulierung (Maximierung der linearen Zielfunktion (21.2) unter Beachtung der quadratischen Nebenbedingung (21.1) möglich, stößt aber auf zusätzliche rechentechnische Schwierigkeiten. vgl. K. Brockhoff, Zum Problem des optimalen Wertpapierbudgets. "Unternehmensforschung", Bd. 11 (1967), S. 162ff.

$$(21.3)\quad \sum_{i=1}^{n} x_i = 1$$

$$x_i \geq 0 \quad (i=1,\ldots,n)$$

Es handelt sich hierbei um ein parametrisches[1] quadratisches Optimierungsproblem[2], dessen einzelne Größen folgende Bedeutung haben:

V_p = Varianz des erwarteten Ertrages (Rendite) des Portefeuilles

E_p = erwarteter Ertrag (Rendite) des Portefeuilles

x_i = relativer Anteil des Wertpapiers i am Portefeuille

μ_i = erwarteter Ertrag (Rendite) des Wertpapiers i

c_{ij} (für i=j) = Varianz (σ_i^2)[3] der Rendite des Wertpapiers i

c_{ij} (für i$\neq$j) = Kovarianz zwischen den Renditen der Wertpapiere i und j

---

1 W. F. Sharpe, Portfolio Theory and Capital Markets. New York/San Francisco/St. Louis/Düsseldorf/London/Mexico/Panama/Sydney/Toronto 1970, S. 273.
2 Markowitz, The Optimization of ... a.a.O., S. 111ff.
3 Für die Varianz wird die übliche Symbolik σ_i^2 eingeführt, so daß c_{ij} der Kennzeichnung der Kovarianz vorbehalten bleibt.

Die "Kritische-Linien-Methode", für deren Darstellung sich die Vektoren- und Matrizenschreibweise anbietet, zerfällt in mehrere Schritte, die am langen output des 5-Wertpapierbeispiels aus Test 10B[1] gut nachvollzogen werden können.

Schritt 1: Berechnung der ertragsmaximalen Ausgangslösung

Der Algorithmus erfordert unter Vernachlässigung der Risikokomponente eine ertragsmaximale Ausgangslösung, die durch Anwendung der Simplexmethode der linearen Programmierung bestimmbar ist. Liegt nur die Gleichheitsbeschränkung (21.3) vor, so enthält die Ausgangslösung das Wertpapier mit dem größten Ertrag mit einem Anteil von 100 Prozent.

Schritt 2: Bestimmung der ersten kritischen Linie

"Die Gleichung der kritischen Linie leitet Markowitz mit Hilfe der Multiplikatormethode von Lagrange[2] ab"[3].

Zu diesem Zweck definiert er eine Varianz-Kovarianz-Matrix, die in Matrizenschreibweise folgendes Aussehen hat:

$$VK = \begin{pmatrix} C & A' \\ A & 0 \end{pmatrix}$$

1 vgl. Test 10B im Anhang S. A22ff. sowie die Beschreibung des STADIX-Programms im Kapitel 312.

2 Zur Multiplikatormethode von Lagrange vgl. H. P. Künzi und W. Krelle, Nichtlineare Programmierung. Monographien zur Unternehmensforschung. Bd. 1, Berlin/Göttingen/Heidelberg 1962, S. 67ff.

3 Hielscher, Das optimale Aktienportefeuille ..., a.a.O., S. 249.

C stellt die n·n-Matrix der Varianzen und Kovarianzen, A die m·n-Koeffizientenmatrix der Restriktionen[1] und A' die transponierte A-Matrix dar. Der Rest der VK-Matrix wird mit Nullen aufgefüllt, so daß eine symmetrische (n+m)·(n+m)-Matrix entsteht:

$$VK = \begin{pmatrix} c_{11} \dots c_{1n} & a_{11} \dots a_{m1} \\ \vdots \quad\quad \vdots & \vdots \quad\quad \vdots \\ c_{n1} \dots c_{nn} & a_{1n} \dots a_{mn} \\ a_{11} \dots a_{1n} & o \dots o \\ \vdots \quad\quad \vdots & \vdots \quad\quad \vdots \\ a_{m1} \dots a_{mn} & o \dots o \end{pmatrix}$$

Neben der VK-Matrix sind zwei Spaltenvektoren R und S zu bilden, die beide n+m Elemente umfassen.

$$R = \begin{pmatrix} o \\ \vdots \\ o \\ b_1 \\ \vdots \\ b_m \end{pmatrix} = \begin{pmatrix} O \\ B \end{pmatrix}$$

R enthält n Nullelemente (für n Papiere) und die Beschränkungskoeffizienten b_i der m Restriktionen[2].

$$S = \begin{pmatrix} \mu_1 \\ \vdots \\ \mu_n \\ o \\ \vdots \\ o \end{pmatrix} = \begin{pmatrix} G \\ O \end{pmatrix}$$

S nimmt die Einzelerträge der n Papiere und m Nullelemente (für m Restriktionen) auf.

---

1 Das Standardmodell beinhaltet nur eine Restriktion (21.3), so daß A für m=1 einen Vektor mit n Elementen beschreibt.

2 Im Standardmodell gilt m=1 und gemäß (21.3) ist b_1=1.

Die Varianz-Kovarianz-Matrix ist in die Ausgangsmatrix M zu überführen, indem die Zeilen und Spalten der Nicht-Basisvariablen der Ausgangslösung durch Einheitskreuze ersetzt werden. "Das Einheitskreuz einer nicht aufgenommenen Variablen x_i besteht ... aus einer Zeile und einer Spalte, deren Elemente alle Null sind bis auf das für beide gemeinsame Element c_{ii}, welches gleich 1 gesetzt wird"[1].

Vertauscht man in der invertierten M-Matrix die Einheitskreuze mit Nullkreuzen, so entsteht die von Markowitz mit N(1) bezeichnete M-Matrix mit Nullkreuzen[2]. "Ein Nullkreuz entspricht einem Einheitskreuz, jedoch ist das gemeinsame Element am Schnittpunkt von Zeile und Spalte ebenfalls Null"[3].

Damit liegen alle notwendigen Größen zur Definition der Gleichung der ersten kritischen Linie vor:

$$\begin{pmatrix} X \\ U \end{pmatrix} = N(1) \cdot R + \lambda_E \cdot N(1) \cdot S$$

$$X = \begin{pmatrix} x_1 \\ \cdot \\ \cdot \\ \cdot \\ x_n \end{pmatrix}$$ ist der Spaltenvektor der Lösungsvariablen und

$$U = \begin{pmatrix} \lambda_1 \\ \cdot \\ \cdot \\ \cdot \\ \lambda_m \end{pmatrix}$$ der Spaltenvektor der Lagrangeschen Multiplikatoren der m Beschränkungen[4].

---

1 Hielscher, Das optimale Aktienportefeuille ... a.a.O., S. 251.
2 Markowitz, Portfolio Selection (1959) ... a.a.O., S. 179.
3 Hielscher, Das optimale Aktienportefeuille ... a.a.O., S. 253.
4 Ebenda, S. 252.

Schritt 3: Ermittlung der λ_E-Werte

Durch Einsetzen eines bestimmten λ_E-Wertes in die Gleichung der kritischen Linie entsteht das nächste Corner-Portefeuille. Die Berechnung der Lambda-Werte geschieht in folgender Weise:

Zwei Vektoren W und Y mit den Einzelelementen w_i bzw. y_i sind zu definieren:

$$W = VK \cdot N(t) \cdot R$$

$$Y = VK \cdot N(t) \cdot S - S$$

Die Lambda-Werte der nicht in der kritischen Linie vertretenen Variablen werden nach der Formel

$$\lambda_E^i = -\frac{w_i}{y_i}$$

gebildet, während die Lambda-Werte der "In-Variablen" als negativer Quotient der beiden entsprechenden Zeilenwerte der kritischen Linie entstehen.

Von den auf diese Weise festgelegten Lambda-Werten wird der größte, der kleiner ist als der maximale Lambda-Wert der vorhergehenden Iteration, ausgewählt und in die kritische Linie eingesetzt. Damit ist sichergestellt, daß ein Corner-Portefeuille nur dann entsteht, wenn

1. ein Papier in die Lösung aufgenommen wird
2. ein Papier aus der Lösung ausscheidet
3. eine zusätzliche Beschränkung wirksam wird
4. eine bisher wirksame zusätzliche Beschränkung ihre Wirkung verliert[1].

---

1 Hielscher, Das optimale Aktienportefeuille... a.a.O., S. 254.

Die zwischen den Corner-Portefeuilles liegenden Mischungen sind durch Linearkombination je zweier benachbarter Corner-Portefeuilles berechenbar.

Schritt 4: Bestimmung der nächsten kritischen Linie

Als Voraussetzung zur Ermittlung der nächsten kritischen Linie muß die Matrix N(t) in die Matrix N(t+1) überführt werden. Ist diese Umformung nach den von Markowitz angegebenen Rechenregeln erfolgt[1], ergibt sich die gesuchte kritische Linie:

$$\begin{pmatrix} X \\ U \end{pmatrix} = N(t+1) \cdot R + \lambda_E \cdot N(t+1) \cdot S$$

Die Schritte 3 und 4 werden solange wiederholt, bis der maximale Lambda-Wert im Schritt 3 auf Null abgebaut ist.

Auf diese Weise werden von der ertragsmaximalen Ausgangslösung bis zum varianzminimalen Portefeuille nur effiziente Portefeuilles berechnet, die sich dadurch auszeichnen, daß sie bei einem bestimmten Ertrag das minimale Risiko bzw. bei einem bestimmten Risiko den maximal möglichen Ertrag aufweisen.

1 Markowitz, Portfolio Selection (1959) ... a.a.O., S. 181.

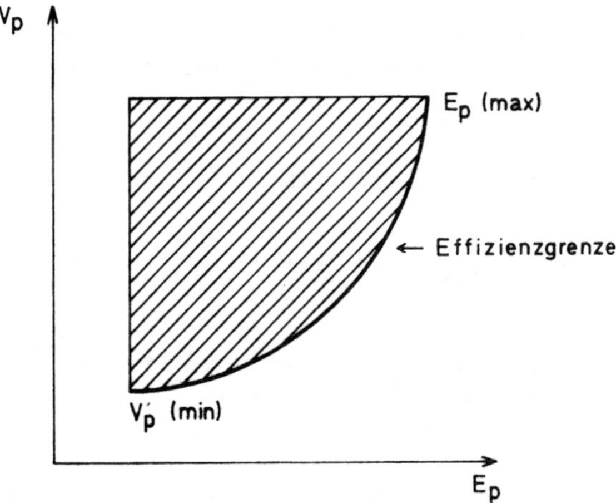

Abb. 1

In Abb. 1[1] sind die effizienten Portefeuilles dargestellt, deren Verbindung die Effizienzgrenze ergibt; alle links - oberhalb der Effizienzgrenze liegenden Portefeuilles sind damit ineffizient und werden vom Algorithmus nicht erfaßt.

---

1 Markowitz, Portfolio Selection (1952) ... a.a.O., S. 82.

Zur Ermittlung der Input-Daten des Standardmodells macht Markowitz folgende Vorschläge[1]:

Der erwartete Ertrag des Wertpapiers i ist zu bestimmen, indem möglich erscheinende Renditen r_{ik} mit ihren Eintrittswahrscheinlichkeiten p_{ik} gewichtet werden.

$$(21.4) \qquad \mu_i = \sum_{k=1}^{z} p_{ik} \, r_{ik}$$

wobei $\sum_{k=1}^{z} p_{ik} = 1$ ist.

Als Maß für das Risiko des erwarteten Ertrages des Wertpapiers i wird die Varianz

$$(21.5) \qquad \sigma_i^2 = \sum_{k=1}^{z} p_{ik} \, (r_{ik} - \mu_i)^2$$

verwendet.

Für die Kovarianzen, die die Beziehungen zwischen den Erträgen jeweils zweier Wertpapiere ausdrücken, müssen zunächst bedingte Wahrscheinlichkeiten $p(r_{ik}/r_{jk})$ für das gleichzeitige Eintreten möglicher Renditen der Papiere festgelegt werden, bevor sie - z. B. für die Aktien 1 und 2 - nach der Formel

$$(21.6) \qquad c_{12} = \sum_{k=1}^{z} p(r_{2k}/r_{1k}) \, (r_{2k}-\mu_2) \, (r_{1k}-\mu_1)$$

berechenbar sind. Daneben besteht noch die Möglichkeit,

---

1 Markowitz, Portfolio Selection (1952)... a.a.O., S. 80, Derselbe, Portfolio Selection (1959)... a.a.O., S. 37ff.

die Kovarianzen gemäß

$$(21.7) \qquad c_{ij} = \varrho_{ij} \cdot \sigma_i \cdot \sigma_j$$

zu bestimmen, wobei diese Art des Vorgehens die Festlegung des Korrelationskoeffizienten ϱ_{ij} zwischen den Renditen der Wertpapiere i und j voraussetzt.

Für ein n-Wertpapierbeispiel müssen insgesamt folgende Input-Daten bereitgestellt werden:

n	erwartete Erträge
n	Varianzen
$\frac{n(n-1)}{2}$	Kovarianzen

Die Fülle des erforderlichen Input-Materials (ein 100-Wertpapierbeispiel erfordert bereits 5.150 Angaben) in Verbindung mit der Schwierigkeit der Datenermittlung (mögliche Renditen und deren Eintrittswahrscheinlichkeit sowie bedingte Wahrscheinlichkeiten bzw. Korrelationskoeffizienten) läßt die praktischen Anwendungsmöglichkeiten des Standardmodells als sehr begrenzt erscheinen.

22 Das Indexmodell

In der Literatur werden die Begriffe Index- und Diagonalmodell häufig synonym sowohl für eine vereinfachte Datengewinnung über einen Index als auch für das von Sharpe modifizierte Modell[1] verwendet. Zur Klärung der beiden Begriffe schlägt der Verfasser vor, immer dann vom Indexmodell zu sprechen, wenn ein Index als Hilfsmittel benutzt wird, um die für das Standardmodell notwendigen Ausgangsdaten bereitzustellen, und wenn die Mischungen mit dem Standardmodell ausgehend von der vollen Varianz-Kovarianz-Matrix vorgenommen werden.

Unter Zugrundelegung dieser Terminologie muß betont werden, daß Markowitz als "Schöpfer" des Indexmodells anzusehen ist, denn in Erkenntnis der geringen Praktikabilität des Standardmodells[2] gelingt es ihm, die aufwendige explizite Bestimmung der Ausgangsdaten zu umgehen, indem er die Beziehungen zwischen den einzelnen Wertpapieren und einem Kapitalmarktindex ausnutzt[3].

221 Ermittlung der Input-Daten mit Hilfe eines Index

Markowitz - und seine Idee aufgreifend auch Sharpe - gehen von der linearen Bindung der Rendite der Papiere an einen allgemeinen Index aus, wie sie in Abb. 2[4] dargestellt ist.

---

1 W. F. Sharpe, A Simplified Model for Portfolio Analysis. "Management Science", Vol. 9 (1963), S. 277ff., wieder abgedruckt in: Cohen and Hammer, a.a.O., S. 282ff.
2 vgl. oben S. 15.
3 Markowitz, Portfolio Selection (1959)... a.a.O., S. 96ff.
4 Sharpe, A Simplified Model... a.a.O., S. 283.

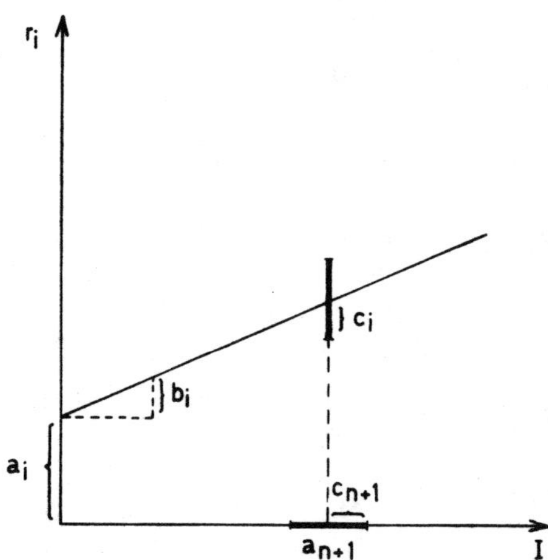

Abb. 2

Die Gleichung der Regressionsgeraden für die Rendite lautet

(221.1) $$r_i = a_i + b_i I + c_i$$

wobei a_i das absolute Glied, b_i das Steigmaß, c_i die mögliche Abweichung von der Geraden und $I=a_{n+1}+c_{n+1}$ den Index bezeichnen. Sowohl für die Abweichung c_i von der Regressionsgeraden als auch für die Schwankung c_{n+1} um den erwarteten Indexstand a_{n+1} wird eine Normalverteilung und Unabhängigkeit dieser Größen voneinander unterstellt, so daß gilt:

$$E(c_i) = 0$$

$$E(c_{n+1}) = 0$$

$$cov(c_i, c_j) = 0$$

$$cov(c_i, c_{n+1}) = 0$$

Definiert man

$$var(c_{n+1}) = q_{n+1}$$

$$var(c_i) = q_i$$

so ergeben sich die gesuchten Daten[1]:

(221.2) $\mu_i = a_i + b_i a_{n+1}$

(221.3) $\sigma_i^2 = b_i^2 \, q_{n+1} + q_i$

(221.4) $c_{ij} = b_i b_j q_{n+1}$

Gleichung (221.3) zeigt, daß die Varianz der Wertpapiere in eine kapitalmarktabhängige ($b_i^2 a_{n+1}$) und eine kapitalmarktunabhängige Komponente (q_i) zerfällt.

---

1 Zur Herleitung vgl. Markowitz, Portfolio Selection (1959)... a.a.O., S. 100 und Hielscher, Das optimale Aktienportefeuille... a.a.O., S. 225ff.

Der Vorteil des Indexmodells zeigt sich in der starken Reduktion der Input-Daten, es werden nur noch

n a_i - Werte

n b_i - Werte

n c_i - Werte

a_{n+1}

c_{n+1}

also 3n+2 Werte benötigt, so daß für ein 100-Wertpapier-Beispiel anstatt der 5150 Ausgangsdaten des Standardmodells nur noch 302 Größen erforderlich sind[1].

Bezüglich des Index sprechen Markowitz[2] und Sharpe[3] vom "value of the index" bzw. "level of some index", woraus der Schluß zu ziehen ist, daß beide Autoren die absolute Höhe des Index meinen. Es erscheint fraglich, ob die Verbindung zweier so unterschiedlicher Größen wie Renditen und Indexwerte möglich ist, denn die Rendite bzw. der Ertrag einer Aktie ist eine relative Größe und zeitraumbezogen, während der Index als absoluter Wert für einen Zeitpunkt gilt. Als Lösung bietet sich hier an entweder den Index ebenfalls zu relativieren und in Form der prozentualen Veränderung für bestimmte Zeiträume z. B. Monatswerte den entsprechenden Renditen gegenüberzustellen oder

---

1 vgl. oben S. 15.
2 Markowitz, Portfolio Selection (1959) ... a.a.O., S. 100.
3 Sharpe, A Simplified Model... a.a.O., S. 281.

aber den Index beizubehalten und die Renditen durch die absoluten Werte der Kurse zu ersetzen. In der vorliegenden Arbeit ist aus rechentechnischen Gründen die zweite Möglichkeit vorgezogen worden, weil hierbei die zusätzliche Umrechnung der Kurse und Indexwerte in relative Größen entfällt.

Im folgenden soll gezeigt werden, daß die Gleichungen (221.2) bis (221.4) ihre grundsätzliche Bedeutung behalten, indem die verwendeten absoluten Größen in die Regressionskoeffizienten der Ausgangsgleichung von Markowitz (221.1) transformiert werden. Zu diesem Zweck wird von der den absoluten Werten entsprechenden Renditezusammensetzung ausgegangen:

$$(221.5) \qquad r_i = \frac{K_{it} + D_i - K_{io}}{K_{io}} \cdot 100$$

K_{io} stellt den Kurs zum Schätzzeitpunkt o, D_i die Dividende und K_{it} den zukünftigen Kurs zum Zeitpunkt t gemäß der Regressionsgeraden $K_{it} = A_i + B_iI + C_i$ dar. Setzt man in der Gleichung (221.5) für K_{it} den Ausdruck $A_i + B_iI + C_i$ ein, so erhält man

$$(221.6) \qquad r_i = \frac{A_i + B_iI + C_i + D_i - K_{io}}{K_{io}} \cdot 100 =$$

$$\frac{A_i + D_i - K_{io}}{K_{io}} \cdot 100 + \frac{B_i \cdot 100}{K_{io}} \cdot I + \frac{C_i}{K_{io}} \cdot 100$$

und damit die Verknüpfungen:

(221.7) $$a_i = \frac{A_i + D_i - K_{io}}{K_{io}} \cdot 100$$

(221.8) $$b_i = \frac{B_i}{K_{io}} \cdot 100$$

(221.9) $$c_i = \frac{C_i}{K_{io}} \cdot 100$$[1].

222 Berücksichtigung zusätzlicher Nebenbedingungen

Hinsichtlich der praktischen Anwendung der Portfolio Selection Modelle zur Fondmischung müssen diese, insbesondere für die institutionellen Anleger[2], die Möglichkeit bieten, Wertpapieranteile durch zusätzliche Restriktionen zu beschränken.

Obwohl in den bekannten Portfolio Selection Programmen wie z. B. dem IBM/7090- und IBM/1401-Programm weitere Restriktionen zulässig sind, ist weder in den entsprechenden Programmbeschreibungen[3] noch in der erreichbaren Literatur eine detaillierte Darstellung der Einbeziehung weiterer Nebenbedingungen in den Algorithmus zu finden.

---

1 Hielscher, Das optimale Aktienportefeuille... a.a.O., S. 225.

2 Investmentgesellschaften dürfen grundsätzlich nur bis zu 5 Prozent ihres Sondervermögens in Wertpapieren eines Ausstellers anlegen. Ausnahmen sind nur unter gewissen Voraussetzungen bis zu einer bestimmten Höhe zulässig. Vgl. hierzu § 8 Abs. 3 KAGG.

3 IBM Portfolio Selection Program (IB PS90) IBM 7090 Program (7090-FI-03X) Preliminary Manual 1962, IBM 1401 Portfolio Selection Program (1401-FI-04X) Program Reference Manual IBM Form H20-0127-1, IBM Optimale Wertpapiermischungen Programmbeschreibung IBM Form 80632-0.

Markowitz stellt zwar rein formal das Auftreten zusätzlicher Restriktionen in typischen Größen seines Algorithmus, wie z. B. der M-Matrix, dem R- und S-Vektor und der kritischen Linien[1] dar, erläutert aber den Rechengang des Algorithmus nur an einem Drei-Wertpapier-Beispiel ohne weitere Beschränkungen[2]. Im Rahmen der formalen Darstellung spricht Markowitz neben Gleichheitsbeziehungen auch Größer-Gleich- und Kleiner-Gleich-Beschränkungen an, die durch Einführung negativer bzw. positiver Schlupfvariablen ebenfalls in Gleichungen zu überführen sind. Hierbei liefert er den entscheidenden Hinweis, daß jede Schlupfvariable durch ein "Dummy-Papier" mit entsprechendem Portefeuilleanteil abzubilden ist, dessen charakteristische Größen - Varianzen, Kovarianzen und Erträge - Null sind[3].

Die Varianz-Kovarianz-Matrix eines Fünf-Wertpapierbeispiels, dessen erstes, zweites und viertes Papier durch eine Gleichheits-, bzw. Kleiner-Gleich- bzw. Größer-Gleich-Restriktion zusätzlich beschränkt ist, hätte demnach folgendes Aussehen[4]:

1 vgl. oben S. 8ff.
2 Markowitz, Portfolio Selection (1959) ... a.a.O., S. 172ff.
3 Ebenda, S. 171f.
4 vgl. die Varianz-Kovarianz-Matrix des Tests 10E im Anhang S. A46.

$$\begin{matrix}
c_{11} & c_{12} & c_{13} & c_{14} & c_{15} & 0 & 0 & 1 & 1 & 0 & 0 \\
c_{21} & c_{22} & c_{23} & c_{24} & c_{25} & 0 & 0 & 1 & 0 & 0 & 1 \\
c_{31} & c_{32} & c_{33} & c_{34} & c_{35} & 0 & 0 & 1 & 0 & 0 & 0 \\
c_{41} & c_{42} & c_{43} & c_{44} & c_{45} & 0 & 0 & 1 & 0 & 1 & 0 \\
c_{51} & c_{52} & c_{53} & c_{54} & c_{55} & 0 & 0 & 1 & 0 & 0 & 0 \\
0 & 0 & 0 & 0 & 0 & 0 & 0 & 0 & 0 & -1 & 0 \\
0 & 0 & 0 & 0 & 0 & 0 & 0 & 0 & 0 & 0 & 1 \\
1 & 1 & 1 & 1 & 1 & 0 & 0 & 0 & 0 & 0 & 0 \\
1 & 0 & 0 & 0 & 0 & 0 & 0 & 0 & 0 & 0 & 0 \\
0 & 0 & 0 & 1 & 0 & -1 & 0 & 0 & 0 & 0 & 0 \\
0 & 1 & 0 & 0 & 0 & 0 & 1 & 0 & 0 & 0 & 0
\end{matrix}$$

Die Matrix der Varianzen und Kovarianzen der "echten" Papiere ist zunächst um die Varianzen und Kovarianzen der beiden Dummies (es liegen zwei Ungleichungen vor) in Form von zwei Zeilen und Spalten bestehend aus Nullelementen zu ergänzen. Dann folgt die Ränderung der Matrix, indem die Beschränkungen in der Reihenfolge Gleichheits-, Größer-Gleich- und Kleiner-Gleich Restriktionen zeilen- und spaltenweise angefügt werden.

Die Gleichheitsbeziehungen wirken nur auf die echten Papiere ein, die Ungleichungen dagegen weisen in den

Spalten und Zeilen der Dummy-Variablen eine negative bzw. positive eins auf. Der Rest der Matrix wird mit Nullen aufgefüllt. Wie man sieht, führen die fakultativen Nebenbedingungen, besonders in Form von Ungleichungen, weil hierfür jeweils zwei zusätzliche Zeilen und Spalten notwendig sind, zu einer starken Vergrößerung der Varianz-Kovarianz-Matrix.

Der formalen Darstellung Markowitz[1] folgend ist der Algorithmus - nach Erweiterung um einen LP-Teil - zahlreichen Prüfungen unterzogen worden, deren Ergebnisse am Testbeispiel 10F dargelegt und mit denen desselben Beispiels ohne zusätzliche Beschränkungen (Test 10B) verglichen werden sollen[2]:

Die zusätzlichen Restriktionen werden nur dann exakt verarbeitet, wenn die Dummies in jeder Phase des Algorithmus wie echte Papiere behandelt werden[3]. Das bedeutet für die Umwandlung der Varianz-Kovarianz-Matrix in die Ausgangsmatrix M, daß sowohl für die echten als auch für die Dummy-Papiere analog wie bei dem Vorliegen nur einer Restriktion (21.3) vorzugehen ist: Die Zeilen und Spalten der in der Ausgangslösung auftretenden Variablen bleiben erhalten, während die Zeilen und Spalten der ausgeschlossenen Variablen Null und die Kreuzungselemente gleich eins gesetzt werden.

In den Gleichungen der kritischen Linien treten die Dummies ebenfalls wie echte Papiere auf, die Zahl der Papiere x_i erhöht

---

1 Markowitz, Portfolio Selection (1959) ... a.a.O., S. 171f.

2 Der Test 10F beinhaltet die Berechnung des Tests 10E mit langem output. vgl. Test 10B und Test 10F im Anhang S. A22ff. und S. A48ff.

3 vgl. oben S. 8ff.

sich auf sieben, während die Restriktionen um drei auf vier steigen. Auch bei den Lambda-Werten und der Auswahl des größten Lambda-Wertes müssen die Dummies den übrigen Papieren gleichbehandelt werden, wodurch die Voraussetzung geschaffen ist, daß ein Dummy-Papier für eine Portefeuille-Veränderung wirksam werden kann, was z. B. im zweiten und im letzten Portefeuille auch geschieht[1].

In beiden Fällen handelt es sich um die "Aufnahme" eines Dummies in das Portefeuille - die Dummies sind nicht in der Ausgangslösung vertreten und die Lambda-Werte entstehen durch Division der entsprechenden W- durch die Y-Werte[2] - obwohl Dummies in der notwendigen Restriktion (21.3) nicht enthalten sind. Der Ausschluß von dieser Restriktion ist nicht gleichbedeutend mit einem Ausschluß auch aus dem Portefeuille. Gerade dadurch, daß die Dummies über den Anteil der echten Papiere von 100 Prozent hinaus im Portefeuille auftreten können, ist die Einhaltung aller Beschränkungen sichergestellt.

---

1 vgl. Test 10E im Anhang S.A47. Das Programm des Index-Modells ist so konzipiert, daß in den Corner-Portefeuilles nur echte Papiere ausgewiesen werden, weil die Dummies keinen Beitrag zum Ertrag und Risiko der Portefeuilles leisten.

2 vgl. oben S. 11.

223 Einbeziehung von Barmitteln und festverzinslichen Wertpapieren

Nach der Erweiterung des Algorithmus um zusätzliche Restriktionen ist es bis zur Einbeziehung von Barmitteln und festverzinslichen Wertpapieren in die Mischungen nur ein kleiner Schritt, denn diese werden als risikolose Papiere aufgefaßt und weisen damit hinsichtlich der Varianzen und Kovarianzen dieselbe Struktur wie Dummy-Papiere auf. Der Verfasser ist sich darüber im klaren und die für das Testbeispiel 20A[1] ausgewählte 6,5prozentige Bundespostanleihe von 1967[2] bestätigt, daß in Rentenwerten durchaus ein Risiko impliziert sein kann. Mit der Bezeichnung "risikolose Papiere" soll lediglich die Unabhängigkeit von dem zur Bestimmung der Ausgangsdaten der Aktienwerte herangezogenen Aktienindex zum Ausdruck gebracht werden.

Der gravierende Unterschied zu einem Dummy-Papier besteht darin, daß die risikolosen Papiere i. d. R. einen Ertrag aufweisen und dadurch, daß sie in der notwendigen Restriktion (21.3) enthalten sind, "echte" Papiere darstellen.

Test 20A zeigt das Ergebnis dieser Vorgehensweise, indem zunächst drei Portefeuilles bestehend aus Aktienwerten ermittelt werden und dann im vierten, dem vari-

---

1 vgl. Test 20A im Anhang S. A5.

2 Die Angaben für die Bundespostanleihe sind der "Börsen-Zeitung". 18. Jg. (1969) Nr. 1 vom 3. Januar 1969, S. 6 und Nr. 121 vom 1. Juli 1969, S. 14 entnommen. Die Zinstermine lauten Januar und Juli, so daß für das 1. Hj. 1969 DM 3,25 an Zinsen gezahlt worden sind, was bei der Annahme der Konstanz des Kaufkurses zu einem errechneten Ertrag von 3,209 Prozent führt. Da der Kurs aber bis Ende Juni 1969 auf 98 gefallen ist, ergibt sich zufällig ein tatsächlicher Ertrag von null Prozent.

anzminimalen Portefeuille, unter Ausschluß der Aktien die Postanleihe mit einem Anteil von 100 Prozent erscheint. Die Zielfunktion des Modells - Minimierung des Risikos - wird in diesem Beispiel in letzter Konsequenz ausgeführt.

Um das gemeinsame Auftreten von Aktien- und Rentenwerten im Portefeuille zu erreichen, müssen letztere einer Beschränkung unterworfen werden. Für das o.a. Beispiel ist die Postanleihe in den Tests 20B und 20C[1] auf einen Höchstanteil bzw. einen festen Anteil von 10 Prozent beschränkt worden. Die ersten drei Portefeuilles des Beispiels 20B stimmen mit denen des Tests 20A überein; die Postanleihe wird ebenfalls im vierten Portefeuille aufgenommen aber entsprechend der Restriktion mit ihrem Höchstanteil von 10 Prozent, der bis zum varianzminimalen Portefeuille in unveränderter Höhe beibehalten wird.

Mischung des Corner-Portefeuilles 4 (Test 20B)

X(1)	AEG	=	48,692	Prozent
X(2)	MAN	=	31,797	"
X(3)	BASF	=	9,511	"
X(4)	BAVA	=	0,000	"
X(5)	BEID	=	0,000	"
X(6)	CASS	=	0,000	"
X(7)	TEXA	=	0,000	"
X(8)	DEGU	=	0,000	"
X(9)	BP67	=	10,000	"
	Gesamt	=	100,000	Prozent

1 vgl. Test 20B und 20C im Anhang S. A6 und S. A7.

Bei der Vorgabe eines Festanteils von 10 Prozent (Test 20C) tritt die Postanleihe bereits im ersten Portefeuille auf, die Mischungen sind ab drittem Portefeuille mit denen des Testbeispiels 20B nach Berücksichtigung des Dummies (Corner-Portefeuille 5) identisch.

Mischung des Corner-Portefeuilles 1 (Test 20C)

X(1)	AEG	=	0,000	Prozent
X(2)	MAN	=	90,000	"
X(3)	BASF	=	0,000	"
X(4)	BAVA	=	0,000	"
X(5)	BEID	=	0,000	"
X(6)	CASS	=	0,000	"
X(7)	TEXA	=	0,000	"
X(8)	DEGU	=	0,000	"
X(9)	BP67	=	10,000	"
	Gesamt	=	100,000	Prozent

Mischung des varianzminimalen Portefeuilles (Test 20B u. C)

X(1)	AEG	=	0,000	Prozent
X(2)	MAN	=	0,000	"
X(3)	BASF	=	22,422	"
X(4)	BAVA	=	34,307	"
X(5)	BEID	=	0,721	"
X(6)	CASS	=	5,167	"
X(7)	TEXA	=	23,850	"
X(8)	DEGU	=	3,533	"
X(9)	BP67	=	10,000	"
	Gesamt	=	100,000	Prozent

Dieselben Mischungen der Aktienwerte und die damit verbundenen Ergebnisse der Standardabweichung, Summe der Varianzen und der Kovarianzen und in diesem speziellen Fall auch der tatsächliche Portefeuilleertrag[1] lassen sich erzielen, indem den acht Aktien die notwendige Restriktion (21.3) in der modifizierten Form $\sum_{i=1}^{8} x_i = 0{,}9$ vorgegeben wird[2].
Den Aktien steht dann insgesamt derselbe Anteil wie bei Festlegung des Rentenwertes auf 10 Prozent (Test 20C), nämlich 90 Prozent zur Verfügung, was zur gleichen Aktien-Portefeuillestruktur führt.

Mischung des varianzminimalen Portefeuille (Test 20D)

X(1)	AEG	=	0,000	Prozent
X(2)	MAN	=	0,000	"
X(3)	BASF	=	22,422	"
X(4)	BAVA	=	34,307	"
X(5)	BEID	=	0,721	"
X(6)	CASS	=	5,167	"
X(7)	TEXA	=	23,850	"
X(8)	DEGU	=	3,533	"
	Gesamt	=	90,000	Prozent

Neben der explizit limitierten Einbeziehung von Barmitteln und festverzinslichen Wertpapieren[3] kann der Investor also auch von einem entsprechend reduzierten Gesamtanteil für Aktien ausgehen und für den Rest des Portefeuilles eine gesonderte Mischung von Rentenwerten z. B. unter Verwendung von speziellen Programmen[4] vornehmen.

---

1 vgl. oben S. 26 Fußnote 2.
2 vgl. Test 20D im Anhang S. A8.
3 Es empfiehlt sich, Beschränkungen in Form von Gleichungen vorzunehmen, weil bei gleichen Ergebnissen die Dummy-Papiere vermieden und Rechenzeit und -kosten verringert werden können.
4 V. Dörre und U. Hielscher, Mehr Zinsgewinn per Computer. Die Elektronik rechnet genauer. "Wirtschaftswoche", 25. Jg. (1971), Nr. 37, S. 90ff.

Es besteht natürlich auch die Möglichkeit den Aktienwerten stets einen Anteil von 100 Prozent zuzuweisen und sowohl Barmittel als auch festverzinsliche Wertpapiere getrennt von diesen zu behandeln.

Mischung des varianzminimalen Portefeuilles (Test 20E)

X(1)	AEG	=	0,000	Prozent
X(2)	MAN	=	0,000	"
X(3)	BASF	=	24,913	"
X(4)	BAVA	=	38,119	"
X(5)	BEID	=	0,801	"
X(6)	CASS	=	5,741	"
X(7)	TEXA	=	26,500	"
X(8)	DEGU	=	3,926	"
	Gesamt	=	100,000	Prozent

Da die einzelnen Portefeuilleanteile sich analog der Veränderung des Gesamtanteils von 0,9 auf 1 um den Faktor 1,1̄ erhöhen, die Relationen zwischen den Einzelanteilen also erhalten bleiben[1], entstehen bei Investition des gleichen Betrages in beiden Fällen konkret dieselben Mischungen.

---

1 vgl. Test 20D und 20E im Anhang S. A8 und S. A9.

224 Sonderfälle

2241 Vereinfachung der Matrixinversion beim Fehlen zusätzlicher Nebenbedingungen

Im Schritt 2 des Algorithmus wird die Gleichung der ersten kritischen Linie ermittelt, für die die Ausgangsmatrix M zu invertieren ist[1]. Die Rechenregeln für die Inversion bei einem Beispiel ohne zusätzliche Restriktionen[2] führen zu einer bestimmten Struktur der M-Matrix mit Nullkreuzen: Das letzte Element der Matrix stellt immer die negative Varianz des ertragsmaximalen Wertpapiers dar, und die diesem Papier entsprechende Zeile und Spalte enthält als jeweils letztes Element eine eins. Der Rest der Matrix besteht aus Nullen. Diese Aussage läßt sich durch eine Änderung in der Reihenfolge der Papiere des Tests 10B leicht belegen[3].

In Kenntnis dieser Tatsache könnten in einem EDV-Programm Programmteile, die zur Inversion einer Matrix notwendig sind, durch wenige Statements ersetzt werden, die die Varianz-Kovarianz-Matrix sofort in die M-Matrix mit Nullkreuzen überführen, womit sowohl eine Verkleinerung des Kartendecks[4] als auch eine Einsparung von Rechenzeit und -kosten zu erreichen wäre. Diese durch den Wegfall der Inversionsphase bedingte Vereinfachung kann aber nur bei dem Verzicht auf weitere Restriktionen ausgenutzt werden.

---

1 vgl. oben S. 8ff.
2 Markowitz, Portfolio Selection (1959) ... a.a.O., S. 178.
3 vgl. die M-Matrix mit Nullkreuzen der Tests 10B und 10J im Anhang S. A25 und S. A63. Im Test 10J ist die Reihenfolge der ersten beiden Papiere vertauscht und die Rechnung nach dem Drucken der M-Matrix mit Nullkreuzen abgebrochen worden.
4 Das Kartendeck der Version Standardmodell des Programms STADIX könnte um knapp ein Drittel verringert werden.

2242 Degenerierte Ausgangslösung

Der Fall einer degenerierten Ausgangslösung wird am Testbeispiel 30A[1] aufgezeigt, dessen fünf Aktienwerte auf einen maximalen Portefeuilleanteil von je 50 Prozent beschränkt werden. In diesem Fall brauchen nur für vier Papiere entsprechende Kleiner-Gleich-Restriktionen eingeführt zu werden, die Beschränkung des fünften Papiers ist durch die notwendige Restriktion (21.3) gewährleistet.

Das Optimaltableau des LP-Teils weist mit der Basisvariablen X5 = 0 eine echte Degeneration auf, die den Determinantenwert Null werden läßt, damit die Inversion der Ausgangsmatrix M verhindert und den Abbruch der Rechnung zur Folge hat. Dem langen output desselben Beispiels ist zu entnehmen, daß X5, obwohl "In-Variable" der Ausgangslösung, bei der Umwandlung der Varianz-Kovarianz-Matrix in die Ausgangsmatrix M wie eine "Out-Variable" behandelt wird und deshalb das o.a. Ergebnis bewirkt. Erhöht man die Beschränkung für das zweite Papier geringfügig auf z. B. 51 Prozent[2], so wird

---

1 vgl. Test 30A im Anhang S. A1o.

2 vgl. Test 30D im Anhang S. A11, zur Behandlung der Degeneration in der linearen Programmierung vgl. u. a.: A. Angermann, Industrielle Planungsrechnung, Bd. 1, Entscheidungsmodelle. Frankfurt (Main) 1963, S. 182ff., J. Bloech, Einführung in die Unternehmensforschung für Wirtschaftsstudenten. Göttingen 1972, S. 70ff., Derselbe, Lineare Optimierung für Wirtschaftswissenschaftler. Opladen 1974, S. 87ff., J. Bloech und G. B. Ihde, Betriebliche Distributionsplanung. Würzburg/Wien 1972, S. 94 u. 97, G. B. Dantzig, Lineare Programmierung und Erweiterungen. In: Ökonometrie und Unternehmensforschung, Bd. II, (übersetzt von A. Jaeger), Berlin/Heidelberg/New York 1966, S. 266ff., G. Hadley, Linear Programming. Reading (Mass.) 1962, S. 174ff., B. Krekó, Lehrbuch der linearen Optimierung. Berlin 1969, S. 206ff., W. Krelle und H. P. Künzi, Lineare Programmierung. Zürich 1958, S. 29ff. u. S. 75f., H. Müller-Merbach, Operations Research. Methoden und Modelle der Optimalplanung. 3. durchges. Aufl. München 1973,S.115ff., M. Sasieni und A. Yaspan und L. Friedman, Methoden und Probleme der Unternehmensforschung. Würzburg/Wien 1969,S.219ff.

durch das Auftreten des Schlupfes dieser Restriktion (X8 = 0,01) in der Basislösung die Degeneration vermieden und das Beispiel normal durchgerechnet[1], wobei ab Portefeuille 3 dieselben Ergebnisse wie bei dem Beispiel ohne Restriktionen[2] zu verzeichnen sind.

Mischung des Corner-Portefeuilles 3 (Test 30A und D)

X(1)	DEMG	=	41,606	Prozent
X(2)	BABC	=	45,891	"
X(3)	COGA	=	0,000	"
X(4)	TEXA	=	0,000	"
X(5)	DEGU	=	12,503	"
	Gesamt	=	100,000	Prozent

Mischung des varianzminimalen Portefeuilles (Test 30A u. D)[3]

X(1)	DEMG	=	16,394	Prozent
X(2)	BABC	=	32,692	"
X(3)	COGA	=	11,485	"
X(4)	TEXA	=	24,273	"
X(5)	DEGU	=	15,155	"
	Gesamt	=	100,000	Prozent

1 Derselbe Effekt läßt sich auch bei einer Erhöhung der Beschränkung des ersten Papiers auf 51 Prozent erzielen.
2 vgl. Tests 30A und 30D im Anhang S. A10 und S. A11.
3 Aufgrund von Rundungsungenauigkeiten addieren sich die Portefeuilleanteile nicht immer exakt zu 100,000 Prozent.

2243 Wirkungsweise von Ungleichungen im Ablauf des Algorithmus

Hinsichtlich der Einbeziehung von zusätzlichen Nebenbedingungen in den Algorithmus muß noch ein Sonderfall nachgetragen werden, der immer dann auftritt, wenn eine Ungleichung in einem späteren als dem ersten Portefeuille wirksam wird. Zur Demonstration ist das Testbeispiel 10E[1] um die Beschränkung X3 ≤ 0,5 ergänzt worden[2].

Mischung des Corner-Portefeuilles 1 (Test 10E und G)

X(1)	VART	=	5,000	Prozent
X(2)	BEMO	=	60,000	"
X(3)	DEMG	=	25,000	"
X(4)	TEXA	=	10,000	"
X(5)	DEGU	=	0,000	"
	Gesamt	=	100,000	Prozent

Die Ausgangslösung ist für die echten Papiere in beiden Tests gleich, im Test 10G tritt zusätzlich der Schlupf der neuen Restriktion mit X6 = 0,25 auf. Dieser ist identisch mit dem Dummy-Papier X8, weil in dem LP-Teil die Restriktionen in umgekehrter Reihenfolge aufgeführt werden .

---

1 vgl. Test 10E im Anhang S. A3 und S. A44ff.
2 vgl. Test 10G im Anhang S. A4.

Im Gegensatz zum Test 10E, bei dem das Papier X3 DEMG im zweiten Portefeuille mit einem Anteil von 59,747 Prozent enthalten ist, der sich dann über 48,057 im dritten auf 28,380 Prozent im letzten Portefeuille verringert, wird dieses Papier - entsprechend der zusätzlichen Restriktion - im zweiten Portefeuille des Tests 10G auf 50 Prozent beschränkt und in dieser Höhe unverändert bis zum varianzminimalen Portefeuille beibehalten.

Mischung des varianzminimalen Portefeuilles (Test 10E)

X(1)	VART	=	5,000	Prozent
X(2)	BEMO	=	1,585	"
X(3)	DEMG	=	28,380	"
X(4)	TEXA	=	42,399	"
X(5)	DEGU	=	22,637	"
	Gesamt	=	100,000	Prozent

Mischung des varianzminimalen Portefeuilles (Test 10G)

X(1)	VART	=	5,000	Prozent
X(2)	BEMO	=	1,158	"
X(3)	DEMG	=	50,000	"
X(4)	TEXA	=	30,645	"
X(5)	DEGU	=	13,198	"
	Gesamt	=	100,000	Prozent

Dem langen output des Tests 10G ist zu entnehmen,

daß zunächst der Dummy X7 in die Mischung des zweiten Portefeuilles aufgenommen wird, womit ein Absinken des korrespondierenden echten Papiers X2 unter seinen Höchstanteil von 60 Prozent verbunden ist. Gleichzeitig wird aus diesem Portefeuille der Dummy X8 ausgeschlossen, während das zugehörige echte Papier X3 seinen Höchstanteil von 50 Prozent erreicht[1]. Im letzten Portefeuille übersteigt bei Aufnahme des entsprechenden Dummy-Papiers X4 TEXA seinen Mindestanteil von 10 Prozent.

---

1 Bei Aufnahme eines Papiers in die Mischung wird der Lambda-Wert durch Division des W- und Y-Wertes dieser Variablen bestimmt und beim Ausschluß durch Division der beiden Zeilenwerte innerhalb der kritischen Linie (vgl. oben S. 11). Signalisiert der maximale Lambda-Wert den Ausschluß eines Papiers, so bewirkt sein Einsetzen in die kritische Linie zum Zweck der Bestimmung des Portefeuilles zweierlei: Erstens wird hierdurch - wie immer beim Ablauf des Algorithmus - das Papier des maximalen Lambda-Wertes der vorherigen Iteration in die Mischung aufgenommen und zweitens wird das Papier des maximalen Lambda-Wertes der jetzigen Iteration ausgeschlossen. In den Kopfangaben der Portefeuilles wird in einem solchen Fall das aufgenommene Papier als "PF.-Veränderung" ausgewiesen, das ausgeschlossene Papier übernimmt diese Funktion im nächsten Portefeuille, für das weder eine Aufnahme noch ein Ausschluß erfolgt, sondern normalerweise Verschiebungen bei den Anteilen der "In-Variablen" zu verzeichnen sind (im Test 10G bleiben die Anteile beim Übergang von Portefeuille 2 zu Portefeuille 3 zufällig gleich). Auch hier findet die Regel des Algorithmus Anwendung, daß das Papier mit dem maximalen Lambda-Wert beim Unterschreiten dieses Wertes - also in der nächsten Iteration - als "PF.-Veränderung" in Erscheinung tritt.

Ganz deutlich ist die allgemeine Funktion von Dummy-Variablen zu erkennen, nämlich durch Aufnahme der jeweiligen Restgröße die Ungleichung in eine Gleichung zu überführen. Ist der Portefeuilleanteil eines echten Papiers kleiner als der Beschränkungskoeffizient, so befindet sich der Dummy in der Lösung (X3 und X8 im ersten Portefeuille des Tests 10G) und wird ein Höchstanteil unter- bzw. ein Mindestanteil überschritten, so sind die entsprechenden Dummy-Papiere in die Lösung aufzunehmen (X2 und X7 im Portefeuille 2 bzw. X4 und X6 im Portefeuille 5 des Tests 10G[1].

Erreicht im Zuge der Portefeuilleberechnung ein echtes Papier seinen Höchstanteil, so muß der vorher in der Lösung befindliche Dummy ausgeschlossen werden. Da der Algorithmus die Wiederaufnahme von früheren "In-Variablen", die dann zu "Out-Variablen" wurden, nicht vorsieht[2], besteht keine Möglichkeit, einen ausgeschlossenen Dummy wieder in die Lösung aufzunehmen; damit kann das echte Papier seinen Höchstanteil nicht mehr unterschreiten und tritt in allen folgenden Portefeuilles wie ein durch eine Gleichung fest vorgegebenes Papier auf.

Grundsätzlich gilt dieselbe Überlegung analog auch für Größer-Gleich-Restriktionen, allerdings sind entsprechen-

---

1 Da in die letzte kritische Linie jedes Testbeispiels ein Lambda-Wert von Null eingesetzt wird, ist deren erste Spalte mit dem varianzminimalen Portefeuille identisch. Überprüft man in der kritischen Linie 5 des langen outputs des Tests 10G die Variablen X2 und X7 bzw. X4 und X6, so stellt man die Einhaltung der Beschränkungen X2(=0,01157) + X7(=0,58842) = 0,6 bzw. X4(=0,30645) - X6(=0,20644) = 0,1 fest.

2 Vom Verfasser bei keinem der gerechneten Beispiele beobachtet.

de Auswirkungen nicht festzustellen, weil nach dem Beginn der Verringerung des Anteils eines Papiers von Portefeuille zu Portefeuille ein Wiederansteigen nicht vorkommt[1] und damit das Lösen von einer auf diese Weise erreichten Untergrenze gar nicht notwendig wird.

Die aufgezeigte Überführung von Ungleichungen in Gleichungen, insbesondere bei den Kleiner-Gleich-Restriktionen, ist als Schwäche des Algorithmus zu bezeichnen, weil sie das Auffinden des echten varianzminimalen Portefeuilles eines vorgegebenen Problems verhindert. Orientiert sich der risikoscheue Anleger an dem auf diese Weise berechneten varianzminimalen Portefeuille, so unterliegt der investierte Betrag einem höheren Risiko als erwünscht.

---

1 Vom Verfasser bei keinem der gerechneten Beispiele beobachtet.

23 Das Diagonalmodell

In Fortsetzung der Begriffsbestimmung des Kapitels 22 wird als Diagonalmodell die Modellformulierung von Sharpe bezeichnet[1], die gekennzeichnet ist durch die Einführung eines Dummy-Papiers "Index" und eine Varianz-Kovarianz-Matrix, die nur auf der Hauptdiagonalen von Null verschiedene Elemente enthält.

231 Herleitung

Sharpe entwickelt sein Modell, indem er von den charakteristischen Größen des Indexmodells

$$\mu_i = a_i + b_i\, a_{n+1} \quad (221.2)$$

$$\sigma_i^2 = b_i^2 q_{n+1} + q_i \quad (221.3)$$

$$c_{ij} = b_i b_j q_{n+1} \quad (221.4)$$

ausgeht. "A portfolio analysis could be performed by obtaining the values required by the diagonal model, calculating from them the full set of data required for the standard portfolio analysis problem and then performing the analysis with the derived values. However, additional advantages can be obtained if the portfolio analysis problem is restated directly in terms of the parameters of the diagonal model"[2].

---

1 Sharpe, A Simplified Model... a.a.O., S. 277ff.
2 Ebenda, S. 282.

Den erwarteten Portefeuilleertrag des Indexmodells erhält man durch Einsetzen der erwarteten Einzelerträge (221.2) in die Gleichung des erwarteten Portefeuilleertrages des Standardmodells.

$$(21.2) \qquad E_p = \sum_{i=1}^{n} x_i \mu_i$$

$$= \sum_{i=1}^{n} x_i (a_i + b_i a_{n+1})$$

$$= \sum_{i=1}^{n} x_i a_i + a_{n+1} \sum_{i=1}^{n} x_i b_i$$

Definiert man

$$(231.1) \qquad x_{n+1} = \sum_{i=1}^{n} x_i b_i$$

als gewogene durchschnittliche Sensitivität der Portefeuillerendite in bezug auf die Höhe des Index[1], so folgt

$$E_p = \sum_{i=1}^{n} x_i a_i + x_{n+1} a_{n+1}$$

und schließlich

$$E_p = \sum_{i=1}^{n+1} x_i a_i .^2$$

---

1 Sharpe, A Simplified Model ... a.a.O., S. 283.
2 Zur Entwicklung dieser Formel vgl. Ebenda, S. 282ff. und Neuhaus, a.a.O., S. 72/73.

Die Formel für die Portefeuillevarianz wird von Sharpe nicht hergeleitet, sondern mit dem Hinweis, daß die Kovarianzen im Diagonalmodell Null sind, sofort in ihrer endgültigen Form angegeben[1]:

$$(231.3) \qquad V_p = \sum_{i=1}^{n+1} x_i^2 q_i$$

Zur Bestimmung dieser Formel (231.3) folgt der Verfasser dem von Neuhaus[2] aufgezeigten Weg, auf den sich auch die Ansätze von Büschgen[3] und Fromm[4] zurückführen lassen:

Für die Portefeuillevarianz

$$(231) \qquad V_p = \sum_{i=1}^{n}\sum_{j=1}^{n} x_i x_j c_{ij}$$

kann auch

$$(231.4) \qquad V_p = \sum_{i=1}^{n} x_i^2 \sigma_i^2 + 2 \sum_{i=1}^{n-1} \sum_{j>i}^{n} x_i x_j c_{ij}$$

geschrieben werden, dessen erster Term den Anteil der Varianzen und zweiter Term den Anteil der Kovarianzen an der Gesamtvarianz des Portefeuilles beinhaltet.

---

1 Sharpe, A Simplified Model ... a.a.O., S. 284.
2 Neuhaus, a.a.O., S. 73/74.
3 Büschgen, Zum Problem der Planung von Wertpapierbeständen ... a.a.O., S. 27/28.
4 A. Fromm, Strategien für Finanzanlagen (Portfolio Selection Problem). Unveröffentlichte Diplomarbeit Göttingen 1970, S. 59.

Mit dem Argument, daß im Diagonalmodell die "Gesamtheit der Kovarianzbeziehungen ... in vereinfachter Form durch das System der N Regressionsgeraden abgebildet wird"[1], läßt Neuhaus den Kovarianzausdruck in (231.4) wegfallen, setzt in den verbleibenden ersten Term die Definition der Einzelvarianz des Indexmodells (221.3) ein

$$\begin{aligned} V_p &= \sum_{i=1}^{n} x_i^2 \, (b_i^2 q_{n+1} + q_i) \\ &= q_{n+1} \sum_{i=1}^{n} x_i^2 b_i^2 + \sum_{i=1}^{n} x_i^2 q_i \\ &= q_{n+1} x_{n+1}^2 + \sum_{i=1}^{n} x_i^2 q_i \end{aligned}$$

und kommt zu Sharpe's Formel:

$$(231.3) \qquad V_p = \sum_{i=1}^{n+1} x_i^2 q_i .$$

In dieser Herleitung unterläuft Neuhaus bei der Einführung des Dummies "Index"[2] ein entscheidender Fehler, indem er setzt:

$$x_{n+1}^2 = \sum_{i=1}^{n} x_i^2 b_i^2 .$$

Im Gegensatz dazu muß aufgrund von

$$(231.1) \qquad x_{n+1} = \sum_{i=1}^{n} x_i b_i$$

---

1 Neuhaus, a.a.O., S. 73.

2 Die Hilfsvariable x_{n+1} ist ein Dummy, der nach Sharpe eine Investition in den Index darstellt (vgl. Sharpe, A Simplified Model ... a.a.O., S. 282) und deshalb im folgenden als "Index" bezeichnet wird.

gelten:

$$(231.4) \qquad x_{n+1}^2 = (\sum_{i=1}^{n} x_i b_i)^2$$

Damit ist die Zusammenfassung zu

$$(231.3) \qquad V_p = \sum_{i=1}^{n+1} x_i^2 q_i$$

unzulässig.

Im folgenden ist der Frage nachzugehen, ob der von Neuhaus gewählte Ansatz oder aber die von Sharpe angegebene Formel (231.3) mit einem Fehler behaftet ist. Zu diesem Zweck muß die Bedeutung von (231.3) geklärt werden, die zunächst in die Form

$$(231.5) \qquad V_p = \sum_{i=1}^{n} x_i^2 q_i + x_{n+1}^2 q_{n+1}$$

zurückgeführt wird[1]. Vergegenwärtigt man sich, daß

$$(231.4) \qquad x_{n+1}^2 = (\sum_{i=1}^{n} x_i b_i)^2$$

gleichbedeutend ist mit

$$(231.6) \qquad x_{n+1}^2 = \sum_{i=1}^{n} x_i^2 b_i^2 + 2 \sum_{i=1}^{n-1} \sum_{j>i}^{n} x_i x_j b_i b_j$$

---

1 Sharpe, Portfolio Theory ... a.a.O., S. 122.

und berücksichtigt man (231.6) in (231.5) so folgt

$$(231.7) \qquad V_p = \sum_{i=1}^{n} x_i^2 q_i + q_{n+1} \sum_{i=1}^{n} x_i^2 b_i^2 + q_{n+1}\, 2 \sum_{i=1}^{n-1} \sum_{j>i}^{n} x_i x_j b_i b_j$$

als **Portefeuillevarianz des Diagonalmodells. Zum Vergleich dazu ergibt sich diese Größe im Indexmodell, indem die Varianzen und Kovarianzen**

$$(221.3) \qquad \sigma_i^2 = b_i^2 q_{n+1} + q_i$$

$$(221.4) \qquad c_{ij} = b_i b_j q_{n+1}$$

in

$$(231.4) \qquad V_p = \sum_{i=1}^{n} x_i^2 \sigma_i^2 + 2 \sum_{i=1}^{n-1} \sum_{j>i}^{n} x_i x_j c_{ij}$$

eingesetzt werden:

$$V_p = \sum_{i=1}^{n} x_i^2 (b_i^2 q_{n+1} + q_i) + 2 \sum_{i=1}^{n-1} \sum_{j>i}^{n} x_i x_j b_i b_j q_{n+1}$$

Man erhält für die Portefeuillevarianz:

$$(231.8) \qquad V_p = q_{n+1} \sum_{i=1}^{n} x_i^2 b_i^2 + \sum_{i=1}^{n} x_i^2 q_i + q_{n+1}\, 2 \sum_{i=1}^{n-1} \sum_{j>i}^{n} x_i x_j b_i b_j$$

Beide Formeln (231.7) und (231.8) stimmen vollständig überein, womit die obige Frage[1] zugunsten von Sharpe ihre Beantwortung gefunden hat. Der Ansatz von Neuhaus führt deshalb nicht zum richtigen Ergebnis, weil die Kovarianzen von vornherein vom Rechengang ausgeschlossen worden sind. Wie Gleichung (231.7) zeigt, sind sie aber in der Portefeuillevarianz durch den Dummy "Index" tatsächlich enthalten.

Die bisherigen Untersuchungsergebnisse lassen den Schluß zu, daß beim Auftreten gleicher Mischungen im Index- und Diagonalmodell die entsprechenden Portefeuilles sowohl den gleichen Ertrag[2] als auch die gleiche Varianz aufweisen. Ob beide Modellversionen allerdings zu gleichen Mischungen führen, muß noch geprüft werden[3].

Die vollständige Formulierung des Diagonalmodells lautet[4]:

Zielfunktion:

(231.3) $$V_p = \sum_{i=1}^{n+1} x_i^2 q_i \longrightarrow \text{Min!}$$

Restriktionen:

(231.2) $$E_p = \sum_{i=1}^{n+1} x_i a_i$$ (parametrisch einzuhaltende Beschränkung)

(21.3) $$\sum_{i=1}^{n} x_i = 1$$

1 vgl. oben S. 43.
2 vgl. die Herleitung von (231.2) aus dem Portefeuilleertrag des Indexmodells oben S. 40.
3 vgl. Kapitel 232.
4 Sharpe, A Simplified Model ... a.a.O., S. 284.

(231.1) $$\sum_{i=1}^{n} x_i b_i = x_{n+1}$$

$$x_i \geq 0 \qquad (i=1,\ldots,n+1)$$

Bei der Verwendung derselben Input-Daten wie im Indexmodell[1] sieht Sharpe für seine Modellformulierung durch die Einführung des "Index" und der damit einhergehenden Veränderung der Varianz-Kovarianz-Matrix rechentechnische Vereinfachungen - durch den Wegfall der Berechnung der Kovarianzen und bei der Inversion der M-Matrix - die z.B. zu geringeren Rechenzeiten und Kernspeicherplatzeinsparungen führen[2].

232 <u>Vergleich des Rechengangs zwischen Index- und Diagonalmodell anhand eines 5-Wertpapierbeispiels</u>

Da das Diagonalmodell dieselben Input-Daten wie das Indexmodell erfordert und außerdem wie dieses auf dem Verfahren der kritischen Linien basiert[3], lag es nahe, ein EDV-Programm für das Diagonalmodell aus der Programmversion des Indexmodells zu entwickeln. Hierbei ist der Verfasser dem Vorschlag von Sharpe hinsichtlich der Errechnung des Portefeuilleertrages (231.2) aus zwei Gründen nicht gefolgt. Zum einen ist in dieser Art der Ermittlung des Ertrages kein rechentechnischer Vorteil zu sehen, im Gegenteil, statt der n Multiplikationen im

---

1 vgl. oben S. 18.
2 Sharpe, A Simplified Model ... a.a.O., S. 284/285.
3 Ebenda, S. 284.

Indexmodell sind im Diagonalmodell n+1 Multiplikationen durchzuführen und zum anderen kann auf die Berechnung der μ_i-Werte (221.2) nicht verzichtet werden, weil sie zur Bestimmung der ertragsmaximalen Ausgangslösung unbedingt notwendig sind[1]. Liegen die μ_i-Werte einmal vor, so erscheint es sinnvoll, den Portefeuilleertrag wie im Indexmodell durch Multiplikation der μ_i-Werte (221.2) mit den entsprechenden Mischungsanteilen zu ermitteln[2].

Die zweite notwendige Gleichung (231.1) tritt in der Form

$$\sum_{i=1}^{n} x_i b_i - x_{n+1} = 0$$

als zusätzliche Ränderung in der Varianz-Kovarianz-Matrix auf, so daß die Matrix für ein 5-Wertpapierbeispiel folgendes Aussehen hätte[3]:

1 Die a_i-Werte können als Ersatz für μ_i nicht verwendet werden, vgl. hierzu die errechneten Wertpapiererträge mit den entsprechenden a_i-Werten gemäß (221.7) im Test 10B im Anhang S. A22.

2 vgl. oben S. 40, beide Formeln führen zum selben Portefeuilleertrag.

3 vgl. die Varianz-Kovarianz-Matrix des Tests 10D im Anhang S. A35.

$$
\begin{matrix}
q_1 & 0 & 0 & 0 & 0 & 0 & 1 & b_1 \\
0 & q_2 & 0 & 0 & 0 & 0 & 1 & b_2 \\
0 & 0 & q_3 & 0 & 0 & 0 & 1 & b_3 \\
0 & 0 & 0 & q_4 & 0 & 0 & 1 & b_4 \\
0 & 0 & 0 & 0 & q_5 & 0 & 1 & b_5 \\
0 & 0 & 0 & 0 & 0 & q_{n+1} & 0 & -1 \\
1 & 1 & 1 & 1 & 1 & 0 & 0 & 0 \\
b_1 & b_2 & b_3 & b_4 & b_5 & -1 & 0 & 0
\end{matrix}
$$

Nur noch auf der Hauptdiagonalen der 5 · 5 - Matrix der Varianzen und Kovarianzen treten von Null verschiedene Werte auf, die das kapitalmarktunabhängige Risiko darstellen[1]. Als sechster Wert kommt das Risiko des Index hinzu, das analog den q_i-Werten ebenfalls als relative Größe gebildet wird [2]. Um die dadurch im Nenner von q_{n+1} erscheinende Größe a^2_{n+1} wieder zu eliminieren[3], werden die b_i-Werte mit a_{n+1} multipliziert, so daß als Ränderung

$$b_i = \frac{B_i}{K_{io}} \cdot a_{n+1}$$ erscheint[4].

---

1 vgl. oben S. 18.

2 vgl. oben S. 21 Gleichung (221.9) $c_i = \frac{C_i}{K_{io}} \cdot 100$ und oben S. 18 $\mathrm{var}(c_i) = q_i$. q_{n+1} berechnet sich demnach: $c_{n+1} = \frac{C_{n+1}}{a_{n+1}} \cdot 100$ und $\mathrm{var}(c_{n+1}) = q_{n+1}$.

3 In den Gleichungen (221.3) und (221.4) ist q_{n+1} eine absolute Größe.

4 vgl. oben S. 21 , der Algorithmus arbeitet mit relativen Größen, die für die Ausgabe in Form der Corner-Portefeuilles durch Multiplikation mit 100 in Prozentangaben überführt werden.

Zu bemerken ist noch, daß der "Index" nicht in der notwendigen Restriktion (21.3) enthalten ist und damit an die Dummy-Papiere der Ungleichungen erinnert, mit denen er außerdem einen mit Null vorgegeben Ertrag gemeinsam hat.

Aus den formalen Unterschieden zum Indexmodell ergeben sich folgende Konsequenzen[1]:

Bedingt durch die zweite notwendige Gleichheitsbeziehung (231.1) beinhaltet die ertragsmaximale Ausgangslösung zwei Variablen, wobei es sich in der Regel bei der ersten um das ertragsmaximale Papier mit einem Anteil von 100 Prozent und bei der zweiten um den Dummy "Index" mit einem Anteil in Höhe des b_i-Wertes des Papiers mit dem größten Ertrag[2] handelt.

Abweichungen von dieser Norm treten auf, wenn das Papier mit dem größten Ertrag ein negatives Steigmaß aufweist wie z. B. X8 BERG im Test 40A[3]. Die Übernahme dieser Steigung als Dummy-Anteil würde gegen die Nichtnegativitätsbedingung verstoßen.

Mischung des Corner-Portefeuilles 1 (Test 40A)

X(1)	VART	=	0,000	Prozent
X(2)	AEG	=	0,000	"
X(3)	MAN	=	0,000	"
X(4)	BASF	=	0,000	"
X(5)	BAVA	=	0,000	"
X(6)	BMW	=	0,000	"
X(7)	BEID	=	0,000	"
X(8)	BERG	=	100,000	"
X(9)	BKUL	=	0,000	"
X(10)	BEMO	=	0,000	"
	Gesamt	=	100,000	Prozent

1 vgl. Tests 10B und 10D im Anhang S. A22ff. und S. A33ff.
2 vgl. die Ränderung der Varianz-Kovarianz-Matrix oben S. 48.
3 vgl. Test 40A im Anhang S. A12.

Mischung des Corner-Portefeuilles 1 (Test 40B)

X(1)	VART	=	0,000	Prozent
X(2)	AEG	=	0,000	"
X(3)	MAN	=	0,000	"
X(4)	BASF	=	0,000	"
X(5)	BAVA	=	0,000	"
X(6)	BMW	=	0,000	"
X(7)	BEID	=	0,000	"
X(8)	BERG	=	43,910	"
X(9)	BKUL	=	0,000	"
X(10)	BEMO	=	56,090	"
X(11))	INDX	=	0,000	"
	Gesamt	=	100,000	Prozent

Wie aus dem Test 40B[1] hervorgeht, erfolgt in einem solchen Fall die Aufnahme eines weiteren echten Papiers in die Ausgangslösung[2], während der Dummywert und damit auch das indexabhängige Risiko Null beträgt. Im Test 40B wird der "Index" im dritten Portefeuille in die Mischung aufgenommen.

Mischung des Corner-Portefeuilles 3 (Test 40B)

X(1)	VART	=	0,000	Prozent
X(2)	AEG	=	0,000	"
X(3)	MAN	=	0,000	"
X(4)	BASF	=	45,348	"
X(5)	BAVA	=	0,000	"
X(6)	BMW	=	0,000	"
X(7)	BEID	=	0,000	"
X(8)	BERG	=	31,008	"
X(9)	BKUL	=	0,000	"
X(10)	BEMO	=	23,644	"
X(11)	INDX	=	17,712	"
	Gesamt	=	117,712	"

1 vgl. Test 40B im Anhang S. A13.
2 X10 BEMO ist das Papier mit dem zweitgrößten Ertrag dieses Beispiels.

Verlassen wir aber diesen Spezialfall und wenden uns der Inversionsphase des Testbeispiels 10D zu. Hierbei ist die von Sharpe angedeutete Rechenvereinfachung[1] nicht festzustellen, denn durch die Umwandlung der Varianz-Kovarianz-Matrix in die Ausgangsmatrix M erfolgt eine Inversion von in beiden Modellen gleich strukturierten Matrizen, von denen die des Diagonalmodells umfangreicher und aufgrund des Vorhandenseins von zwei Basisvariablen nicht so einfach zu invertieren ist, wie die des Indexmodells[2].

Die erste bzw. zweite Spalte der kritischen Linien

$$\begin{pmatrix} X \\ U \end{pmatrix} = N(t) \cdot R + \lambda_E \cdot N(t) \cdot S$$

entsteht durch Multiplikation der Zwischenmatrizen N(t) mit dem R- bzw. S-Vektor[3]. Der Aufbau des R-Vektors im Indexmodell (Testbeispiel 10B)

$$R = \begin{pmatrix} 0 \\ 0 \\ 0 \\ 0 \\ 0 \\ 1 \end{pmatrix}$$

und im Diagonalmodell (Testbeispiel 10D)

---

1 Sharpe, A Simplified Model ... a.a.O., S. 284, vgl. auch oben S. 46.
2 Die im Kapitel 2241 beschriebene Vereinfachung der Matrixinversion kann im Diagonalmodell nicht zur Anwendung kommen.
3 vgl. oben S. 9ff.

$$R = \begin{pmatrix} 0 \\ 0 \\ 0 \\ 0 \\ 0 \\ 0 \\ 1 \\ 0 \end{pmatrix}$$

bedingt, daß im Indexmodell die letzte und im Diagonalmodell die vorletzte Spalte der Zwischenmatrizen N(t) als erste Spalte der kritischen Linien übernommen wird.

Kritische Linie 1 (Test 10B)

$$\begin{aligned}
X(1) &= 0{,}000000 + \lambda_E \cdot 0{,}000000 \\
X(2) &= 1{,}000000 + \lambda_E \cdot 0{,}000000 \\
X(3) &= 0{,}000000 + \lambda_E \cdot 0{,}000000 \\
X(4) &= 0{,}000000 + \lambda_E \cdot 0{,}000000 \\
X(5) &= 0{,}000000 + \lambda_E \cdot 0{,}000000 \\
X(6) &= -20{,}387900 + \lambda_E \cdot 0{,}854932
\end{aligned}$$

Die erste Spalte der kritischen Linien enthält eine bestimmte Mischung, die für die erste kritische Linie immer identisch ist mit dem Corner-Portefeuille 1 und in den folgenden Iterationen dann realisiert würde, wenn der maximale Lambda-Wert null wäre. Diese Bedingung ist in der letzten Iteration erfüllt und folglich stimmt die Mischung der kritischen Linie 5 mit der des varianzminimalen Portefeuilles überein[1].

Die letzte bzw. die vorletzte Zeile der kritischen Linien im Index- bzw. im Diagonalmodell nimmt in der ersten Spalte die negative Varianz und in der zweiten Spalte den Ertrag der "Kritischen-Linien-Mischung" auf.

---

1 vgl. Test 10B und 10D im Anhang S. A22ff. und S. A33ff.

In der ersten kritischen Linie sind dieses die charakteristischen Größen des ertragsmaximalen Papiers.

Für die Mischung der zweiten kritischen Linie im Indexmodell (Testbeispiel 10B)

Kritische Linie 2

$$X(1) = 0{,}000000 + \lambda_E \cdot 0{,}000000$$
$$X(2) = 0{,}049932 + \lambda_E \cdot 0{,}026636$$
$$X(3) = 0{,}950067 + \lambda_E \cdot -0{,}026636$$
$$X(4) = 0{,}000000 + \lambda_E \cdot 0{,}000000$$
$$X(5) = 0{,}000000 + \lambda_E \cdot 0{,}000000$$
$$X(6) = -1{,}063630 + \lambda_E \cdot 0{,}313152$$

ergibt sich die Varianz durch Einsetzen der entsprechenden Werte[1] in die Formel[2]:

$$V_p = x_2^2\sigma_2^2 + x_3^2\sigma_3^2 + 2x_2x_3c_{23}$$

$$V_p = 0{,}0499328^2 \cdot 20{,}3879 + 0{,}950067^2 \cdot 1{,}117 + 2 \cdot 0{,}0499328 \cdot 0{,}950067 \cdot 0{,}048$$

$$V_p = 1{,}06363$$

Für den Ertrag dieser Mischung gilt:

$$E_p = x_2\mu_2 + x_3\mu_3$$

$$E_p = 0{,}0499328 \cdot 0{,}85493 + 0{,}950067 \cdot 0{,}28467$$

$$E_p = 0{,}3131$$

---

1 Die numerischen Größen der Einzelvarianzen σ_2^2, σ_3^2 und der Kovarianz c_{23} sind aus der Varianz-Kovarianz-Matrix des Tests 10B im Anhang S. A24 ersichtlich.

2 Aufgrund der größeren Rechengenauigkeit des Computers können bei den dargestellten Rechenoperationen Abweichungen in den letzten Stellen nach dem Komma auftreten.

Analog folgt für die Mischung der zweiten kritischen Linie im Diagonalmodell (Testbeispiel 10D):

Kritische Linie 2

$$X(1) = 0{,}000000 + \lambda_E \cdot 0{,}000000$$
$$X(2) = 0{,}049932 + \lambda_E \cdot 0{,}026636$$
$$X(3) = 0{,}950067 + \lambda_E \cdot -0{,}026636$$
$$X(4) = 0{,}000000 + \lambda_E \cdot 0{,}000000$$
$$X(5) = 0{,}000000 + \lambda_E \cdot 0{,}000000$$
$$X(6) = 0{,}714872 + \lambda_E \cdot -0{,}005425$$
$$X(7) = -1{,}063630 + \lambda_E \cdot 0{,}313152$$
$$X(8) = 0{,}090793 + \lambda_E \cdot -0{,}000689$$

$$V_p = x_2^2 q_2 + x_3^2 q_3 + x_{n+1}^2\, q_{n+1}$$

$$V_p = 0{,}0499326^2 \cdot 20{,}3534 + 0{,}950067^2 \cdot 1{,}0502 + 0{,}714872^2 \cdot 0{,}127$$

$$V_p = 1{,}06363$$

$$E_p = x_2\mu_2 + x_3\mu_3 + x_{n+1}\, \mu_{n+1}$$

$$E_p = 0{,}0499326 \cdot 0{,}85493 + 0{,}950067 \cdot 0{,}28467 + 0{,}714872 \cdot 0$$

$$E_p = 0{,}3131$$

Wie in dem allgemeinen Beweis gezeigt, wird der Wegfall der Kovarianzen und des kapitalmarktabhängigen Teils der Varianzen durch das Auftreten des "Index" vollständig ausgeglichen[1].

---

1 vgl. oben S. 39ff.

Eine ähnliche Aussage läßt sich auch hinsichtlich der W-Werte treffen. Das Produkt $N(t) \cdot R$ in der Formel der W-Werte[1]

$$W = VK \cdot N(t) \cdot R$$

führt bekanntlich zu der ersten Spalte der kritischen Linien[2], so daß der W-Vektor aus der Multiplikation der Varianz-Kovarianz-Matrix (VK) mit der ersten Spalte der kritischen Linien gebildet wird.

Als Ergebnis dieser Multiplikation erhält man für die zweite Iteration des Indexmodells (Test 10B)[3]:

$$W(1) = 1{,}9915 \cdot 0 + 0{,}1047 \cdot 0{,}0499328 + 0{,}1456 \cdot 0{,}950067 + 0{,}1263 \cdot 0 + 0{,}3443 \cdot 0 + 1 \cdot (-\ 1{,}06363)$$

$$W(1) = -\ 0{,}919998$$

$$W(4) = 0{,}1263 \cdot 0 + 0{,}0416 \cdot 0{,}0499328 + 0{,}0578 \cdot 0{,}950067 + 0{,}7805 \cdot 0 + 0{,}1368 \cdot 0 + 1 \cdot (-\ 1{,}06363)$$

$$W(4) = -\ 1{,}00656$$

$$\vdots$$

1 vgl. oben S.11.
2 vgl. oben S.51.
3 vgl. die Varianz-Kovarianz-Matrix und die zweite kritische Linie im Test 10B im Anhang S. A24 und S. A27.

Die W-Werte der "Out-Variablen"[1] entstehen also, indem die jeweiligen Kovarianzen bezüglich der "In-Variablen" (erste Spalte der kritischen Linien) mit den Anteilen der "In-Variablen" gewichtet und zu der negativen Varianz der "Kritischen-Linien-Mischung" addiert werden.

Die W-Werte der zweiten Iteration des Diagonalmodells (Test 10D) errechnen sich analog wie folgt[2]:

$$W(1) = 1{,}6736 \cdot 0 + 0 \cdot 0{,}0499326 + 0 \cdot 0{,}950067 + 0 \cdot 0 + 0 \cdot 0 + 0 \cdot 0{,}714872 + 1 \cdot (-1{,}06363) + 1{,}582 \cdot 0{,}0907931$$

$$W(1) = -0{,}919995$$

$$W(4) = 0 \cdot 0 + 0 \cdot 0{,}0499326 + 0 \cdot 0{,}950067 + 0{,}7303 \cdot 0 + 0 \cdot 0 + 0 \cdot 0{,}714872 + 1 \cdot (-1{,}06363) + 0{,}6285 \cdot 0{,}0907931$$

$$W(4) = -1{,}00656$$

⋮

Die Größen stimmen in beiden Modellen überein, der Ausgleich für den Wegfall der Kovarianzen, die bei der Ermittlung der W-Werte im Indexmodell die entscheidende

1 Die W-Werte der "In-Variablen" sind Null.

2 vgl. die Varianz-Kovarianz-Matrix und die zweite kritische Linie im Test 10D im Anhang S. A35 und S. A38.

Rolle spielen, wird durch Multiplikation des letzten Wertes der ersten Spalte der kritischen Linien (für den o. a. W(1)-Wert 0,0907931) mit dem jeweiligen Steigmaß (1,582) erreicht.

Das letzte Produkt bei der Bestimmung der W-Werte im Diagonalmodell muß also gleich sein der Summe der mit den Anteilen der "In-Variablen" (erste Spalte der kritischen Linien) gewichteten Kovarianzen im Indexmodell. Diese Gleichsetzung kann nur dann gelten, wenn der letzte Wert in der ersten Spalte der kritischen Linie des Diagonalmodells das Produkt $x_{n+1}q_{n+1}$ darstellt, was am Beispiel der zweiten kritischen Linie (Test 10D) bewiesen werden soll:

$$x_{n+1} \cdot q_{n+1} = x_6 \cdot q_6 = 0{,}714872 \cdot 0{,}127 = 0{,}0907931$$

Multipliziert man dieses Produkt mit z. B. dem Steigmaß des ersten Papiers, so erhält man tatsächlich die o. a. gewichtete Summe der Kovarianzen des ersten Papiers im Indexmodell:

$$b_1 x_{n+1} q_{n+1} = b_1(x_2 b_2 + x_3 b_3) q_{n+1} = x_2 b_2 b_1 q_{n+1} +$$

$$x_3 b_3 b_1 q_{n+1} = x_2 c_{12} + x_3 c_{13}$$

Wie die Formel

$$Y = VK \cdot N(t) \cdot S - S$$

zeigt[1], entstehen die Y-Werte der "Out-Variablen"[2], indem nach der Multiplikation der Varianz-Kovarianz-Matrix (VK) mit der zweiten Spalte der kritischen

1 vgl. oben S. 11.
2 Die Y-Werte der "In-Variablen" sind Null.

Linien (N(t) · S) von den dabei entstehenden Vektorelementen der Ertrag der entsprechenden Papiere subtrahiert wird. Die Lambda-Werte der "Out-Variablen" errechnen sich nach der Formel

$$\lambda_E^i = -\frac{w_i}{y_i} \ .$$ [1]

Der maximale Lambda-Wert ist das entscheidende Kriterium für die Aufnahme der nächsten Variablen in das Portefeuille. Damit wird immer das Papier ausgewählt, welches einerseits bezüglich der "In-Variablen" der ersten Spalte der kritischen Linien geringe Kovarianzen - ergibt einen großen W-Wert - und andererseits einen großen Ertrag - führt zu einem kleinen Y-Wert - aufweist.
Da der w_i-Wert die Risikoreduktion der "Kritischen-Linien-Mischung" bei Aufnahme des Papiers x_i in die Mischung[2] und y_i die entsprechenden Ertragsauswirkungen zum Ausdruck bringt, könnte man λ_E^i als marginale Risiko-Ertrags-Relation der Variablen x_i in bezug auf die "Kritischen-Linien-Mischung" bezeichnen. Je größer der Wert ist, den λ_E^i annimmt, desto geringer sind die Konsequenzen für die Mischungszusammensetzung und deren typische Größen Risiko und Ertrag. Die Wahl des maximalen Lambda-Wertes in den einzelnen Iterationen bewirkt also eine große Zahl von Corner-Portefeuilles mit möglichst geringer Schrittweite zwischen den Mischungen.

Auf eine eingehende Untersuchung der Y-Werte, die ebenso wie die W-Werte in beiden Modellen übereinstimmen, kann verzichtet werden, weil die analoge Vorgehensweise keine grundsätzlich neuen Erkenntnisse liefern würde.

Die Analyse beider Rechengänge hat ergeben, daß in den einzelnen Iterationen gleiche Zwischenwerte auftreten, die zwangsläufig auch zu identischen Corner-Portefeuilles führen[3].

---

1 vgl. oben S. 11.
2 vgl. oben S. 56.
3 vgl. Test 10B u. 10D im Anhang S. A22ff. u. S. A33ff. sowie Tests 40A u. 40B im Anhang S. A12 u. S. A13 (gleiche Ergebnisse nach der Aufnahme des "Index" im Test 40B ab Portefeuille 3).

24 Die Multi-Index-Modelle

Da dem Verfasser ein EDV-Programm zum Testen von Multi-Index-Modellen nicht zur Verfügung steht und außerdem diese Modelle in der Literatur bereits mehrfach dargestellt sind[1], erübrigt sich eine breite Behandlung dieses Teils der Portfolio Selection Theorie, der nur der Vollständigkeit halber kurz angesprochen werden soll.

Durch Zusammenfassung mehrerer Wertpapiere zu Branchen und durch Bindung der einzelnen Papiere nicht mehr an einen Gesamtindex, sondern an den jeweiligen Branchenindex versucht man mit Multi-Index-Modellen zu genaueren Vorausschätzungen zu gelangen[2]. Die Beziehungen zwischen den Branchenindizes können entweder durch explizite Angaben von Kovarianzen (Kovarianzform) oder aber durch den Aufbau einer hierarchischen Indexstruktur

---

1 Zu den Multi-Index-Modellen vgl. u. a.: J. Blaich, Möglichkeiten und Grenzen der Modelle der Portfolio Selection - dargestellt an einigen Beispielen aus der Bundesrepublik Deutschland. Diss. Münster 1970, S. 54ff., Büschgen, Zum Problem der Planung von Wertpapierbeständen ... a.a.O., S. 29ff., K. J. Cohen and J. A. Pogue, An Empirical Evaluation of Alternative Portfolio Selection Models. "Journal of Business", Vol. 40 (1967), S. 169ff., Fromm, a.a.O., S. 61ff., IBM A New Mathematical Approach to Investment Planning. IBM Data Processing Application 1962, Hielscher, Das optimale Aktienportefeuille... a.a.O., S. 232ff., Müller, Portfolio Selection Als Enscheidungsmodell ... a.a.O., S. 134ff., Neuhaus, a.a.O., S. 76ff., Derselbe, Indexmodelle zur Planung effizienter Wertpapierportefeuilles. "Zeitschrift für Betriebswirtschaft", 39. Jg. (1969), S. 809ff., Sharpe, Portfolio Theory ... a.a.O., S. 122ff., W. Steinbach und A. Fromm, Ökonomische Aspekte der Portfolio-Selection-Theorie. "Kredit und Kapital", 6. Jg. (1973), S. 16ff., M. Wilde, Depotplanungsmodelle - Kriterien für die Anlagenplanung durch Kreditinstitute. Diss. Wien 1972. In: Österreichisches Forschungsinstitut für Sparkassenwesen. Dr.-Stigleitner-Schriftenreihe Bd. 12, S. 59ff.

2 Büschgen, Zum Problem der Planung von Wertpapierbeständen ... a.a.O., S. 30.

durch lineare Regression zwischen Gesamtindex und Branchenindizes[1] (Diagonalform) festgelegt werden[2].

Aufgrund der im Zusammenhang mit dem Standardmodell dargelegten Schwierigkeiten der Ermittlung expliziter Kovarianzen[3] sieht der Verfasser in der Diagonalform Vorteile gegenüber der Kovarianzform.

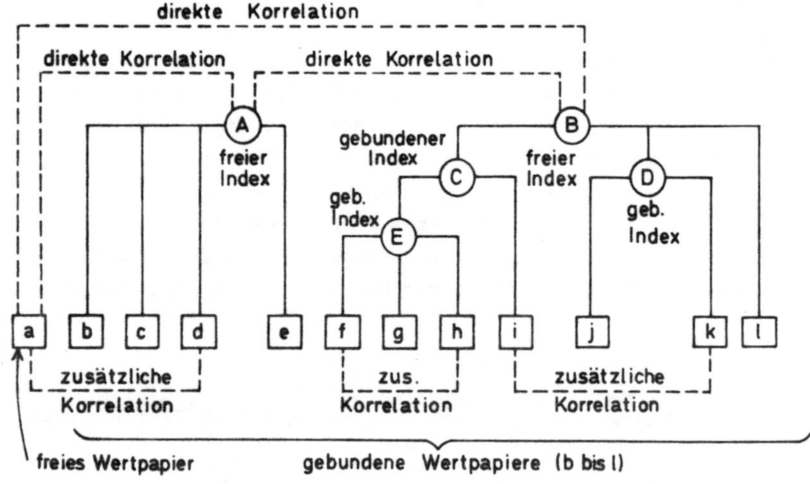

Abb. 3

Abb. 3[4] zeigt ein umfassendes Multi-Index-Modell, das

---

1 Ähnlich wie im Index- und Diagonalmodell zwischen den Kursen und dem Gesamtindex.
2 Cohen and Pogue, a.a.O., S. 170ff. und Neuhaus, Zur Planung ... a.a.O., S. 82/83.
3 vgl. Kapitel 21.
4 vgl. IBM Portfolio Selection Program (IB PS90) ... a.a.O., S. 22 und Hielscher, Das optimale Aktienportefeuille ... a.a.O., S. 236.

Kovarianz- und Diagonalform vereinigt und daneben noch explizite Kovarianzen sowohl zwischen einzelnen Papieren als auch zwischen Indizes und Papieren vorsieht.

"Von besonderer Bedeutung ist das umfassende Index-Modell insbesondere dann, wenn in die Depotanalyse nicht nur Aktien, sondern auch andere Kapitalanlage-Objekte, wie z. B. festverzinsliche Wertpapiere oder aber auch außerdeutsche Aktien (z. B. französische, englische, italienische, holländische, amerikanische oder japanische Aktien) einbezogen werden sollen"[1].

25 Das LP-Modell

Das LP-Modell der Portfolio Selection Theorie wird von Sharpe aus dem von ihm konzipierten Diagonalmodell entwickelt, indem er die Auswirkungen zusätzlicher Restriktionen, wie sie z. B. für Investmentfonds bestehen[2], auf die Portefeuillevarianz des Diagonalmodells

$$(231.5) \qquad V_p = \sum_{i=1}^{n} x_i^2 q_i + x_{n+1}^2 q_{n+1}$$

untersucht[3]. In diesem Zusammenhang prägt er den Begriff des "well-diversified portfolio", das sich dadurch auszeichnet, daß es fünfzehn oder zwanzig Wert-

---

1 Hielscher, Das optimale Aktienportefeuille ... a.a.O., S. 237.

2 Investmentfonds dürfen i.d.R. nur 5 Prozent ihres Portefeuillevermögens auf ein Anlageobjekt konzentrieren, vgl. § 8 Abs. 3 KAGG.

3 W. F. Sharpe, A Linear Programming Algorithm for Mutual Fund Portfolio Selection. "Management Science", Vol. 13 (1967), S. 499ff.

papiere in der Mischung enthält[1]. Sharpe geht von einem auf diese Weise charakterisierten Portefeuille aus, für das die zusätzlichen Beschränkungen in Form von Gleichungen vorliegen

$$(25.1) \qquad x_i = \frac{1}{n} \quad (i=1,\ldots,n),$$

so daß jedes Papier in der Mischung den gleichen Portefeuilleanteil aufweist.

Über die grundlegende Annahme, daß "half the typical security's variance is attributable to its relationship with the index"[2], die Sharpe durch empirische Studien von King[3] untermauert sieht[4], kommt er zu der Aussage, daß sich die unkorrelierten Einzelvarianzen in der Gleichung (231.5) durch die o.a. Diversifikation in ihrer Bedeutung für die Portefeuillevarianz derartig reduzieren, daß sie in einem "well-diversified portfolio" vernachlässigt werden können[5].

Von (231.5) verbleibt dann als Portefeuillevarianz

$$V_p = x_{n+1}^2 \, q_{n+1}$$

bzw. nach dem Wurzelziehen

$$\sigma_p = x_{n+1} \, c_{n+1}$$

1 Sharpe, Portfolio Theory ... a.a.O., S. 130.
2 Ebenda, S. 129/130.
3 B. F. King, Market and Industry Factors in Stock Price Behavior. "Journal of Business", Vol. 39 (1966), S. 139ff.
4 Sharpe, Portfolio Theory ... a.a.O., S. 150/151.
5 Ebenda, S. 128/129 und Smith, a.a.O., S. 150/151.

und da c_{n+1} eine Konstante ist, kann

$$(231.1) \qquad x_{n+1} = \sum_{i=1}^{n} x_i b_i$$

als neues Maß für das Portefeuillerisiko verwendet werden[1].

Das Risiko des einzelnen Papiers besteht nur noch aus dem b_i-Wert (Steigmaß der Regressionsgeraden), der in seiner griechischen Bezeichnung unter dem Schlagwort "ß-Revolution" in den Vereinigten Staaten von Amerika zu einer Vielzahl von Veröffentlichungen angeregt hat[2].

---

1 Sharpe, A Linear Programming ... a.a.O., S. 502.
2 Zur "ß-Revolution" vgl. u.a.: G. C. Babcock, A Note on Justifying Beta as a Measure of Risk. "Journal of Finance", Vol. 27 (1972), S. 699ff., M. E. Blume, On the Assessment of Risk. "Journal of Finance", Vol. 26 (1971), S. 1ff., M. E. Blume and H. Frank, Return, Price and Beta. Rodney L. White Center For Financial Research. Wharton School of Finance and Commerce. University of Pennsylvania. Working Paper No. 9-72, M. E. Blume and I. Friend, A new look at the Capital Asset Pricing Model. "Journal of Finance", Vol. 27 (1972), S. 19ff., W. J. Breen and E. M. Lerner, Corporate Financial Strategies and Market Measures of Risk and Return. Graduate School of Management. Northwestern University, Dieselben, On the Use of ß in Regulatory Proceedings. Graduate School of Management. Northwestern University, E. F. Fama and L. Fisher and M. C. Jensen and R. Roll, The Adjustment of Stock Prices to New Information. Graduate School of Industrial Administration. Carnegie-Mellon University. Reprint No. 421 1969, I. Friend and M. E. Blume, Risk and the Long-run Dates of Return on NYSE Common Stock. Rodney L. White Center For Financial Research. Wharton School of Finance and Commerce. University of Pennsylvania. Working Paper No. 18-72, N. Jacob, The Measurement of Market Similarity for Securities under Uncertainty. "Journal of Business", Vol. 43 (1970), S. 328ff., R. Kaplan and R. Roll, Investor Evaluation of Accounting Information: Some Empirical Evidence. Graduate School of Industrial Administration. Carnegie-Mellon University. Working Paper 28-70-1, H. A. Latané and W. E. Young, Test of Portfolio Building Rules. "Journal of Finance", Vol. 24 (1969), S. 595ff. (vgl. zu diesem Aufsatz: P. L. Cheng and K. M. Deets, Test of Portfolio Building Rules: Comment. "Journal of Finance", Vol. 26 (1971), S. 965ff., I. E. Jones, Test of Portfolio Building Rules: Comment. "Journal of Finance", Vol. 26 (1971), S. 973ff., H. A. Latané and W. E. Young,

Sharpe überführt also unter den genannten Voraussetzungen den quadratischen Markowitz'schen Risikobegriff in einen solchen linearer Art[1] und kommt unter Ver-

---

Fortsetzung der Fußnote 2 der vorherg. Seite

A Reply. "Journal of Finance", Vol. 26 (1971), S. 976ff.), R. A. Levy, On the Short-Term Stationary of Beta-Coefficients. "Financial Analysts Journal", Nov.-Dec. 1971, S. 55ff., o. Verf., Security Risk Evaluation. Beta Coefficients. Merrill Lynch, Pierce, Fenner and Smith Inc. New York, October 1971, R. Roll, Bias in fitting the Sharpe Model to time Series Data. Reprint from "Journal of Financial and Quantitative Analysis", Vol. 4 (1969), No. 3, S. 271ff., Derselbe, Investment Diversification and Bond Maturity. "Journal of Finance", Vol. 26 (1971), S. 51ff., W. F. Sharpe, A Linear Programming Approximation for the General Portfolio Analysis Problem. Graduate School of Business - Stanford University. Working Paper 189, Derselbe, Capital Asset Prices: A Theory of Market Equilibrium Under Conditions of Risk. "Journal of Finance", Vol. 19 (1964), S. 425ff., Derselbe, Diversification and Portfolio Risk. Reprint from "Financial Analysts Journal", Jan.-Febr. 1972, S. 1ff., Derselbe, Risk-adjusted Measures of Security and Portfolio Performance. Graduate School of Business-Stanford University. Working Paper 195, Derselbe, Risk, Market Sensitivity and Diversification. Graduate School of Business - Stanford University. Research Paper No. 50, W. F. Sharpe and G. M. Cooper, Risk-Return Classes of New York Stock Exchange Common Stocks, 1931-1967. Graduate School of Business - Stanford University. Technical Report No. 3, C. W. Thomas, Beta Mousetrap? "Barron's", Febr. 7, 1972, S. 5ff., W. H. Wagner and S. C. Lan, The Effect of Diversification on Risk. "Financial Analysts Journal", Nov.-Dec. 1971, S. 48ff., C. Welles, The beta revolution: Learning to live with risk. "Institutional Investor", Sept. 1971, S. 21ff.

1 Bloech weist darauf hin, daß diese Variante der Portfolio Selection Theorie mit den bekannten Verfahren der linearen Programmierung lösbar ist. J. Bloech, Lösung von Portfolio Selection Problemen mit Verfahren der linearen Programmierung. Arbeitspapier Göttingen 1973, S. 3., vgl. auch K. D. Fuchs, Einsatz und Struktur von computerunterstützten Wertpapier-Informationsverarbeitungs-Systemen. II. Teil. "Österreichisches Bank-Archiv", 20. Jg. (1972), S. 178ff.

wendung der parametrischen linearen Programmierung zu folgender Modellformulierung[1]:

Zielfunktion:

$$(25.1) \qquad Z = (1-\lambda)\, E_p - \lambda\, x_{n+1} \rightarrow \text{Max!} \qquad (0 \leq \lambda \leq 1)$$

Restriktionen:

$$(21.2) \qquad E_p = \sum_{i=1}^{n} x_i \mu_i$$

$$(231.1) \qquad x_{n+1} = \sum_{i=1}^{n} x_i b_i$$

$$(21.3) \qquad \sum_{i=1}^{n} x_i = 1$$

$$x_i \leq \frac{1}{n} \qquad (i=1,\ldots,n)$$

$$x_i \geq 0 \qquad (i=1,\ldots,n)$$

Das LP-Modell benötigt nur noch 2n Variable, nämlich

n μ_i - Werte

n b_i - Werte[2]

bzw. 2n+1 Variable

n a_i - Werte

n b_i - Werte

a_{n+1}

---

1 Sharpe, A Linear Programming ... a.a.O., S. 506.
2 Derselbe, Portfolio Theory ... a.a.O., S 131.

wenn μ_i unter Verwendung der Regressionsgeraden

(221.2) $\mu_i = a_i + b_i a_{n+1}$

berechnet werden soll. Dieses Vorgehen bietet sich an, weil die Regressionsanalyse zur Bestimmung der b_i - Werte in jedem Fall durchzuführen ist.

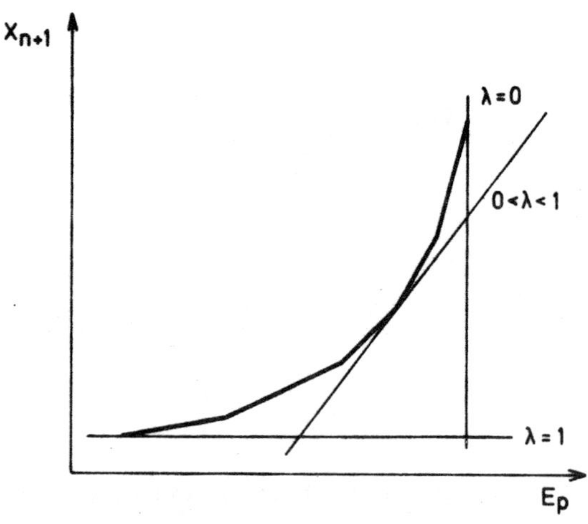

Abb. 4

Aus der graphischen Darstellung dieses Modells (Abb. 4)[1] geht hervor, daß die Zielfunktion für $\lambda = 0$ ein Steigmaß

---

1 Sharpe, A Linear Programming ... a.a.O., S. 505, Derselbe, Portfolio Theorie ... a.a.O., S. 133.

von $\frac{dx_{n+1}}{dE_p} \longrightarrow \infty$ aufweist und mit $Z = E_p$ die ertragsmaximale Ausgangslösung beeinhaltet. $\lambda = 1$ führt zu $\frac{dx_{n+1}}{dE_p} = 0$ und mit $Z = x_{n+1}$ zu der risikominimalen Mischung. Für $0<\lambda<1$ liefert das Modell die übrigen Portefeuilles.

Durch Einsetzen von (21.2) und (231.1) kann (25.1) auch geschrieben werden:

$$Z = (1-\lambda)\left(\sum_{i=1}^{n} x_i\mu_i\right) - \lambda\left(\sum_{i=1}^{n} x_i b_i\right)$$

Definiert man

$$(25.2) \qquad z_i = (1-\lambda)\mu_i - \lambda b_i$$

so folgt für die Zielfunktion

$$(25.3) \qquad Z = \sum_{i=1}^{n} x_i z_i$$

die unter Beachtung von

$$(25.1) \qquad x_i = \frac{1}{n} \qquad (i=1,\ldots,n)$$

übergeht in:

$$(25.4) \qquad Z = \frac{1}{n}\sum_{i=1}^{n} z_i$$

Die Bestimmung der Mischungen mit dem LP-Modell kann man graphisch sichtbar machen, indem man die durch (25.2) festgelegten z_i über λ abträgt.

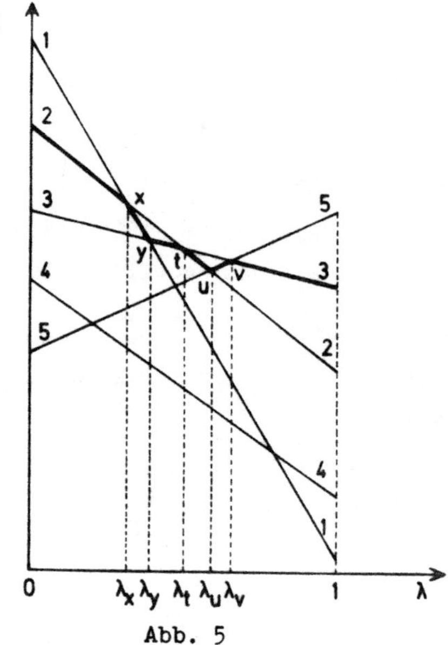

Abb. 5

Die Abbildung 5[1] zeigt für 5 Papiere mögliche z_i-Verläufe.

Aus der Zielfunktion

$$(25.4) \qquad Z = \frac{1}{n} \sum_{i=1}^{n} z_i$$

ergibt sich, daß sowohl für

$$(25.1) \qquad x_i = \frac{1}{n} \qquad (i=1,\ldots,n)$$

als auch für

$$(25.5) \qquad x_i \leq \frac{1}{n} \qquad (i=1,\ldots,n)$$

der Zielfunktionswert dann maximal wird, wenn für jeden λ-Wert die Mischung aus den n Papieren mit den größten z_i-Werten besteht[2].

1 vgl. Sharpe, A Linear Programming ... a.a.O., S. 507, Derselbe, Portfolio Theory ... a.a.O., S. 137.
2 Abb. 5 ist für n=2 gezeichnet worden. Weisen die Papiere unterschiedliche Höchstanteile auf, so müssen diese bei der Bestimmung der größten z_i-Werte gesondert berücksichtigt werden. vgl. Bloech, Lösung von... a.a.O., S. 6.

Für von Null aus wachsende λ-Werte[1] spielt die von oben nach unten gezählte n-te z_i-Gerade, die von Sharpe als "border line" bezeichnet wird[2], für die Portefeuillemischung eine besondere Rolle: Alle Papiere, deren z_i-Gerade oberhalb der "border line" liegen und das der "border line" entsprechende Papier bilden das jeweilige Portefeuille. Eine Mischungsveränderung betrifft nur die "border line", wobei jeder Schnittpunkt der "border line" mit einer anderen Geraden ein Corner-Portefeuille darstellt[3].

Wird die n-te Gerade von einer Geraden geschnitten, die bereits in der Lösung ist (steiler verlaufende Gerade), so bleibt die Fondsmischung unverändert. Die n-te Gerade rückt mit ihrem z_i-Wert jedoch an die (n-1)-te Stelle, die Schnittgerade wird neue "border line" (vgl. z_1 und z_2 in Abb. 5).

Erfolgt der Schnitt der n-ten Geraden dagegen mit einer Geraden, die sich noch nicht in der Lösung befindet (flacher verlaufende Gerade), so wird die Schnittgerade neue "border line" und das mit ihr korrespondierende Papier - unter Ausschluß des bisherigen n-ten Papiers - mit einem Anteil von $x_i = \frac{1}{n}$ in die Mischung aufgenommen[4] (vgl. z_1 und z_3 in Abb. 5), wodurch ein neues Portefeuille entsteht. Portefeuille-Veränderungen treten nur entlang der "border lines" in Höhe der Obergrenze der Papiere auf, die übrige Portefeuillezusammensetzung wird dadurch nicht tangiert.
Die zwischen den Corner-Portefeuilles liegenden Mischungen sind durch Linearkombination je zweier benachbarter Portefeuilles realisierbar.

1 vgl. oben S. 66/67.
2 Sharpe, A Linear Programming ... a.a.O., S. 507.
3 Bloech, Lösung von ... a.a.O., S. 6.
4 Ebenda, S. 7.

3 Überblick über die in dieser Arbeit verwendeten EDV-Programme zur Bestimmung optimaler Wertpapiermischungen

31 Das STADIX-Programm

Das Programm STADIX ist ein an der Universität Göttingen entwickeltes EDV-Programm zur Berechnung optimaler Wertpapiermischungen[1], das in den Versionen Standard-, Index- und Diagonalmodell vorliegt, die alle drei auf dem Verfahren der kritischen Linien von Markowitz basieren. Die Rechenergebnisse jeder Version können wahlweise in Form eines kurzen oder langen outputs ausgegeben werden, die sich darin unterscheiden, daß bei der letzteren Variante charakteristische Zwischenschritte des Markowitz-Algorithmus mit ausgedruckt werden. Alle Versionen und Varianten sind in Basic Fortran IV geschrieben und laufen mit einer maximalen Anzahl von zwanzig Wertpapieren auf der IBM 1130 (8K Worte Kernspeicher) des Rechenzentrums der Wirtschafts- und Sozialwissenschaftlichen Fakultät der Universität Göttingen, die kurzen Varianten der Versionen Index- und Diagonalmodell außerdem mit 110 Variablen auf der UNIVAC 1108 (128K Worte Kernspeicher)[2] der Gesellschaft für wissenschaftliche Datenverarbeitung mbH. Göttingen.

311 Version Standardmodell

Die Version Standardmodell besteht aus einem großen Hauptprogramm, das vor der Berechnung der einzelnen Portefeuilles drei Unterprogramme zum Einlesen der Input-Daten,

---

1 STADIX geht auf den von Fromm programmierten Markowitz-Algorithmus in Form des Standardmodells zurück (vgl. Fromm, a.a.O. und ist vom Verfasser für seine Zwecke um wesentliche Teile erweitert und ergänzt worden.

2 Von der Kernspeicherkapazität der verwendeten UNIVAC 1108 (128K Worte) steht dem Benutzer mit 60K Worten nur knapp die Hälfte zur Verfügung. Das STADIX-Programm erfordert auf dieser Anlage für 110 Variable 52K Worte Kernspeicherplatz.

Ermittlung des ertragsmaximalen Papiers und zur notwendigen Matrixinversion aufruft. Wie im Kapitel 21 beschrieben, benötigt das Programm als Input-Daten die Erträge der Papiere und die Elemente c_{ij} der Varianz-Kovarianz-Matrix, aus denen dann die effizienten Portefeuilles bis hin zum varianzminimalen berechenbar sind[1]. Diese Programmversion ist aufgrund der Vielzahl der erforderlichen Input-Daten für die praktische Anwendung zur Ermittlung von optimalen Wertpapiermischungen kaum geeignet[2] und deshalb nicht in der Weise verändert worden, wie die Versionen des Index- und Diagonalmodells. Man sollte aber nicht übersehen, daß dieses Programm losgelöst von seinem ursprünglichen Einsatzgebiet sehr gut zum Testen und Überprüfen anderer quadratischer Optimierungsverfahren verwendbar ist, sofern lineare Beschränkungen vorliegen.

312 Versionen Index- und Diagonalmodell

3121 Programmaufbau

Da das Diagonal- aus dem Indexmodell entwickelt und bei der Erstellung des entsprechenden Programms auf ein hohes Maß an Übereinstimmung geachtet worden ist, können beide Programmversionen zusammen behandelt werden.

Die Programme sind ursprünglich für die IBM 1130 des Rechenzentrums der Wirtschafts- und Sozialwissenschaftlichen Fakultät der Universität Göttingen geschrieben worden. Um auf dieser 8K-Anlage[3] eine möglichst große Anzahl von Variablen verarbeiten zu können, erfolgte eine

1 vgl. Test 50A im Anhang S. A14.
2 vgl. oben S. 15.
3 vgl. oben S. 70.

Zerlegung jeder Version in insgesamt zehn Unterprogramme, die von einem Hauptprogramm, das ausschließlich der Steuerung des Programmablaufs dient, aufgerufen werden.

Zwischenergebnisse, die noch benötigt werden, bleiben temporär auf externen Speichermedien erhalten und stehen den folgenden Unterprogrammen zur Weiterverarbeitung zur Verfügung[1].

Das erste Unterprogramm liest alle erforderlichen Input-Daten ein, die aus den Restriktionen, den Angaben für die einzelnen Wertpapiere und den Indexdaten bestehen, errechnet aus diesen die Wertpapiererträge, Varianzen und Kovarianzen[2] und baut den R- und S-Vektor auf.

Zur Bestimmung der ertragsmaximalen Ausgangslösung ist in das Programm ein LP-Teil eingebaut worden, der aus drei Unterprogrammen besteht und eine Weiterentwicklung des von Niemeyer veröffentlichten linearen Maximierungsprogramms darstellt[3].

In der dem LP-Teil folgenden Subroutine erhält die Varianz-Kovarianz-Matrix die durch evtl. vorliegende Dummy-Papiere bedingte Ergänzung und durch die anschließende Ränderung mit den Restriktionen ihre endgültige Form. Durch Setzen von Einheitskreuzen wird sie in die Ausgangsmatrix M überführt. Damit sind die Vorbereitungen für die Inversion der Matrix getroffen, die in dem nächsten Unterprogramm unter Verwendung des speziellen Matrizeninversionsprogramms MINV[4] durchgeführt wird.

---

1 Für die IBM 1130 besteht der externe Speicher aus einer Magnetplatte und bei der UNIVAC 1108 aus einer Magnettrommel.

2 In der Diagonalmodellversion entfällt die Berechnung der Kovarianzen.

3 G. Niemeyer, Einführung in die lineare Planungsrechnung mit ALGOL- und FORTRAN-Programmen. Berlin 1968, S. 200f. u. S. 207ff.

4 IBM Application Program 1130 Scientific Subroutine Package Programmer's Manual, Program Number 1130-CM-02X IBM Form GH20-0252-4, Subroutine MINV, S. 61f.

Nach dem Schreiben der invertierten Matrix[1] und dem Nullsetzen der Einheitskreuze in einem weiteren Unterprogramm, folgt das letzte Unterprogramm, in dem die Iterationen des Algorithmus durchlaufen und die Corner-Portefeuilles errechnet werden.

3122 Eingabebeschreibung

Index- und Diagonalmodell benötigen als Input-Daten die Regressionskoeffizienten pro Papier, die mit Hilfe der Regressionsanalyse gewonnen werden sowie die erwarteten Größen Indexstand und -abweichung[2]. Gemäß (221.7) bis (221.9) müssen bei der Regressionsanalyse Kurs-Index außerdem für jedes Papier die Dividende und der Kaufkurs bekannt sein[3]. Alle Daten eines Papiers, zu denen noch eine vierbuchstabige Abkürzung und der tatsächlich am Ende der Schätzperiode vorliegende Börsenkurs des Wertpapiers treten, werden von einer Lochkarte aufgenommen und bei der Durchführung der Testbeispiele in gleicher Reihenfolge unverändert über den Drucker ausgegeben[4].

Das Kartendeck mit den Input-Daten baut sich in folgender Weise auf:

1. Kommentarkarte, die den Schätzzeitraum und die Zeitspanne der Regressionsanalyse angibt.
2. Steuerkarte mit der Anzahl der Papiere, Gleichheits-, Größer-Gleich- und Kleiner-Gleich-Restriktionen.

1 Das Ausdrucken der Matrizen erfolgt durch Aufruf einer speziellen Matrizendruck-Subroutine.
2 vgl. oben S. 19.
3 vgl. oben S. 20.
4 vgl. die Ausgabebeschreibung im Kapitel 3123.

3. Indexstand und -abweichung auf einer Karte.

4. Die Restriktionen in gleicher Reihenfolge wie auf der Steuerkarte angegeben in der Form, daß links vom Gleichheits- bzw. Ungleichheitszeichen der Beschränkungskoeffizient und rechts die Verbrauchskoeffizienten stehen. Die Beschränkung $X3 \leq 0{,}6$ ist bei fünf Wertpapieren z. B. als 0,6 ≥ 0 0 1 0 0 zu lochen. Das Gleichheits- bzw. Ungleichheitszeichen erscheint nicht auf der Lochkarte, es ergibt sich durch die obige Steuerkarte und die Reihenfolge der Restriktionen[1].

5. Die Wertpapierdaten mit einer Karte pro Papier.

Trotz der durch die zweite notwendige Restriktion (231.1) und den Dummy "Index" bedingte andersartige Struktur des Diagonalmodells benötigt dieses Programm dasselbe Input-Kartendeck wie die Indexmodellversion. Alle notwendigen Veränderungen gegenüber dem Indexmodell werden intern vom Programm gesetzt, so daß durch Austausch der Maschinensteuerkarten wahlweise mit beiden Versionen gerechnet werden kann[2]. Mit Ausnahme der Steuerkarte des Input-Kartendecks werden alle Input-Daten zu Beginn jedes Testbeispiels in unveränderter Form zum Zwecke der Information ausgedruckt. Die Werte der Steuerkarte sind indirekt an der Wertpapiernumerierung und dem LP-Anfangstableau ablesbar.

---

1 Bei der Ausgabe der Restriktionen im LP-Anfangstableau wird das Gleichheitszeichen durch die Abkürzung EQ (EQual) und die Ungleichheitszeichen durch LE (Less than Equal) bzw. GE (Greater than Equal) ersetzt. Die Beschränkungen werden dabei von links nach rechts gelesen, so daß z. B. die obige Ungleichung in der Form 0,6 GE 0 0 1 0 0 auftreten würde.

2 vgl. oben S. 71.

3123 Ausgabebeschreibung

Jedes Testbeispiel[1] gibt in einer Kopfzeile an, mit welcher Programmversion gerechnet worden ist. Nach der Kommentarkarte folgen die Wertpapierdaten in der Reihenfolge:Interne Numerierung, Wertpapiername (Abkürzung), Kaufkurs, Steigung, absolutes Glied und Standardabweichung der Regressionsgeraden, Dividende und Verkaufskurs[2]. Der Verkaufskurs stellt den tatsächlichen Börsenkurs am Ende des Schätzzeitraums dar, er wird zur Bestimmung der tatsächlichen Wertpapier- und Portefeuilleerträge zusätzlich mit eingegeben. Unter der Bezeichnung "Indexwert" und "STD.-ABW." erscheinen die erwarteten Indexangaben, und das LP-Anfangstableau enthält mit den Restriktionen in der oben beschriebenen Form[3] die restlichen Input-Daten.

Vor dem LP-Anfangstableau werden die errechneten und tatsächlichen Wertpapiererträge ausgegeben, von denen erstere als Zielfunktionskoeffizienten des LP-Anfangstableaus wieder auftreten. Die Variante des langen outputs druckt nach den Erträgen den R- und S-Vektor und den Vektor der tatsächlichen Erträge (EE).

---

1 vgl. die Tests 10A u. C auf den folgenden Seiten.
2 vgl. oben S. 73.
3 vgl. oben S. 74.

OPTIMALE WERTPAPIERMISCHUNG MIT DEM INDEXMODELL
****

TEST 10A - DEZ. 1970 BIS MAERZ 1971, REGRESSIONSANALYSE 1967 BIS 1970

WP-NR	WP-NAME	KKURS	STEIGUNG	ABS.GLIED	STD-ABW	DIVID	VKURS
1	VART	373.000	4.206	-200.660	48.255	0.000	484.000
2	BEMO	88.000	0.327	117.356	39.701	0.000	130.000
3	DEMG	137.000	0.707	76.670	14.040	0.000	185.000
4	TEXA	193.000	0.864	89.101	16.494	0.000	241.000
5	DEGU	321.500	3.927	-159.912	28.595	0.000	374.000

INDEXWERT 140.300
STD.-ABW. 5.000

ERRECHNETER ERTRAG WP-NR 1 VART = 4.407 PROZENT
TATSAECHL. ERTRAG WP-NR 1 VART = 29.758 PROZENT

ERRECHNETER ERTRAG WP-NR 2 BEMO = 85.493 PROZENT
TATSAECHL. ERTRAG WP-NR 2 BEMO = 47.727 PROZENT

ERRECHNETER ERTRAG WP-NR 3 DEMG = 28.467 PROZENT
TATSAECHL. ERTRAG WP-NR 3 DEMG = 35.036 PROZENT

ERRECHNETER ERTRAG WP-NR 4 TEXA = 9.025 PROZENT
TATSAECHL. ERTRAG WP-NR 4 TEXA = 24.870 PROZENT

ERRECHNETER ERTRAG WP-NR 5 DEGU = 21.631 PROZENT
TATSAECHL. ERTRAG WP-NR 5 DEGU = 16.329 PROZENT

LP-ANFANGSTABLEAU

	C		X 1	X 2	X 3	X 4	X 5
Z-FKT.	0.000		0.044	0.854	0.284	0.090	0.216
X 6	1.000	EQ	1.000	1.000	1.000	1.000	1.000

LOESUNG NACH 1 ITERATION(EN)

BASIS	*	X 1	X 2	X 3	X 4	X 5	X 6
Z-FKT.	0.855	0.811	0.000	0.570	0.765	0.639	0.855
X 2	1.000	1.000	1.000	1.000	1.000	1.000	1.000

ERTRAGSMAXIMALE AUSGANGSLOESUNG

ZIELFU.-WERT = 0.85493

```
X(  1) VART  = 0.00000
X(  2) BEMO  = 1.00000
X(  3) DEMG  = 0.00000
X(  4) TEXA  = 0.00000
X(  5) DEGU  = 0.00000
```

VARIANZ-KOVARIANZ-MATRIX

	1	2	3	4	5	6
1	1.9915	0.1047	0.1456	0.1263	0.3443	1.0000
2	0.1047	20.3879	0.0480	0.0416	0.1134	1.0000
3	0.1456	0.0480	1.1170	0.0578	0.1578	1.0000
4	0.1263	0.0416	0.0578	0.7805	0.1368	1.0000
5	0.3443	0.1134	0.1578	0.1368	1.1640	1.0000
6	1.0000	1.0000	1.0000	1.0000	1.0000	0.0000

```
CORNER-PORTEFEUILLE        1

ERRECHN. PF-ERTRAG     =  85.493 PROZENT
STANDARDABWEICHUNG     =  45.153 PROZENT

ERTRAG + STD.-ABW.     = 130.646 PROZENT
ERTRAG - STD.-ABW.     =  40.340 PROZENT

SUMME    VARIANZEN     =  20.387
SUMME  KOVARIANZEN     =   0.000

TATSAECHL.PF-ERTRG     =  47.727 PROZENT
PORTEFEUILLE-ZUSAMMENSETZUNG

      X(  1) VART      =   0.000 PROZENT
      X(  2) BEMO      = 100.000 PROZENT
      X(  3) DEMG      =   0.000 PROZENT
      X(  4) TEXA      =   0.000 PROZENT
      X(  5) DEGU      =   0.000 PROZENT

           GESAMT      = 100.000 PROZENT


CORNER-PORTEFEUILLE        2

ERRECHN. PF-ERTRAG     =  45.734 PROZENT
STANDARDABWEICHUNG     =  15.596 PROZENT

ERTRAG + STD.-ABW.     =  61.330 PROZENT
ERTRAG - STD.-ABW.     =  30.138 PROZENT

SUMME    VARIANZEN     =   2.412
SUMME  KOVARIANZEN     =   0.020

TATSAECHL.PF-ERTRG     =  38.879 PROZENT
PF. - VERAENDERUNG     =   WP-NR   3 DEMG

PORTEFEUILLE-ZUSAMMENSETZUNG

      X(  1) VART      =   0.000 PROZENT
      X(  2) BEMO      =  30.279 PROZENT
      X(  3) DEMG      =  69.721 PROZENT
      X(  4) TEXA      =   0.000 PROZENT
      X(  5) DEGU      =   0.000 PROZENT

           GESAMT      = 100.000 PROZENT


CORNER-PORTEFEUILLE        3

ERRECHN. PF-ERTRAG     =  32.991 PROZENT
STANDARDABWEICHUNG     =   9.091 PROZENT

ERTRAG + STD.-ABW.     =  42.082 PROZENT
ERTRAG - STD.-ABW.     =  23.900 PROZENT

SUMME    VARIANZEN     =   0.754
SUMME  KOVARIANZEN     =   0.071

TATSAECHL.PF-ERTRG     =  30.568 PROZENT
PF. - VERAENDERUNG     =   WP-NR   5 DEGU

PORTEFEUILLE-ZUSAMMENSETZUNG

      X(  1) VART      =   0.000 PROZENT
      X(  2) BEMO      =  11.752 PROZENT
      X(  3) DEMG      =  56.388 PROZENT
      X(  4) TEXA      =   0.000 PROZENT
      X(  5) DEGU      =  31.859 PROZENT

           GESAMT      = 100.000 PROZENT
```

CORNER-PORTEFEUILLE 4

```
ERRECHN. PF-ERTRAG      =  25.252 PROZENT
STANDARDABWEICHUNG      =   6.925 PROZENT

ERTRAG + STD.-ABW.      =  32.177 PROZENT
ERTRAG - STD.-ABW.      =  18.326 PROZENT

SUMME     VARIANZEN     =   0.405
SUMME   KOVARIANZEN     =   0.074

TATSAECHL.PF-ERTRG      =  28.098 PROZENT
PF. - VERAENDERUNG      =   WP-NR  4 TEXA
```

PORTEFEUILLE-ZUSAMMENSETZUNG

```
      X(  1) VART   =   0.000 PROZENT
      X(  2) BEMO   =   6.103 PROZENT
      X(  3) DEMG   =  41.415 PROZENT
      X(  4) TEXA   =  24.654 PROZENT
      X(  5) DEGU   =  27.828 PROZENT

           GESAMT   = 100.000 PROZENT
```

VARIANZMINIMALES PORTEFEUILLE

```
ERRECHN. PF-ERTRAG      =  17.517 PROZENT
STANDARDABWEICHUNG      =   6.111 PROZENT

ERTRAG + STD.-ABW.      =  23.628 PROZENT
ERTRAG - STD.-ABW.      =  11.405 PROZENT

SUMME     VARIANZEN     =   0.284
SUMME   KOVARIANZEN     =   0.088

TATSAECHL.PF-ERTRG      =  26.741 PROZENT
PF. - VERAENDERUNG      =   WP-NR  1 VART
```

PORTEFEUILLE-ZUSAMMENSETZUNG

```
      X(  1) VART   =  10.608 PROZENT
      X(  2) BEMO   =   1.518 PROZENT
      X(  3) DEMG   =  27.013 PROZENT
      X(  4) TEXA   =  40.480 PROZENT
      X(  5) DEGU   =  20.381 PROZENT

           GESAMT   = 100.000 PROZENT
```

OPTIMALE WERTPAPIERMISCHUNG MIT DEM DIAGONALMODELL
****

TEST 10C - DEZ. 1970 BIS MAERZ 1971, REGRESSIONSANALYSE 1967 BIS 1970

WP-NR	WP-NAME	KKURS	STEIGUNG	ABS.GLIED	STD-ABW	DIVID	VKURS
1	VART	373.000	4.206	-200.660	48.255	0.000	484.000
2	BEMO	88.000	0.327	117.356	39.701	0.000	130.000
3	DEMG	137.000	0.707	76.670	14.040	0.000	185.000
4	TEXA	193.000	0.864	89.101	16.494	0.000	241.000
5	DEGU	321.500	3.927	-159.912	28.595	0.000	374.000

INDEXWERT 140.300
STD.-ABW. 5.000

ERRECHNETER ERTRAG WP-NR 1 VART = 4.407 PROZENT
TATSAECHL. ERTRAG WP-NR 1 VART = 29.758 PROZENT

ERRECHNETER ERTRAG WP-NR 2 BEMO = 85.493 PROZENT
TATSAECHL. ERTRAG WP-NR 2 BEMO = 47.727 PROZENT

ERRECHNETER ERTRAG WP-NR 3 DEMG = 28.467 PROZENT
TATSAECHL. ERTRAG WP-NR 3 DEMG = 35.036 PROZENT

ERRECHNETER ERTRAG WP-NR 4 TEXA = 9.025 PROZENT
TATSAECHL. ERTRAG WP-NR 4 TEXA = 24.870 PROZENT

ERRECHNETER ERTRAG WP-NR 5 DEGU = 21.631 PROZENT
TATSAECHL. ERTRAG WP-NR 5 DEGU = 16.329 PROZENT

LP-ANFANGSTABLEAU

	C		X 1	X 2	X 3	X 4	X 5	X 6
Z-FKT.	0.000		0.044	0.854	0.284	0.090	0.216	0.000
X 7	0.000	EQ	1.582	0.521	0.725	0.628	1.713	-1.000
X 8	1.000	EQ	1.000	1.000	1.000	1.000	1.000	0.000

LOESUNG NACH 3 ITERATION(EN)

BASIS	*	X 1	X 2	X 3	X 4	X 5	X 6	X 7	X 8
Z-FKT.	0.855	0.811	0.000	0.570	0.765	0.639	0.000	0.000	0.855
X 2	1.000	1.000	1.000	1.000	1.000	1.000	0.000	0.000	1.000
X 6	0.521	-1.061	0.000	-0.204	-0.107	-1.192	1.000	-1.000	0.521

ERTRAGSMAXIMALE AUSGANGSLOESUNG

ZIELFU.-WERT = 0.85493

```
X(  1) VART  = 0.00000
X(  2) BEMO  = 1.00000
X(  3) DEMG  = 0.00000
X(  4) TEXA  = 0.00000
X(  5) DEGU  = 0.00000
X(  6) INDX  = 0.52134
```

VARIANZ-KOVARIANZ-MATRIX

	1	2	3	4	5	6	7	8
1	1.6736	0.0000	0.0000	0.0000	0.0000	0.0000	1.0000	1.5820
2	0.0000	20.3534	0.0000	0.0000	0.0000	0.0000	1.0000	0.5213
3	0.0000	0.0000	1.0502	0.0000	0.0000	0.0000	1.0000	0.7250
4	0.0000	0.0000	0.0000	0.7303	0.0000	0.0000	1.0000	0.6285
5	0.0000	0.0000	0.0000	0.0000	0.7910	0.0000	1.0000	1.7137
6	0.0000	0.0000	0.0000	0.0000	0.0000	0.1270	0.0000	-1.0000
7	1.0000	1.0000	1.0000	1.0000	1.0000	0.0000	0.0000	0.0000
8	1.5820	0.5213	0.7250	0.6285	1.7137	-1.0000	0.0000	0.0000

```
CORNER-PORTEFEUILLE       1

ERRECHN. PF-ERTRAG     =   85.493 PROZENT
STANDARDABWEICHUNG     =   45.153 PROZENT

ERTRAG + STD.-ABW.     =  130.646 PROZENT
ERTRAG - STD.-ABW.     =   40.340 PROZENT

INDEXUNABH. RISIKO     =   20.353
INDEXABH.   RISIKO     =    0.034

TATSAECHL.PF-ERTRG     =   47.727 PROZENT
PORTEFEUILLE-ZUSAMMENSETZUNG

          X(  1) VART  =    0.000 PROZENT
          X(  2) BEMO  =  100.000 PROZENT
          X(  3) DEMG  =    0.000 PROZENT
          X(  4) TEXA  =    0.000 PROZENT
          X(  5) DEGU  =    0.000 PROZENT
          X(  6) INDX  =   52.134 PROZENT

             GESAMT    =  152.134 PROZENT


CORNER-PORTEFEUILLE       2

ERRECHN. PF-ERTRAG     =   45.734 PROZENT
STANDARDABWEICHUNG     =   15.596 PROZENT

ERTRAG + STD.-ABW.     =   61.330 PROZENT
ERTRAG - STD.-ABW.     =   30.138 PROZENT

INDEXUNABH. RISIKO     =    2.376
INDEXABH.   RISIKO     =    0.055

TATSAECHL.PF-ERTRG     =   38.879 PROZENT
PF. - VERAENDERUNG     =    WP-NR  3 DEMG

PORTEFEUILLE-ZUSAMMENSETZUNG

          X(  1) VART  =    0.000 PROZENT
          X(  2) BEMO  =   30.279 PROZENT
          X(  3) DEMG  =   69.721 PROZENT
          X(  4) TEXA  =    0.000 PROZENT
          X(  5) DEGU  =    0.000 PROZENT
          X(  6) INDX  =   66.336 PROZENT

             GESAMT    =  166.336 PROZENT


CORNER-PORTEFEUILLE       3

ERRECHN. PF-ERTRAG     =   32.991 PROZENT
STANDARDABWEICHUNG     =    9.091 PROZENT

ERTRAG + STD.-ABW.     =   42.082 PROZENT
ERTRAG - STD.-ABW.     =   23.900 PROZENT

INDEXUNABH. RISIKO     =    0.695
INDEXABH.   RISIKO     =    0.131

TATSAECHL.PF-ERTRG     =   30.568 PROZENT
PF. - VERAENDERUNG     =    WP-NR  5 DEGU

PORTEFEUILLE-ZUSAMMENSETZUNG

          X(  1) VART  =    0.000 PROZENT
          X(  2) BEMO  =   11.752 PROZENT
          X(  3) DEMG  =   56.389 PROZENT
          X(  4) TEXA  =    0.000 PROZENT
          X(  5) DEGU  =   31.859 PROZENT
          X(  6) INDX  =  101.608 PROZENT

             GESAMT    =  201.608 PROZENT
```

CORNER-PORTEFEUILLE 4

```
ERRECHN. PF-ERTRAG    =  25.252 PROZENT
STANDARDABWEICHUNG    =   6.925 PROZENT

ERTRAG + STD.-ABW.    =  32.177 PROZENT
ERTRAG - STD.-ABW.    =  18.326 PROZENT

INDEXUNABH. RISIKO    =   0.361
INDEXABH.   RISIKO    =   0.118

TATSAECHL.PF-ERTRG    =  28.098 PROZENT
PF. - VERAENDERUNG    =   WP-NR  4 TEXA

PORTEFEUILLE-ZUSAMMENSETZUNG

          X(  1) VART =   0.000 PROZENT
          X(  2) BEMO =   6.103 PROZENT
          X(  3) DEMG =  41.415 PROZENT
          X(  4) TEXA =  24.654 PROZENT
          X(  5) DEGU =  27.828 PROZENT
          X(  6) INDX =  96.396 PROZENT

             GESAMT   = 196.396 PROZENT
```

VARIANZMINIMALES PORTEFEUILLE

```
ERRECHN. PF-ERTRAG    =  17.517 PROZENT
STANDARDABWEICHUNG    =   6.111 PROZENT

ERTRAG + STD.-ABW.    =  23.628 PROZENT
ERTRAG - STD.-ABW.    =  11.405 PROZENT

INDEXUNABH. RISIKO    =   0.252
INDEXABH.   RISIKO    =   0.120

TATSAECHL.PF-ERTRG    =  26.741 PROZENT
PF. - VERAENDERUNG    =   WP-NR  1 VART

PORTEFEUILLE-ZUSAMMENSETZUNG

          X(  1) VART =  10.608 PROZENT
          X(  2) BEMO =   1.518 PROZENT
          X(  3) DEMG =  27.013 PROZENT
          X(  4) TEXA =  40.480 PROZENT
          X(  5) DEGU =  20.381 PROZENT
          X(  6) INDX =  97.532 PROZENT

             GESAMT   = 197.532 PROZENT
```

Die Lösung des LP-Teils tritt noch einmal als "Ertragsmaximale Ausgangslösung" auf, die im Diagonalmodell auch den Dummy "Index" enthält; der lange output liefert den Lösungsvektor außerdem unter der Bezeichnung "Anteile".

Nach der Varianz-Kovarianz-Matrix folgt die Aufzeichnung der Mischungen in der Reihenfolge abnehmender Erwartungswerte bis zum varianzminimalen Portefeuille[1]. Das Corner-Portefeuille 1 entsteht aus der ersten Iteration des Algorithmus und deckt sich - abgesehen von der Angabe der Variablen in Prozent - mit der Mischung der "Ertragsmaximalen Ausgangslösung".

Die Informationen über die einzelnen Corner-Portefeuilles enthalten neben der Mischung den errechneten Ertrag und die Standardabweichung, also das Risiko des Ertrages dieser Mischung und das Intervall errechneter Ertrag plus/minus Standardabweichung. Die Zusammensetzung des Portefeuille-Risikos wird in der Indexmodellversion als Summe der Varianzen und Summe der Kovarianzen und in der Diagonalmodellversion als indexunabhängiges und indexabhängiges Risiko getrennt ausgeworfen. Addiert man beide Risikokomponenten und multipliziert die Summe mit Hundert, so erhält man die Portefeuille-Varianz, die sich durch Wurzelziehung in die Standardabweichung überführen läßt.

Der tatsächliche Portefeuille-Ertrag ist als wesentliche Kontrollinformation anzusehen, denn im Vergleich mit dem errechneten Portefeuille-Ertrag und der Indexveränderung dient er als Maßstab, an dem die Güte der Vorausschätzung und damit letztlich die gesamte den Ergebnissen zugrundeliegende Konzeption gemessen wird.

---

1 Zu den Testbeispielen mit langem output vgl. oben S. 8ff. die Beschreibung der "Kritische-Linien-Methode".

Die "PF.-Veränderung" schließlich gibt an, welches Papier durch Aufnahme bzw. Ausschluß für Mischungsvariationen verantwortlich ist.

Um das Diagonalmodell in seiner typischen Struktur zu demonstrieren, tritt der Dummy "Index" in jedem Portefeuille als n+1-tes Papier auf, wodurch die Summe der Anteile die Hundert-Prozentgrenze der echten Papiere in Höhe des "Index"-Anteils übersteigt[1].

32 Das WOLFE-Programm

Von den bekannten quadratischen Optimierungsverfahren[2] liegt dem Verfasser nur der WOLFE-Algorithmus in Form eines EDV-Programms vor, das ebenso wie die STADIX-Programmversionen für die IBM 1130 des Rechenzentrums der Wirtschafts- und Sozialwissenschaftlichen Fakultät der Universität Göttingen in Basic FORTRAN IV geschrieben ist[3].

---

1 Es sei daran erinnert, daß der "Index" ebenso wie die Dummies der Ungleichungen nicht in der notwendigen Restriktion (21.3) enthalten ist, einen Ertrag von null hat und als "PF.-Veränderung" wirksam werden kann. vgl. oben S. 49/50 und Test 40B im Anhang S. A13.

2 vgl. hierzu u.a.: E. W. Barankin and R. Dorfman, On Quadratic Programming. "University of California Publications in Statistics", Vol. 2 (1958), S. 285ff., E. M. L. Beale, On Quadratic Programming. "Naval Research Logistics Quarterly", Vol. 6 (1959), S. 227ff., M. Frank and P. Wolfe, An Algorithm for Quadratic Programming. "Naval Research Logistics Quarterly", Vol. 3 (1956), S. 95ff., R. A. K. Frisch, The Multiplex Method for Linear and Quadratic Programming. Mem. Univ. Social. Institute of Oslo 1957, J. B. Rosen, The Gradient Projection Method for Nonlinear Programming I and II. "SIAM Journal Applied Mathematics", Vol. 8 (1960), S. 180ff. und Vol. 9 (1961), S. 514ff., P. Wolfe, The Simplex Method for Quadratic Programming. "Econometrica", Vol. 27 (1959), S. 382ff., G. Zoutendijk, Studies in Nonlinear Programming. Some Remarks about the Gradient Projection Method of Nonlinear Programming. Koninklije/Shell-Laboratorium. Amsterdam 1957.

3 W. D. Wegener, Ausgewählte Anwendungen der quadratischen Programmierung. Unveröffentlichte Diplomarbeit Göttingen 1972.

Der WOLFE-Algorithmus benutzt zur Bestimmung der Optimallösung die Simplexmethode der linearen Programmierung und minimiert eine konvexe quadratische Zielfunktion unter Berücksichtigung linearer Restriktionen[1]. Damit ist er vom Ansatz her dem Markowitz-Algorithmus ähnlich - Wolfe weist explizit auf die Anwendung auf Portfolio Selection Probleme[2] und Sharpe im Zusammenhang mit dem Standardmodell auf den Wolfe-Algorithmus[3] hin - und das entsprechende Programm zum Vergleich der Rechenergebnisse der STADIX-Versionen verwendbar.

Der Algorithmus ist in drei Phasen untergliedert und kann in einer kurzen Form bestehend aus den beiden ersten Phasen und einer langen Form, die alle drei Phasen umfaßt, gerechnet werden. Diese Gliederung findet sich im Aufbau des Programms wieder, das aus drei Hauptprogrammen besteht, von denen das erste das Einlesen und die Analyse der Input-Daten[4] vornimmt, das zweite die Rechnungen der ersten und zweiten Phase und das dritte die Rechnungen der dritten Phase sowie die parametrische Veränderung des linearen Teils der Zielfunktion durchführt[5].

---

1 Wolfe, a.a.O., S. 382.
2 Ebenda.
3 Sharpe, A Simplified Model ... a.a.O., S. 284/285, Fußnote 6, S. 285.
4 Bei den Vergleichsrechnungen bestehen die Input-Daten aus den Varianzen, Kovarianzen und Erträgen der Wertpapiere.
5 Wegener, a.a.O., S. 90.

33 Das Programm "Optimale Wertpapiermischungen mit dem IBM System/360"

Bei dem vorliegenden EDV-Programm[1] - kurz als IBM/360-Programm bezeichnet - handelt es sich um eine Modifizierung des bekannten IBM 1401 Portfolio Selection Programms (1401-FI-04X)[2], die von der Firma IBM vorgenommen worden ist, um die Anwendung auf den weit verbreiteten IBM Anlagen des Systems 360 ab Modell 25 (32K)[3] zu gewährleisten.

Das IBM/360-Programm ist in Basic FORTRAN IV geschrieben und besteht aus vier abgeschlossenen Teilprogrammen, von denen das erste die Input-Daten einliest, auf Fehler prüft und durch eine sogenannte Datentransformation die eingelesenen Daten in die für die Berechnung der Mischungen notwendigen Ausgangswerte überführt. Nachdem im zweiten Teilprogramm die Sortierung der o.a. Ausgangswerte vorgenommen und in der dritten Programmphase ein evtl. vorhandener Wertpapierbestand bewertet worden ist, errechnet der vierte Programmteil die Mischungen vom ertragsmaximalen bis zum varianzminimalen Portefeuille an den kritischen Punkten und/oder in bestimmten Abständen der Rendite (z. B. alle zwei Prozent)[4].

Als Input-Daten erfordert das Programm den erwarteten Indexstand und die -abweichung, aus denen durch Subtraktion bzw. Addition der Indexabweichung drei Indexwerte, und zwar ein niedriger, erwarteter und hoher Indexstand gebildet werden.

---

1 vgl. die Beschreibung des Programms bei Wilde, a.a.O., S. 114ff.
2 Blaich, a.a.O., S. 112.
3 IBM Programmbeschreibung Optimale Wertpapiermischungen mit dem IBM System/360, IBM Form 80587-0, S. 17.
4 Ebenda, S. 9.

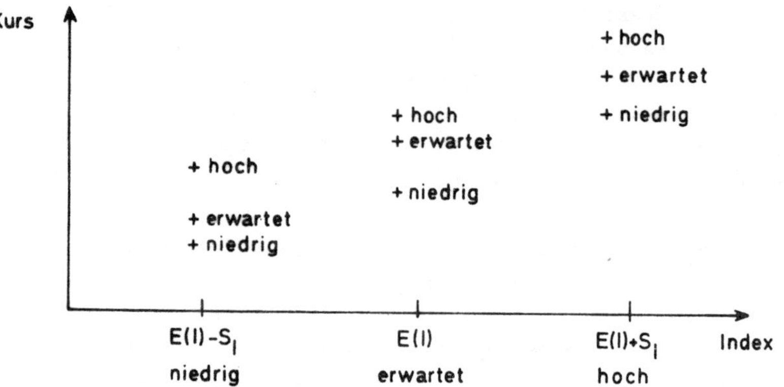

Abb. 6

Zu jedem der drei Indexwerte sind pro Wertpapier "jeweils eine optimistische, eine wahrscheinliche und eine pessimistische Beurteilung der Kurse vorzunehmen"[1], d. h. insgesamt neun Kurse zu schätzen (Abb. 6[2]).

Durch diese neun Kurse werden bei der Datentransformation[3] unter Verwendung der mathematischen Methode der kleinsten Quadrate drei Geraden, und zwar je eine durch die drei optimistischen,wahrscheinlichen und pessimistischen Kurse gelegt und aus den sich ergebenden linearen Funktionen die Rendite und Varianz sowie die zur Berechnung der Korrelation notwendigen Parameter Ordinatenabschnitt und Steigung ermittelt[4].

1 IBM Programmbeschreibung Optimale Wertpapiermischungen ... a.a.O., S. 8.
2 IBM Optimale Wertpapiermischungen ... a.a.O., S. 12.
3 vgl. oben S. 89.
4 IBM Programmbeschreibung Optimale Wertpapiermischungen... a.a.O., S. 8.

Für die Datentransformation, die von einer Kurs-Index-Beziehung ausgeht, müssen außerdem noch die Dividende und der Tageskurs (Kaufkurs) jedes Papiers als Input-Daten eingegeben werden[1].

Die Programmbeschreibung des IBM/360-Programms gibt keine klare Antwort auf die Frage, welches Portfolio Selection Modell dem Programm zugrunde liegt, verweist aber bezüglich des mathematischen Verfahrens auf das Reference Manual des IBM/1401-Programms, welches den Hinweis liefert, daß das 1401-Programm das Diagonalmodell mit Kleiner-Gleich-Restriktionen beinhaltet[2]. Cohen und Pogue erwähnen das IBM/1401-Programm ebenfalls im Zusammenhang mit dem Diagonalmodell, das von ihnen als "single-index model" bezeichnet wird[3]. Blaich spricht von dem IBM/1401-Programm als dem "Sharpe-Modell"[4], führt aber unter dieser Bezeichnung im Kapitel 2.2 seiner Arbeit lediglich die mit Hilfe eines Index ermittelten Input-Daten des Indexmodells einschließlich der Kovarianzbeziehung auf[5].

Da sich die Modellfrage des IBM/360-Programms eventuell mit Hilfe empirischer Tests einer Lösung näherbringen läßt, kommt der Verfasser im Kapitel 513 noch einmal auf dieses Problem zurück.

---

1 vgl. oben S. 20 und oben S. 73.
2 IBM 1401 Portfolio Selection Program (1401-FI-04X), Program Reference Manual, IBM Form H20-0127-1, S. 83ff.
3 Cohen and Pogue, a.a.O., S. 168f. und S. 173.
4 Blaich, a.a.O., S. 112.
5 Ebenda, S. 46ff.

4 Aufbereitung des empirischen Ausgangsmaterials (Aufbau eines Programm- und Datenbanksystems[1])

41 Erfassung und Bereinigung der Kurse von 89 deutschen Aktienwerten

Von den etwa 500 börsennotierten Aktienwerten in der Bundesrepublik Deutschland[2] sind für die vorliegende Untersuchung 89 ausgewählt worden. Diese Beschränkung auf unter 100 Papiere hat sich einerseits durch den mit der Analyse verbundenen Arbeitsaufwand und andererseits durch die Größe der zur Verfügung stehenden Rechenanlagen ergeben[3]. Die Auswahl erfolgte unter dem Gesichtspunkt einer möglichst breiten und gleichmäßigen Streuung über alle Branchen, wobei innerhalb der Branchen marktgängige Titel bevorzugt Berücksichtigung gefunden haben. Die bei engen Märkten infolge der Eigennachfrage evtl. auftretende Kursbeeinflussung spielt damit für die vorgenommenen Tests nur eine untergeordnete Rolle.

Die nachfolgende Übersicht 1 enthält die 89 Aktienwerte in einer vom Verfasser vorgenommenen Branchenaufteilung.

---

1 Das Programm- und Datenbanksystem trägt den Erfordernissen der "Technischen Analyse" Rechnung (vgl. oben S. 3). Zu dem Aufbau allgemeiner Wertpapierinformationssysteme vgl. u.a.: K. D. Fuchs, Einsatz und Struktur von computerunterstützten Wertpapier-Informationsverarbeitungs-Systemen. I. u.II. Teil. "Österreichisches Bank-Archiv", 20. Jg. (1972), S. 121ff. u. S. 167ff., R. Hürten, Wertpapier-Informationssystem privater Banken. "adl-Nachrichten", 16. Jg. (1971), Heft 10, S. 39f., G. Obermann, Zentrale Geschäftsabwicklung an der Frankfurter Wertpapierbörse. "IBM-Nachrichten", 19. Jg. (1969), S. 760ff., Derselbe, Die zweite Stufe der zentralen Börsengeschäftsabwicklung an der Frankfurter Wertpapierbörse. "IBM-Nachrichten", 22. Jg. (1972), S. 289ff., Steinbach und Fromm, a.a.O., S. 19ff.

2 Statistisches Jahrbuch für die Bundesrepublik Deutschland 1972, S. 364, herausgegeben vom Statistischen Bundesamt in Wiesbaden.

3 vgl. oben S. 70.

Übersicht 1 - Branchenaufteilung, Arbeitsnummer und Abkürzung der 89 Aktienwerte

Branche	Aktiengesellschaft	Arbeits-nummer	Abkür-zung
Banken und Versicherungen	Bayer. Hyp. u. Wechsel Bank	69	BHWB
	Bayer. Vereinsbank	70	BVB
	Commerzbank	71	COBA
	Deutsche Bank	72	DEUB
	Dt. Centralbodenkredit	73	DCBK
	Dresdner Bank	74	DREB
	Frankfurter Hyp. Bank	75	FRHB
	Vereinsbank Hamburg	76	VBHA
	Aachener u. Münch. Vers.	77	AAMV
	Albingia Vers.	78	ALBV
	Allianz Vers.	79	ALLV
	Münch. Rückvers.-Ges.	80	MUER
Bau und Baustoffe	Berger-Bauboag	8	BERG
	Beton-Monierbau	10	BEMO
	Dyckerhoff Zementwerke	29	DYCK
	Grün u. Bilfinger	35	BILF
	Portland-Zementwerke HD	39	PORT
	Hochtief	40	HOTI
	Holzmann	44	HOLZ
Brauerei, Nahrung und Genuß	Bavaria u. St. Pauli-Brauerei	5	BAVA
	Binding	11	BIND
	Dortm. Actien-Brauerei	26	DAB
	Dortm. Ritterbrauerei	27	DRIB
	Dortm. Union-Brauerei	28	DUB
	Holsten-Brauerei	43	HOLB
	Schultheiss-Brauerei	62	SHUB
	Stollwerck	64	STOLL
	Süddeutsche Zucker	65	SDZU

Fortsetzung der Übersicht 1

Branche	Aktiengesellschaft	Arbeitsnummer	Abkürzung
Chemie	BASF	4	BASF
	Beiersdorf	7	BEID
	Cassella Farbwerke	13	CASS
	Degussa	20	DEGU
	Dt. Linoleumwerke	21	DLW
	Bayer	30	BAYR
	Glanzstoff	33	GLAN
	Goldschmidt	34	GOLD
	Farbwerke Hoechst	41	FHOE
	Kali-Chemie Hannover	47	KALI
	Schering	61	SHER
Diverse	Harpener Bergbau	38	HARP
	Hamborner Bergbau	81	HAMB
	Preussag	85	PREU
Eisen und Stahl	Dt. Babcock	17	BABC
	Hoesch	42	HOES
	Mannesmann	53	MANN
	Klöckner-Werke	55	KLOE
	Rheinstahl	57	RHST
	Aug. Thyssen-Hütte	83	ATH
Elektro und Versorgung	Varta	1	VART
	AEG	2	AEG
	Berl. Kraft und Licht	9	BKUL
	BBC	12	BBC
	Dt. Conti Gas	18	COGA
	Hamb. Elektrizitäts-Werke	37	HEW
	Kabelwerk Reydt	45	REYD
	Rheinisch-Westf. Elektrizitätswerk	58	RWE
	Siemens	63	SIEM
	VEBA	88	VEBA
	Ver.Elektrizitätsw. Westf.	89	VEW

Fortsetzung der Übersicht 1

Branche	Aktiengesellschaft	Arbeits-nummer	Abkür-zung
Fahrzeuge und Maschinen	MAN	3	MAN
	BMW	6	BMW
	Daimler Benz	15	DAIM
	Demag	16	DEMG
	Gutehoffnungshütte	36	GHH
	Klein, Schanzlin und Becker	50	KSB
	Klöckner-Humboldt-Deutz	51	KHD
	Linde	52	LIND
	Volkswagenwerk	86	VW
Glas und Keramik	Dt. Steinzeug	22	DTST
	Flachglas Delog-Detag	23	FLGL
	Didier-Werke	24	DIDW
	Gerresheimer Glas	31	GEGL
	Porzellanfabrik Kahla	46	KAHL
	Rosenthal	59	ROSN
Kali und Erdöl	Dt. Texaco	19	TEXA
	Salzdetfurth	60	SALZ
	Wintershall	68	WINT
	Gelsenberg	82	GELS
Kaufhäuser	Karstadt	48	KARS
	Kaufhof	49	KAUF
	Neckermann	87	NECK
Leder, Gummi, Textil und Bekleidung	Conti Gummi Hannover	14	COGU
	Dierig	25	DIER
	Girmes-Werke	32	GIRM
	Phoenix Gummiwerke	56	PHGU
	Salamander	84	SALA

Fortsetzung der Übersicht 1

Branche	Aktiengesellschaft	Arbeitsnummer	Abkürzung
NE-Metalle	Metallgesellschaft	54	META
	Ver.-Dt. Metallwerke	66	VDM
	Ver. Dt. Nickel-Werke	67	VDN

Die in der Übersicht 1 aufgeführte Arbeitsnummer gibt die Numerierung der Papiere von 1 bis 89 an, in deren Reihenfolge die Kurse der Aktienwerte in einer Datei gespeichert sind. Die Kurse sind als Monatsendwerte der jeweiligen Heimatbörse der Papiere für die Jahre 1954 bis 1972 den Hoppenstedt Monats-Kurstabellen[1] entnommen und so in der Datei gespeichert worden, daß jeder einzelne Kurs zugriffsbereit zur Verfügung steht. Gleichzeitig mit den Monatsendwerten sind aus derselben Quelle die für die Kursbereinigungen notwendigen Daten aller in den o.a. Zeitraum fallenden Kapitalveränderungen der 89 Aktiengesellschaften zusammengetragen worden[2].

Die Kursbereinigungen sind vorzunehmen,um die durch die Kapitalveränderungen hervorgerufenen technischen Einflüsse auf den Kursverlauf auszugleichen. Hierbei unterscheidet man zwei Verfahren,und zwar die "Vorwärts-" und die "Rückwärtsbereinigung". Während die "Vorwärtsbereinigung" die nach der Kapitalveränderung auftretenden Kurse auf das Niveau der Kurse vor diesem Einschnitt umrechnet, werden bei der "Rückwärtsbereinigung" die Kurse vor der Kapitalveränderung dem Kursniveau nach der"Kapitalveränderung"angeglichen.

---

1 "Hoppenstedt Monats-Kurstabellen 1954-1972", herausgegeben vom Verlag Hoppenstedt u. Co. Darmstadt.

2 Die Gesamtzahl der aus den Hoppenstedt Monats-Kurstabellen ermittelten Angaben beläuft sich auf etwa 20.000 Daten.

Grundsätzlich können beide Methoden angewendet werden[1], der Verfasser hat jedoch der "Rückwärtsbereinigung" den Vorzug gegeben, weil hierbei Kursvorausschätzungen mit Hilfe der Regressionsanalyse auf der Basis von ex post-Daten unmittelbar mit den tatsächlich eingetretenen Börsenkursen vergleichbar sind. Der Nachteil des erhöhten Rechenaufwandes durch Umrechnung aller zurückliegenden Kurse wird durch die Verwendung eines EDV-Programms praktisch bedeutungslos.

Die Vorwärtsbereinigung geschieht durch Multiplikation der Kurse mit einem Bereinigungsfaktor c, der definiert ist als

$$c = \frac{(m+n)p_{t-1}}{m \cdot p_{t-1} + n \cdot p_e} ,$$

wobei m die Zahl der bezugsberechtigten alten Aktien, n die Zahl der zuzuteilenden neuen Aktien, p_{t-1} den letzten Kurs vor dem Bezugsrechtsabschlag und p_e den Emissionskurs der jungen Aktien angibt[2]. Für die Rückwärtsbereinigung müssen die vor der Kapitalerhöhung beobachteten Kurse durch den Bereinigungsfaktor c dividiert bzw. mit $\bar{c} = \frac{1}{c}$ multipliziert werden. Im Falle der Ausgabe von Berichtigungsaktien beträgt $p_e = 0$, so daß sich die Formel des Bereinigungsfaktors $\bar{c}$ vereinfacht zu:

$$\bar{c} = \frac{m}{m+n}$$

Der Kursbereinigungsfaktor $\bar{c}$ sei an zwei Kapitalerhöhungen von BASF kurz erläutert[3]:

Am 21.5.1965 nahm die Gesellschaft eine Kapitalerhöhung

---

1 Hielscher, Das optimale Aktienportefeuille ... a.a.O., S. 407ff.

2 Zur Herleitung des Bereinigungsfaktors vgl. Bleymüller, a.a.O., S. 82ff.

3 Saling Aktienführer 1973, S. 86, herausgegeben vom Verlag Hoppenstedt u. Co. Darmstadt.

im Verhältnis 17 : 5 zu 100 Prozent bei einem alten Kurs von 560,5 Prozent vor.

Setzt man die Werte in

$$\bar{c} = \frac{m \cdot p_{t-1} + np_e}{(m+n) \cdot p_{t-1}}$$

ein, so nimmt $\bar{c}$ folgende Größe an:

$$\bar{c} = \frac{17 \cdot 560{,}5 + 5 \cdot 100}{(17+5) \cdot 560{,}5}$$

$$\bar{c} = 0{,}813275$$

Am 17.10.1966 stellte BASF die Aktien von Prozentnotiz (100 Prozent) auf Stücknotiz (DM 50,--) um. Die dadurch bedingte Rückwärtsbereinigung führt zu einem Bereinigungsfaktor von

$$\bar{c} = \frac{m}{m+n}$$

$$\bar{c} = \frac{1}{1+1}$$

$$\bar{c} = 0{,}5$$

Zur Demonstration der Auswirkung mehrerer Rückwärtsbereinigungen über einen längeren Zeitraum ist das Wertpapier Nr. 15 Daimler Benz ausgewählt worden, dessen unbereinigte und bereinigte Monatsendwerte auf den folgenden beiden Seiten angegeben sind. Der im Juli 1960

UNBEREINIGTE MONATSENDWERTE WP-NR 15 DAIMLER BENZ

JAHR	JAN	FEBR	MAERZ	APRIL	MAI	JUNI	JULI	AUG	SEPT	OKT	NOV	DEZ
1954	130.0	127.0	134.2	131.5	140.0	137.5	144.0	155.0	169.5	212.0	217.0	243.0
1955	234.0	287.0	293.0	373.0	324.0	352.0	382.0	399.0	390.0	372.0	385.0	398.5
1956	395.0	340.0	355.0	366.0	372.0	340.5	317.0	345.0	326.0	308.0	288.5	306.0
1957	300.0	300.0	311.0	342.0	346.0	351.0	350.0	368.0	392.0	395.0	416.0	410.0
1958	417.0	407.0	454.0	470.0	510.0	618.0	650.0	700.0	800.0	1000.0	850.0	940.0
1959	970.0	950.0	960.0	1000.0	1450.0	1500.0	1985.0	3000.0	2600.0	2450.0	2500.0	2650.0
1960	2800.0	2850.0	2900.0	3000.0	4200.0	5600.0	6400.0	3700.0	3050.0	2595.0	2350.0	2530.0
1961	2300.0	2200.0	2170.0	2345.0	2753.0	2860.0	2480.0	1474.0	1500.0	1495.0	1510.0	1520.0
1962	1411.0	1370.0	1330.0	1330.0	906.0	1020.0	905.0	920.0	878.0	801.0	1050.0	1030.0
1963	976.0	970.0	992.0	995.0	1322.0	1317.0	1368.0	984.0	920.0	903.0	874.0	898.0
1964	896.0	900.0	942.0	866.0	856.0	838.0	801.0	782.0	784.0	772.0	740.0	761.0
1965	730.0	717.0	675.0	637.0	688.0	661.0	681.0	558.0	562.0	510.0	508.0	500.1
1966	524.0	526.0	504.0	486.0	474.0	448.0	455.0	451.2	475.0	419.5	424.0	395.0
1967	431.0	449.0	466.0	438.0	437.0	440.0	499.9	570.0	594.0	597.0	609.0	641.0
1968	765.0	742.0	760.0	836.0	863.0	894.7	873.0	858.0	817.0	425.0	406.0	413.0
1969	444.0	448.0	490.0	516.5	583.0	553.0	575.0	459.0	431.0	447.0	440.0	424.0
1970	395.5	398.0	402.0	399.0	360.0	356.0	384.5	369.0	385.0	366.0	359.0	313.0
1971	340.0	366.0	369.5	350.0	368.0	370.0	377.0	363.0	338.0	316.0	298.0	328.0
1972	344.5	368.0	404.0	424.0	447.0	436.0	495.2	393.0	385.0	376.5	378.0	367.0

BEREINIGTE MONATSENDWERTE WP-NR 15 DAIMLER BENZ

JAHR	JAN	FEBR	MAERZ	APRIL	MAI	JUNI	JULI	AUG	SEPT	OKT	NOV	DEZ
1954	4.8	4.7	5.0	4.9	5.2	5.1	5.4	5.8	6.3	7.9	8.1	9.1
1955	8.7	10.7	10.9	13.9	12.1	13.2	14.3	14.9	14.6	13.9	14.4	14.9
1956	14.8	12.7	13.3	13.7	13.9	12.7	11.8	12.9	12.2	11.5	10.8	11.4
1957	11.2	11.2	11.6	12.8	12.9	13.1	13.1	13.8	14.7	14.8	15.6	15.3
1958	15.6	15.2	17.0	17.6	19.1	23.1	24.3	26.2	30.0	37.5	31.8	35.2
1959	36.4	35.6	36.0	37.5	54.4	56.2	74.4	112.5	97.5	91.9	93.8	99.4
1960	105.0	106.9	108.8	112.5	157.6	210.1	240.1	347.1	286.1	243.4	220.4	237.3
1961	215.7	206.3	203.5	220.0	258.2	268.3	232.6	207.4	211.0	210.3	212.4	213.9
1962	198.5	192.7	187.1	187.1	127.4	143.5	127.3	129.4	123.5	112.7	147.7	144.9
1963	137.3	136.5	139.5	140.0	186.0	185.3	192.5	211.6	197.8	194.2	187.9	193.1
1964	192.7	193.5	202.6	186.2	184.1	180.2	172.2	168.2	168.6	166.0	159.1	163.6
1965	157.0	154.2	145.1	137.0	147.9	142.1	146.4	148.7	149.8	135.9	135.4	133.3
1966	139.7	140.2	134.3	129.5	126.3	119.4	121.3	120.3	126.6	111.8	113.0	105.3
1967	114.9	119.7	124.2	116.7	116.5	117.3	133.3	151.9	158.3	159.1	162.3	170.9
1968	203.9	197.8	202.6	222.9	230.1	238.5	232.7	228.7	217.8	226.6	216.5	220.2
1969	236.7	238.9	261.3	275.4	310.9	294.9	306.6	367.2	344.7	357.6	352.0	339.2
1970	316.4	318.4	321.6	319.2	288.0	284.7	307.6	311.2	308.0	292.7	287.2	250.3
1971	272.0	292.7	295.6	280.0	294.4	296.0	301.6	290.4	270.4	252.7	238.3	262.4
1972	275.6	294.4	323.2	339.2	357.6	348.7	396.1	393.0	385.0	376.5	378.0	367.0

mit einem Kurs von 6.400 höchste Monatsultimowert reduziert sich nach der Bereinigung auf 240,1 und liegt damit erheblich unter dem Kursniveau von Ende 1972. Der Augustwert 1960 ist unbereinigt nur halb so hoch wie der des Vormonats, liegt aber nach Beseitigung der durch Kapitalveränderungen bedingten Verzerrungen eindeutig über dem Juliwert.

Hätte man für die Kurse von Daimler Benz die "Vorwärtsbereinigung" gewählt, so wären z. B. für das Jahr 1972 Kurshöhen von weit mehr als 6.400 entstanden, die für die aktuellen Kurse von 1972 nur wenig Aussagekraft hätten[1].

Bei Gesprächen mit Wertpapieranalytikern konnte der Verfasser feststellen, daß sich die Rückwärtsbereinigung immer stärker durchsetzt, weil sie die Vergleichsmöglichkeit zwischen den aktuellen Börsenkursen mit den früheren Notierungen schafft[2].

---

1 Büschgen, Wertpapieranalyse ... a.a.O., S. 263.
2 vgl. hierzu auch: B. Hidding, Wie erfolgreich ist eine Aktienanlage? "Das Wertpapier", 18. Jg. (1970), S. 1060ff.

42 Repräsentative Aktienindizes in der Bundesrepublik Deutschland

Die Frage, ob neben Aktienindizes auch andere Basisfaktoren zur Bestimmung der charakteristischen Größen der Portfolio Selection Modelle geeignet sind[1], wird von Smith bei einem Vergleich von drei Aktien- und fünf Wirtschaftsindizes[2] eindeutig zu Gunsten der Aktienindizes beantwortet. "The results of this empirical study strongly suggest that stock price indexes are better able to generate the necessary relationships among securities"[3].

Es verbleibt also noch die Entscheidung, welcher der Aktienindizes zur Anwendung kommen soll. Um den damit verbundenen Arbeitsaufwand nicht über Gebühr anwachsen zu lassen, sollen aus der Fülle der für den deutschen Kapitalmarkt errechneten Aktienindizes[4] einige ausgewählt werden, die den folgenden Anforderungen eines "echten" Aktienindex genügen[5].

Im Gegensatz zu den "unechten", die häufig nur Kursdurchschnitte darstellen, weisen "echte" Aktienindizes sowohl eine Gewichtung als auch einen Korrekturfaktor

---

1 Sharpe, A Simplified Model ... a.a.O., S. 281.
2 K. V. Smith, Stock Price and Economic Indexes for Generating Efficient Portfolios. "Journal of Business", Vol. 42 (1969), S. 326ff., Derselbe, Portfolio Management ... a.a.O., S. 108ff.
3 Derselbe, Stock Price and ... a.a.O., S. 336.
4 vgl. hierzu u.a.: H. E. Büschgen, Rentabilität und Risiko der Investmentanlage. Stuttgart 1971, S. 136, Derselbe, Wertpapieranalyse ... a.a.O., S. 256ff., G. Morgenroth, Aufbau und Aussage deutscher Aktien-Indizes. "Bank-Betrieb", 10. Jg. (1970), S. 216ff.
5 Bleymüller, a.a.O., S. 45.

auf. Die Gewichtung - häufig mit dem Grundkapital vorgenommen - verleiht den einzelnen Aktien innerhalb einer Gruppe von Aktien den ihnen zugedachten Grad an Bedeutung[1].

Durch den Korrekturfaktor sollen Kursbeeinflussungen, wie sie durch Kapitalveränderungen und Dividendenausschüttungen hervorgerufen werden, erfaßt und bei der Indexberechnung eliminiert werden. Bezüglich der ersten Art der Kursveränderung besteht weitgehend Einigkeit, daß die technisch bedingte Wertminderung der Altaktie, die bei Kapitalerhöhungen am ersten Tag des Bezugsrechtshandels auftritt[2], in einem aussagefähigen Index zu berichten ist. Kursveränderungen infolge von Dividendenausschüttungen dagegen bleiben in allen deutschen Aktienindizes unberücksichtigt, obwohl die Dividenden insbesondere bei langfristigen Untersuchungen erheblich an Bedeutung gewinnen[3].

Die "echten" Aktienindizes werden i. d. R. nach den um einen entsprechenden Korrekturfaktor erweiterten Formeln von

Laspeyre $P_L = \frac{\sum p_t q_o}{\sum p_o q_o}$, Paasche $P_p = \frac{\sum p_t q_t}{\sum p_o q_t}$ oder

der Wertindexformel $P_w = \frac{\sum p_t q_t}{\sum p_o q_o}$ [4]

berechnet.

1 Bleymüller, a.a.O. S. 57.
2 Büschgen, Wertpapieranalyse ... a.a.O., S. 272.
3 Bleymüller, a.a.O., S. 75f.
4 Ebenda, S. 48/49.

"Bei der Methode von Laspeyre, die für alle längerfristigen Betrachtungen am besten geeignet erscheint, werden die Kurse am Berechnungstag (P_t)[1] mit den Nominalkapitalien ... am Basiszeitpunkt (q_o)" gewogen".. und dann zu den Kursen (P_o) mal Nominalkapitalien am Basiszeitpunkt (q_o) in Beziehung gesetzt"[2]. Während der Index von Laspeyre mit den starren Nominalkapitalien des Basistages gewichtet wird, erfolgt die Gewichtung beim Paasche-Index mit den Nominalkapitalien des Berechnungstages, die durch evtl. vorgenommene Kapitalerhöhungen verändert werden.

"Praktisch müßte ..., will man die Indexreihe exakt darstellen, nach jeder Mengen-, das heißt jeder Kapitalveränderung, die ganze Reihe neu zurückgerechnet werden"[3]. Aber auch diese hätte keinen langen Bestand, denn nach der nächsten Kapitalveränderung müßte bereits eine neue Reihe entstehen. Erfolgt diese jeweils mit einem großen Arbeitsaufwand verbundene Zurückberechnung nicht - und das ist bei den Indizes nach Paasche die Regel - "so kann man wohl davon ausgehen, daß die jüngsten Indexzahlen zwar stimmen, daß aber die Zahlen für die zurückliegenden Zeitpunkte immer ungenauer werden und schließlich unbrauchbar sind"[4].

Der Verfasser hat sich für die vier folgenden Aktienindizes entschieden, die er in einer früheren Arbeit bereits behandelt hat[5] und die für den Kapitalmarkt der Bundesrepublik als repräsentativ angesehen werden können.

---

1 Die in Klammern stehenden Symbole sind vom Verfasser eingefügt.

2 H. Bergmann, Der Wunschtraum vom idealen Aktienindex. Was Indizes aussagen und was sie nicht aussagen können. "Der Volkswirt", 16. Jg. (1962), S. 321.

3 Ebenda.

4 Ebenda, S. 322.

5 B. Rodewald, Der Erfolg westdeutscher Investmentfonds im Vergleich zum Aktienindex des Statistischen Bundesamtes in der Zeit vom 31.12.1958 bis zum 31.12.1968. Unveröffentlichte Diplomarbeit Göttingen 1970, S. 63ff.

421 Der Commerzbank-Index[1]

Der Commerzbank-Index ist unter den deutschen Aktienindizes der älteste börsentäglich errechnete Kursindex. Er erfaßt die Kassakurse von 60 Aktien, bei denen es sich um bekannte Publikumswerte mit breitem Markt handelt und erreicht hierdurch einen Repräsentationsgrad von rund drei Vierteln des Kurswertes der in der Commerzbank-Statistik berücksichtigten 452 Börsentitel. Er wird auf der Basis 31. Dezember 1953 = 100 nach der Laspeyre-Formel errechnet, wobei Kapitalveränderungen durch einen Korrekturfaktor eliminiert werden. "Außer dem Gesamtindex berechnet die Commerzbank täglich 12 Branchenindizes, so daß auch differenzierten Informationswünschen entsprochen werden kann"[2].

422 Der FAZ-Aktienindex

Der FAZ-Aktienindex wird auf der Basis 31. Dezember 1958 = 100 nach der Formel des Eurosyndikats Brüssel errechnet. Diese Formel deckt sich weitgehend mit der von Paasche und beinhaltet einen Korrekturfaktor zum Ausgleich von durch Kapitalveränderungen hervorgerufenen Verzerrungen. Auf die Beseitigung von dividendenbedingten Kursabschlägen verzichtet man mit der Begründung, "daß solche Dividendenabschläge im Jahresverlauf automatisch wieder aufgeholt werden"[3]. Bei der Revision des Index vom 22. Juli 1970[4] hat man an den Berechnungsgrundsätzen und an der Gesamtzahl von 100 repräsentativen an der Frankfurter Börse amtlich notierten Aktien nichts geändert. Eine Erweiterung hat der Index dabei aber insofern erfahren, als statt der ursprünglich 12 nunmehr 15 Branchenindizes zur Verfügung stehen.

---

1 Entsprechende Unterlagen sind dem Verfasser von der Commerzbank AG zur Verfügung gestellt worden.
2 Morgenroth, a.a.O., S. 217.
3 C. Jordan, Wie wird der neue Aktienindex der FAZ errechnet? "Frankfurter Allgemeine Zeitung" Nr.229 v. 3.Okt.1961,S.14.
4 H. Brestel, Aktienindex der FAZ weiter ausgebaut. "Frankfurter Allgemeine Zeitung" Nr. 166 v. 22. Juli 1970, S. 17, D. Dippel, Wie wird der F.A.Z.-Aktienindex errechnet?"Frankfurter Allgemeine Zeitung" Nr. 166 v. 22. Juli 1970, S. 19.

423 Der Herstatt-Aktienindex

Ebenso wie der FAZ-Aktienindex liegt auch dem Herstatt-Aktienindex[1] die Formel von Paasche zugrunde. Die in die Indexberechnung einbezogenen 100 Aktien der Düsseldorfer Börse repräsentieren etwa 77 Prozent des an deutschen Börsen notierten Aktienkapitals; von den Börsenumsätzen her dürfte die Repräsentation noch höher liegen. Auf der Basis 31. Dezember 1959 = 100 wird der Index börsentäglich sowohl als Gesamtindex als auch in Form von 12 Branchenindizes veröffentlicht. Während Kapitalveränderungen bei der Berechnung ausgeglichen werden, bleiben Dividendenabschläge "wie allgemein üblich" unberücksichtigt.

424 Der Index der Aktienkurse des Statistischen Bundesamtes

Der Index der Aktienkurse des Statistischen Bundesamtes wird nach seiner Umstellung auf der Basis 31. Dezember 1965 = 100 in gleicher Weise wie sein Vorläufer[2] ermittelt."Grundlage der Berechnung bildet die Laspeyre-Formel, wobei Kursabschläge bedingt durch Kapitalerhöhungen durch einen Korrekturfaktor (Ausgleichsfaktor)[3] eliminiert werden"[4]. Dividendenabschläge bleiben mit dem Argument unberücksichtigt, daß der Kursabschlag bei Auszahlung der Dividende praktisch nur den durch die Dividendenerwartung bereits vorweggenommenen zusätzlichen Kursanstieg korrigiert[5].

---

1 Entsprechende Unterlagen sind dem Verfasser vom Bankhaus I. D. Herstatt zur Verfügung gestellt worden. vgl. hierzu auch: "Deutsche Zeitung mit Wirtschaftszeitung" Nr. 189 v. 16. Aug. 1962, S. 8.

2 K. Herrmann, Die Statistik der Börsenwerte der Aktien. Kursdurchschnitte - Rendite - Indexziffer der Aktienkurse. "Wirtschaft und Statistik", 8. Jg. (1956), N.F., S. 188ff.

3 B. Spellerberg und R. Schneider, Neuberechnung des Index der Aktienkurse. Index des börsennotierten Aktienkapitals. "Wirtschaft und Statistik", Jahrgang 1967, S.344.

4 Rodewald, a.a.O., S. 66.

5 Spellerberg und Schneider, a.a.O., S. 344.

Tabelle 1 - Index der Aktienkurse, Zahl und Kapital der Aktiengesellschaften, Repräsentationsquote, Wägungsanteile. Stand: 31. Dezember 1965[1]

Wirtschaftsgruppe	Börsennotierte Aktien insgesamt: AG	Börsennotierte Aktien insgesamt: Stammaktienkapital	In die Indexberechnung einbezogen: AG	In die Indexberechnung einbezogen: Stammaktienkapital	In die Indexberechnung einbezogen: Repräsentationsquote¹)	Durchschnittskurs der einbezogenen Aktien	Wägungsanteile für Berechnung des Index der Hauptgruppe	Wägungsanteile: Index für das produzierende Gewerbe	Wägungsanteile: Gesamtindex
	Anzahl	Mill. DM	Anzahl	Mill. DM			%		
In die Indexberechnung einbezogen									
Energiewirtschaft, Montanindustrie²)	77	8 662	49	8 146	94,0	204	100	43,0	
Energiewirtschaft, Wasserversorgung	32	2 512	20	2 200	87,6	319	29,0		
Steinkohlenbergbau	13	1 360	8	1 273	93,6	137	15,7		
Übriger Bergbau	8	722	4	692	95,8	209	8,3		
Eisen- und Stahlindustrie usw.	24	4 069	17	3 981	97,9	155	47,0		
Industrie (ohne Montan- und Bauindustrie)	380	11 279	242	10 745	95,2	407	100	55,9	
Farbenwerte³)	4	3 387	4	3 387	100	408	30,0		
Chemiefaserindustrie	4	279	4	279	100	344	2,5		
Chemische Industrie⁴)	26	860	19	844	98,1	391	7,6		
Kunststoff- und gummiverarb. Industrie	7	230	5	230	97,5	405	2,1		
Zementindustrie	11	199	7	183	92,0	419	1,8		
Industrie der Steine und Erden⁵)	16	139	6	128	92,1	269	1,2		
Feinkeramische und Glasindustrie	17	176	12	164	93,5	348	1,6		
NE-Metallindustrie⁶)	6	158	5	153	96,8	221	1,4		
Stahl- und Leichtmetallbau	10	111	7	103	92,5	395	1,0		
Maschinenbau	55	1 107	27	864	78,1	292	9,8		
Straßenfahrzeugbau	8	1 384	6	1 374	99,3	638	12,3		
Schiffbau	6	92	3	82	89,8	142	0,8		
Elektrotechnische Industrie	15	1 763	9	1 670	94,7	439	15,6		
Feinmechanische und optische Industrie	6	33	5	32	96,6	227	0,3		
EBM-, Spiel-, Schmuckwarenindustrie	14	65	10	60	91,0	346	0,6		
Holzindustrie	5	26	4	24	92,6	309	0,2		
Papier- und Druckereiindustrie	21	204	15	201	98,6	123	1,8		
Leder-, Textil- und Bekleidungsindustrie	60	477	34	422	84,6	173	4,2		
dar. Textil- und Bekleidungsindustrie	55	420	32	370	88,0	157	—		
Brauereien	63	403	45	376	93,3	533	3,6		
Nahrungs- und Genußmittelindustrie⁷)	26	182	15	171	93,6	379	1,6		
Bauindustrie	16	221	13	188	85,0	414		1,1	
Produzierendes Gewerbe	473	20 162	304	19 079	94,6	320		100	87,5
Übrige Wirtschaftsbereiche	72	2 890	50	2 798	96,8	390	100		12,5
Warenhausunternehmen	3	555	3	555	100	580	19,2		
Eisenbahnen, Straßen- und Luftverkehr	16	574	13	571	99,5	245	19,9		
Schiffahrt	13	166	6	151	91,1	189	5,7		
Kreditbanken	25	1 324	15	1 268	95,7	390	45,8		
Hypothekenbanken	15	271	13	253	93,4	425	9,4		
Insgesamt	545	23 051	354	21 876	94,9	329			100
dar. Volksaktien	3	1 353	3	1 353	100	301			
Nachrichtlich:									
In die Indexberechnung nicht einbezogen	82	830							
Handel (ohne Warenhausunternehmen)	13	328							
Übriger Verkehr⁸)	6	22							
Versicherungsgewerbe	38	378							
Sonstige⁹)	25	103							
Alle börsennotierten Aktien	627	23 881							

¹) Anteil des Stammaktienkapitals der einbezogenen Aktiengesellschaften am Stammaktienkapital der börsennotierten Aktien. — ²) Montanindustrie = Eisen- und Stahlindustrie und Bergbau. — ³) Nachfolger der IG-Farbenindustrie. — ⁴) Ohne Chemiefaserindustrie und Farbenwerte. — ⁵) Ohne Zementindustrie. — ⁶) Einschließlich NE-Metallgießerei. — ⁷) Ohne Brauereien. — ⁸) Ohne Eisenbahnen, Straßen- und Luftverkehr sowie Schiffahrt. — ⁹) Land- und Forstwirtschaft, Fischerei, Dienstleistungen, Vermögensverwaltungen; nicht tätige AG u. a.

Wie aus Tabelle 1 zu ersehen ist, unterteilt sich der Gesamtindex in die vier Hauptgruppen "Energiewirtschaft, Montanindustrie", "Industrie (ohne Montan- und Bauindustrie)", "Bauindustrie" und "Übrige Wirtschaftsbereiche",

1 Quelle: Spellerberg und Schneider, a.a.O., S. 345.

die sich mit Ausnahme der Bauindustrie weiter in einzelne Wirtschaftsgruppen untergliedern[1].

"Am 31. Dezember 1965 bestanden in der Bundesrepublik 627 börsennotierte Aktiengesellschaften mit einem Nominalkapital[2] von 23 881 Mill. DM. Klammert man hiervon einige Wirtschaftszweige und Marktbereiche aus, die geringfügige Börsenumsätze aufweisen und deren Kurse für die Gesamtentwicklung kaum von Bedeutung sind ("Handel ohne Warenhausunternehmen", "Übriger Verkehr", "Sonstige") oder deren Aktien anderen Bewertungsmaßstäben unterliegen ("Versicherungsgewerbe"), so verbleiben 545 Aktiengesellschaften mit einem Nominalkapital von 23 051 Mill. DM[3].

Da bei der weiteren Auswahl der in den Index einzubeziehenden Aktiengesellschaften die Zufallsauswahl infolge der verhältnismäßig geringen Anzahl von Aktien in den einzelnen Gruppen nicht angewendet werden konnte[4], wurde nach dem Konzentrationsprinzip verfahren"[5]: "Für jede Wirtschaftsgruppe wurden die börsennotierten Aktiengesellschaften nach der Höhe des Stammaktienkapitals geordnet und ihre Kurswerte berechnet (Produkt aus Kapital und Kurs am 31. Dezember 1965). Dann wurden die Kurswerte - angefangen von der größten Gesellschaft - solange kumuliert, bis der gewogene Kursdurchschnitt der ersten bis n-ten Aktie mit dem gewogenen Gesamtdurchschnitt aller zum betreffenden Wirtschaftszweig gehörenden börsennotierten Aktien annähernd übereinstimmte und durch Hinzunahme weiterer Aktien nicht mehr entscheidend verbessert werden konnte"[6].

---

1 Die in die einzelnen Wirtschaftsgruppen einbezogenen Aktienwerte sind zu ersehen aus: "Fachserie I Geld und Kredit, Reihe 2 Aktienkurse, I. Index der Aktienkurse", v. 7. August 1967, S. 24ff., herausgegeben vom Statistischen Bundesamt in Wiesbaden.

2 Ohne Berücksichtigung der Vorzugsaktien, die betragsmäßig kaum ins Gewicht fallen.

3 Spellerberg und Schneider, a.a.O., S. 343.

4 Herrmann, a.a.O., S. 194.

5 Rodewald, a.a.O., S. 67.

6 Spellerberg und Schneider, a.a.O., S. 343.

"Auf diese Weise wurden insgesamt 354 Aktiengesellschaften mit einem Nominalkapital von 21 876 Mill. DM ausgewählt und in die Indexberechnung einbezogen, wodurch eine Repräsentationsquote[1] von 94,9 Prozent am Nominalkapital der 545 zur Indexberechnung geeigneten Gesellschaften bzw. von 91,6 Prozent am Nominalkapital aller 627 börsennotierten Aktiengesellschaften erreicht wurde[2]. Scheidet eine für die Indexermittlung verwendete Aktiengesellschaft aus irgendwelchen Gründen aus, so wird sie durch eine in bezug auf Kapital- und Kurswert annähernd gleiche Gesellschaft desselben Wirtschaftszweiges ersetzt[3].

Die Gewichtung des Index erfolgt auf zwei verschiedene Arten: Innerhalb der einzelnen Wirtschaftsgruppen wird mit dem Nominalkapital der für die Indexberechnung ausgewählten Papiere (354 Aktiengesellschaften mit 21 876 Mill. DM Nominalkapital) gewichtet[4]...Bei der Zusammenfassung der Gruppenindizes zu den Hauptgruppenindizes und danach zum Gesamtindex dagegen dient das o. a. Nominalkapital der 545 Aktiengesellschaften in Höhe von 23 051 Mill. DM[5] als Gewichtungsgrundlage"[6].

Da das Statistische Bundesamt bei der Ermittlung seines Aktienindex die Notierung der Papiere an ihrer Heimatbörse berücksichtigt[7] und die Kurse der "Börsen-Zeitung" entnimmt[8], erfolgt die Berechnung des Gesamtindex stets mit eintägiger Verzögerung. Die Werte der Branchenindizes werden nur für die vier Bankstichtage - am 7., 15., 23. und Ultimo eines jeden Monats - bekanntgegeben[9].

---

1 Die Repräsentationsquoten der einzelnen Wirtschaftsgruppen sind aus der Tabelle 1, S. 107 ersichtlich.
2 Spellerberg und Schneider, a.a.O., S. 343.
3 Ebenda.
4 Ebenda, S. 342.
5 Ebenda, S. 344.
6 Rodewald, a.a.O., S. 69.
7 Bleymüller hält dieses Vorgehen nicht für unbedingt notwendig, da sich infolge der Arbitrage die Kursdifferenzen an den verschiedenen Börsenplätzen in engen Grenzen halten. vgl. Bleymüller, a.a.O., S. 114.
8 Bleymüller, a.a.O., S. 133.
9 Spellerberg und Schneider, a.a.O., S. 344.

43 Bestimmung des geeigneten Aktienindex und Basiszeitraums

431 Kurs-Index Regressions- und Korrelationsanalysen für verschiedene Zeiträume

Die Ergebnisse der Mischungen, die die Portfolio Selection Modelle liefern, hängen ganz entscheidend von der Qualität der Input-Daten ab. Im Falle des Index- und Diagonalmodells entstehen die Wertpapiereingabedaten, indem die Regressionsanalyse auf der Basis der historischen Kurs-Index-Beziehungen durchgeführt wird[1]. Sowohl der für die Analyse ausgewählte Aktienindex als auch die Länge des der Regressionsanalyse unterworfenen Zeitraums beeinflussen die numerischen Werte der Regressionskoeffizienten. Es ist also zu prüfen, welcher Aktienindex in alternativen ex post Zeiträumen die Kursentwicklung der einzelnen Papiere am besten beschreibt. Die Entscheidung über die beiden Komponenten Index und Zeitraum wird mit Hilfe von zwei Kriterien gefällt: Das erste Kriterium ist die Höhe der Kurs-Index-Korrelationskoeffizienten[2] und das zweite die Übereinstimmung zwischen tatsächlichen und errechneten Börsenkursen bei der Vorausschätzung der Aktienkurse unter Verwendung der ermittelten Regressionsgeraden.

Führt man die Regressions- und Korrelationsanalyse der Kurs-Index-Beziehungen für die im Rahmen dieser Arbeit erfaßten Aktienwerte[3] mit den vier beschriebenen Aktien-

---

1 vgl. oben S. 20/21 und oben S. 73.

2 Im Gegensatz zu den Kovarianzen ist der Korrelationskoeffizient r eine normierte Größe, die sich in den Grenzen $-1 \leq r \leq +1$ bewegt und ein Maß für die Straffheit des linearen Zusammenhangs zweier Merkmale X und Y darstellt. Man kann folgende Fälle unterscheiden:
$r = +1$ vollständige positive Korrelation, X verändert sich in genau der gleichen Weise wie Y. $0 < r < +1$ positive Korrelation, zu großen Werten von X gehören große Werte von Y und umgekehrt. $r = 0$ es besteht keinerlei Beziehung zwischen X und Y. $-1 < r < 0$ negative Korrelation, zu großen Werten von X gehören kleine Werte von Y und umgekehrt. $r = -1$ vollständige negative Korrelation, X und Y verändern sich genau entgegengesetzt. Zur Berechnung von Korrelationskoeffizienten vgl. G. Ose und G. Lochmann und H. Baumann und W. Körner, Ausgewählte Kapitel der Mathematik für Ingenieur- und Fachschulen. 3. Auflage Leipzig 1968, S. 371.

3 vgl. oben S. 92ff.

indizes[1] durch[2], so erhält man die in Tabelle 2 wiedergegebenen Resultate. Die Analyse erfolgte jeweils getrennt für Monats- und Jahresendwerte unter Ausschöpfung des Zeitraums seit Bestehen der Indizes.

Dabei geben die Prozentsätze der Korrelationskoeffizienten in Tabelle 2 Auskunft über die Struktur der Korrelationshöhe von 80 Aktienwerten[3] für das jeweilige Basismaterial. Die Regressions- und Korrelationsanalyse zwischen den Aktienkursen und dem Commerzbank-Index auf der Grundlage der bereinigten Monatsendwerte 1956 bis 1971 hat z. B. ergeben, daß 27,5 Prozent der 80 Aktienwerte einen Korrelationskoeffizienten aufweisen, der größer als 0,9 ist. Ein Korrelationskoeffizient von mehr als 0,8 ist bei 53,75 Prozent der 80 Aktien zu beobachten und genau 75 Prozent, also 60 der 80 Papiere, haben einen Korrelationskoeffizienten, der über 0,7 liegt. In gleicher Weise sind die Angaben für die Korrelationskoeffizienten der Aktienwerte mit den übrigen Indizes entstanden.

Die Kursübereinstimmung beinhaltet einen Vergleich des tatsächlichen Börsenkurses mit dem errechneten Kurs für Ende Dezember 1971, wobei der errechnete Kurs durch Einsetzen des Indexwertes von Ende Dezember 1971 in die Regressionsgerade der einzelnen Papiere entsteht. Die Prozentsätze der Kursübereinstimmung in Tabelle 2 drücken aus, wie häufig der tatsächliche Kurs in dem Intervall errechneter Kurs plus/minus Regressionsstandardabweichung C_i[4] zu beobachten war.

---

1 vgl. oben S. 105ff.

2 Die Rechnungen wurden auf der IBM 1130 des Rechenzentrums der Wirtschafts- und Sozialwissenschaftlichen Fakultät der Universität Göttingen mit einer modifizierten und erweiterten Form des von Nebe angegebenen EDV-Programms durchgeführt. Das Programm nimmt die Bestimmung der Regressionsgeraden nach der Methode der kleinsten Quadrate vor. vgl. H. H. Nebe, Datenverarbeitung für Studenten der Wirtschafts- und Sozialwissenschaften. IBM Deutschland 1970, S. 75ff.

3 Bei 9 der 89 Aktiengesellschaften reichen die Kursnotierungen nicht bis zum Januar 1954 zurück, so daß die Berechnungen mit den verbleibenden 80 Aktienwerten vorgenommen worden sind.

4 vgl. oben S. 20.

Tabelle 2 - Kumulative Häufigkeit der Korrelationskoeffizienten der Kurse von 80 Aktienwerten mit 4 Aktienindizes auf der Basis von bereinigten Monats- und Jahresendwerten sowie die entsprechenden Kursübereinstimmungen (Häufigkeit des Auftretens der tatsächlichen Börsenkurse Ende Dez. 1971 innerhalb des Intervalls errechneter Kurs plus/minus Standardabweichung)

Korrelationskoeffizient	Commerzbank-Index		FAZ-Index		Herstatt-Index		Bundesamt-Index	
	Ber. Monatsendwerte 1956-71	Ber. Jahresendwerte 1954-71	Ber. Monatsendwerte 1962-71	Ber. Jahresendwerte 1954-71	Ber. Monatsendwerte 1960-71	Ber. Jahresendwerte 1960-71	Ber. Monatsendwerte 1954-71	Ber. Jahresendwerte 1954-71
über 0,9	27,5 %	32,5 %	6,25%	40,0 %	2,5 %	5 %	42,5 %	41,25%
über 0,8	53,75"	65,0 "	33,75"	66,25"	18,75"	21,25"	72,5 "	63,75"
über 0,7	75,0 "	78,75"	52,5 "	81,25"	36,25"	38,75"	82,5 "	80,0 "
Kursübereinstimmung	33,75%	32,5 %	38,75%	41,25%	43,75%	43,75%	36,25%	36,25%

Hinsichtlich des ersten Kriteriums (Höhe der Korrelationskoeffizienten) ist der Index des Stat. Bundesamtes bei Zugrundelegung der Monatsendwerte den übrigen Indizes überlegen (von den 80 Aktien haben 82,5 Prozent einen Korrelationskoeffizienten der größer oder gleich 0,7 beträgt). Bei der Rechnung mit Jahresendwerten liefert dieser Index zusammen mit dem FAZ-Index etwa gleich gute Ergebnisse. Die starken Abweichungen der Korrelationskoeffizienten der bereinigten Monatsendwerte gegenüber den Jahresendwerten beim FAZ-Index sind sehr wahrscheinlich auf die verschieden langen Basiszeiträume zurückzuführen. Für diese Annahme sprechen die ebenfalls niedrigen Werte des Herstatt-Index auf der Basis von Monatsultimokursen (1960-1971), die von den Jahresendkursen desselben Zeitraums (1960-1971) nur geringfügig übertroffen werden. Bei einem direkten Vergleich der Korrelationskoeffizienten von Monats- und Jahresendwerten der einzelnen Indizes fällt auf, daß nur beim Index des Stat. Bundesamtes die Monatsendwerte zu höheren Korrelationskoeffizienten als die Jahresendwerte führen.

Die Anwendung des zweiten Kriteriums (Kursübereinstimmung) ergibt keine gravierenden Unterschiede zwischen den Indizes, die Kursübereinstimmung schwankt bei den Monatswerten zwischen 33,75 Prozent und 43,75 Prozent und bei den Jahreswerten zwischen 32,5 Prozent und 43,75 Prozent, wobei der Commerzbank- und der Herstatt-Index in beiden Fällen die Unter- bzw. Obergrenze bilden. Das Beispiel des Herstatt-Index zeigt, daß niedrige Korrelationskoeffizienten nicht zwangsläufig mit schlechten Kursübereinstimmungen einhergehen.

Die Kursvorausschätzung für Dezember 1971 unter Einbeziehung der Dezemberultimowerte in die Regressionsanalyse[1] kann zwar bei ex post-Untersuchungen angewendet werden, deckt sich aber nicht mit der Vorgehensweise von ex-ante-Berechnungen.

Aus diesem Grunde sind weitere Regressions- und Korrelationsanalysen mit demselben empirischen Material allerdings nur bis einschließlich Dezember 1970 vorgenommen und die errechneten Kurse für Dezember 1971 durch Einsetzen des Indexstandes von Dezember 1971 in die neuen Regressionsgeraden ermittelt worden. Die Resultate dieser simulierten ex-ante-Berechnung werden im folgenden kurz den Angaben der Tabelle 2 gegenübergestellt.

Die Ergebnisse auf der Basis von Monatsendwerten weichen von denen der Analyse der Zeiträume bis Dezember 1971 nur geringfügig ab. Die Korrelationskoeffizienten sind häufig etwas höher, was auf einheitlichere Kursbewegungen in weiter zurückliegenden Jahren schließen läßt. Bei der Kursübereinstimmung nehmen die Prozentsätze leicht ab, und zwar betragen sie in der Reihenfolge der Aktienindizes in Tabelle 2 31,25; 36,25; 38,75 und 32,5 Prozent. Das Fehlen der Monatsendwerte des Jahres 1971 bewirkt bei einigen Papieren, daß der tatsächliche Börsenkurs nicht mehr in dem Intervall errechneter Kurs plus/minus Standardabweichung liegt.

Auf die analoge Untersuchung mit Jahresendwerten ist verzichtet worden, weil auch hier ähnlich geringe Abweichungen wie bei den Monatsendwerten zu erwarten sind. Festgehalten werden muß, daß die vorgenommene ex post und simulierte ex ante Analyse annähernd gleichwertige Ergebnisse liefern.

---

1 vgl. oben S. 111.

Die bisherigen Aussagen beruhen auf der Analyse der Zeiträume seit Bestehen der Indizes. Wie aus Tabelle 2 zu entnehmen ist, sind hinsichtlich dieser Zeiträume erhebliche Abweichungen zu verzeichnen, so daß eine unmittelbare Vergleichbarkeit der Resultate für die Indizes auf dieser Basis nicht gegeben ist.

Bei der Suche nach einem geeigneten Zeitraum sind die Jahre 1967 bis 1971 ausgewählt worden, in denen die Börse eine nahezu vollständige Aufschwungphase (Beginn etwa Anfang 1967) und Abschwungphase (1970/71) mit einer gegen Ende 1971 wieder einsetzenden Hausse durchlaufen hat[1]. Dieser Zeitwahl kommt außerdem der Umstand entgegen, daß für die vier Aktienindizes und für alle 89 ausgewählten Wertpapiere Monatsendwerte seit Januar 1967 vorliegen.

Mit dem Basismaterial der Jahre 1967 bis 1971 sind für die vier Indizes weitere Regressions- und Korrelationsanalysen vorgenommen worden, deren Ergebnisse in Tabelle 3 in gleicher Weise wie die in der Tabelle 2 dargestellt sind[2].

---

1 vgl. die Entwicklung des Index des Stat. Bundesamtes auf S.119dieser Arbeit.
2 vgl. oben S. 111.

Tabelle 3 - Kumulative Häufigkeit der Korrelationskoeffizienten der Kurse von 89 Aktienwerten mit 4 Aktienindizes auf der Basis bereinigter Monatsendwerte 1967 bis 1971 sowie die entsprechenden Kursübereinstimmungen (Häufigkeit des Auftretens der tatsächlichen Börsenkurse Ende Dez. 1971 innerhalb des Intervalls errechneter Kurs plus/minus Standardabweichung)

Korrelationskoeffizient	Commerzbank-Index	FAZ-Index	Herstatt-Index	Bundesamt-Index
über 0,9	3,37 %	6,74 %	5,61 %	15,73 %
über 0,8	31,46 %	30,33 %	28,08 %	38,20 %
über 0,7	49,43 %	60,67 %	58,42 %	60,67 %
Kursübereinstimmung	47,19 %	46,06 %	48,31 %	43,82 %

Den Ergebnissen der Tabelle 3 liegen nur Monatsendwerte zugrunde, die Berechnung mit Jahresultimowerten ist unterblieben, weil die Regressions- und Korrelationsanalyse bei nur fünf Beobachtungen eine sehr beschränkte Aussagefähigkeit hätte.

Das aktuelle nur fünf Jahre umfassende Zahlenmaterial führt bei Anwendung des ersten Kriteriums (Höhe der Korrelationskoeffizienten) zu einer eindeutigen Überlegenheit des Index des Stat. Bundesamtes, wobei insbe-

sondere die Prozentsätze für $r \geq 0{,}9$ und $r \geq 0{,}8$ zu erwähnen sind. Die Kursübereinstimmung (zweites Kriterium) ist bei allen Indizes nahezu gleich gut, sie bewegt sich zwischen 48,31 Prozent (Herstatt-Index) und 43,82 Prozent (Index des Stat. Bundesamtes).

Die o. a. simulierte ex ante Untersuchung ergibt für die Jahre 1967 bis 1970 ähnliche Veränderungen wie bei der Langzeitanalyse bis 1970[1]: Bei Wegfall des Jahres 1971 vergrößern sich die Korrelationskoeffizienten bei vielen Papieren geringfügig, während die Kursvorausschätzungen ungenauer werden. Die Reihenfolge der Tabelle 3 ändert sich hier insofern, als der Index des Stat. Bundesamtes mit 39,32 Prozent den ersten Platz einnimmt, gefolgt vom FAZ-Index mit 38,2 Prozent, dem Herstatt-Index mit 30,33 und dem Commerzbank-Index mit 26,96 Prozent. Besonders auffällig ist beim Übergang zur echten Kursprognose die starke Verschlechterung der Werte des Herstatt- und Commerzbank-Index um etwa 18 bzw. 20 Prozentpunkte. Beim Index des Stat. Bundesamtes dagegen beträgt der Abfall nur 4,5 Prozentpunkte.

Innerhalb des Zeitraums 1967 bis 1971 wurden weitere Regressions- und Korrelationsanalysen durchgeführt, z. B. für die Monatsendwerte 1967 bis 1968 mit der Kursvorausschätzung für Ende 1969, die alle die bisher dargestellten Ergebnisse bestätigt haben: Die Kursentwicklung der ausgewählten 89 Aktienwerte - und wahrscheinlich auch der gesamte Kapitalmarkt der Bundesrepublik - wird am besten durch den Aktienindex des Stat. Bundesamtes repräsentiert.

---

1 vgl. oben S. 114.

Die Kursübereinstimmungen des kürzeren Zeitraums (ab 1967) sind bei allen vier Indizes höher als die der Langzeitanalysen[1]. Es kann daher vermutet werden, daß im Vergleich mit Langzeitanalysen simulierte ex ante Wertpapierportefeuilles auf der Basis bereinigter Monatsendwerte eines Kurzzeitraums von etwa vier bis sechs Jahren realitätsnähere Mischungen liefern[2], wobei der Basiszeitraum möglichst einen vollen Auf- und Abschwung der Börse umfassen sollte.

---

1 vgl. Tabellen 2 und 3 oben S. 112 und S. 116.

2 Die Tests 210A bis 210C zeigen deutlich, daß der Basiszeitraum 1967 bis 1971 nicht nur extrem langen (18 Jahre), sondern auch extrem kurzen Zeitspannen (1 Jahr) vorzuziehen ist. vgl. Kapitel 531.

INDEX D. STAT. BUNDESAMTES

JAHR	JAN	FEBR	MAERZ	APRIL	MAI	JUNI	JULI	AUG	SEPT	OKT	NOV	DEZ
54	20.0	21.0	21.0	21.0	22.0	24.0	25.0	26.0	27.0	30.0	30.0	35.0
55	34.0	35.0	38.0	41.0	40.0	41.0	42.0	43.0	42.0	38.0	39.0	39.0
56	39.0	39.0	39.0	39.0	38.0	37.0	36.0	35.0	37.0	36.0	36.0	37.0
57	36.0	36.0	36.0	36.0	36.0	35.0	37.0	38.0	38.0	38.0	39.0	38.0
58	41.0	40.0	41.0	43.0	42.0	45.0	46.0	50.0	55.0	58.0	58.0	61.0
59	63.0	63.0	65.0	68.0	76.0	84.0	95.0	105.0	97.0	94.0	98.0	105.0
60	107.0	105.0	106.0	110.0	123.0	144.0	146.0	170.0	156.0	150.0	146.0	145.0
61	143.0	142.0	141.0	144.0	153.0	148.0	137.0	126.0	123.0	132.0	136.0	132.0
62	129.0	128.0	126.0	122.0	106.0	98.0	94.0	98.0	92.0	90.0	105.0	102.0
63	98.0	94.0	97.0	99.0	111.0	108.0	110.0	114.0	115.0	112.0	109.0	115.0
64	119.0	121.0	125.0	124.0	119.0	118.0	121.0	124.0	122.0	117.0	116.0	117.0
65	118.0	115.0	111.0	111.0	110.0	104.0	107.0	108.0	107.0	103.0	100.0	100.0
66	104.0	106.0	103.0	99.0	96.0	88.0	84.0	87.0	90.0	85.0	85.0	84.0
67	88.0	91.0	93.0	90.0	90.0	88.0	93.0	103.0	105.3	108.8	112.6	116.3
68	120.7	121.4	123.6	127.7	126.9	133.9	133.6	135.2	132.6	135.4	132.1	132.7
69	138.8	136.8	138.1	137.9	146.9	142.1	138.5	147.1	145.7	153.3	162.5	154.6
70	145.9	143.3	144.1	138.3	125.8	120.4	127.2	129.2	126.4	125.2	121.6	119.2
71	132.6	137.7	140.3	133.9	139.6	134.9	139.0	134.6	129.8	121.9	126.3	133.3
72	138.5	147.0	153.5	151.0	154.0	151.6	158.9	157.8	152.9	149.8	150.3	148.9

432 Kurs-Index Polynomregressionsanalysen für verschiedene Zeiträume

Die Portfolio Selection Theorie geht mit Ausnahme des Standardmodells und des Multi-Index-Modells in Form der Kovarianzvariante von der linearen Bindung der Wertpapiere an einen Kapitalmarktindex aus. Die Ergebnisse der linearen Regressionsanalyse lassen es zweckmäßig erscheinen, die Annahme der Linearität auf ihre Gültigkeit zu überprüfen. Zur Klärung der Frage, ob die Beziehung zwischen den Aktien und einem Aktienindex tatsächlich eine solche linearer Art ist, bietet sich die Polynomregressionsanalyse[1] an, die für alle Aktienwerte dieser Arbeit und dem im vorhergehenden Kapitel ausgewählten Aktienindex des Stat. Bundesamtes für zwei Zeiträume durchgeführt worden ist.

---

1 Die Polynomregressionsanalyse arbeitet genau wie die lineare Regressionsanalyse nach der Methode der kleinsten Quadrate (vgl. oben S.111 Fußnote 2). Durch schrittweise Erhöhung des Polynomgrades beginnend mit dem Polynom 1. Grades (lineare Regression) wird jene Funktion ermittelt, bei der die Summe der Abweichungsquadrate minimal ist und die hinsichtlich dieses Kriteriums die Beziehung zwischen den Kursen und Indexwerten am genauesten beschreibt. Die Rechnungen wurden auf der IBM 1130 des Rechenzentrums der Wirtschafts- und Sozialwissenschaftlichen Fakultät der Universität Göttingen mit einer modifizierten Version des EDV-Programms POLRG durchgeführt. vgl. IBM Application Program 1130 Scientific Subroutine Package Programmer's Manual, Program Number 1130-CM-02X IBM Form GH20-0252-4, Subroutine POLRG, S. 151ff.

Tabelle 4 - Häufigkeit des Auftretens der Polynomgrade bei der Polynomregressionsanalyse von 79 bzw. 88[1] Aktienwerten mit dem Aktienindex des Stat. Bundesamtes auf der Basis bereinigter Monatsendwerte 1954 bis 1972 und 1967 bis 1972

Zeitraum	Polynom									
	1. Grades		2. Grades		3. Grades		4. Grades		5. und höh.Grades	
	absolut	in %	absolut	in %	absolut	in %	absolut	in %	absolut	in %
1954-72	0	0	11	13,92	29	36,72	28	35,44	11	13,92
1967-72	1	1,13	22	25	60	68,19	5	5,68	0	0

Die Resultate der beiden Polynomregressionsanalysen, die in Tabelle 4 wiedergegeben sind, entziehen in eindeutiger Weise allen auf der linearen Wertpapier-Index-Beziehung aufbauenden Portfolio Selection Modellen das theoretische Fundament der Input-Datenermittlung: Nur für ein Papier (Nr. 75 Frankfurter Hypothekenbank) tritt im Zeitraum 1967 bis 1972 ein Polynom ersten Grades und damit eine lineare Beziehung zum Index auf. Alle weiteren Aktien im kurzen Zeitraum (1967-1972) und sämtliche Aktien im langen Zeitraum (1954-1972) weisen höhere Polynomgrade auf, die für

1 Für die Zeit bis Ende 1972 liegen nur noch 88 Aktien vor, weil Kahla gemäß Hauptversammlungsbeschluß vom 20. Juli 1972 mit der Hutschenreuther AG fusionierte und nach dem Umtauschangebot von fünf Kahla- in drei Hutschenreuther-Aktien nicht mehr an der Börse notiert wurde. vgl. "Frankfurter Allgemeine Zeitung", Nr. 166 v. 21. Juli 1972, S.14.

die Jahre 1954 bis 1972 mindestens bis zum fünften Grad reichen[1].

Trägt man diesen empirischen Aktie-Index-Beziehungen Rechnung, so müßten die Gleichungen (221.2) bis (221.4) durch die für jedes Papier typische höhergradige Funktion ersetzt werden. Bereits der Versuch der Herleitung der entsprechenden Funktionen für den Polynom zweiten Grades führt zu komplexen mathematischen Ausdrücken, die die ökonomische Effizienz einer solchen Vorgehensweise in Frage stellen.

Ein Ausweg aus diesem Dilemma ist nach Ansicht des Verfassers aus den graphischen Darstellungen der durch die lineare Regressions- und Polynomregressionsanalyse errechneten Kurs-Index-Verknüpfungen erkennbar. Die folgenden Seiten enthalten für beide Zeiträume eine Auswahl von typischen Papieren, die vom größten bis zum kleinsten Korrelationskoeffizienten reicht und alle Polynomgrade beinhaltet[2]. Die Papiere sind mit ihren charakteristischen Größen in der Übersicht 2 zusammengefaßt.

---

1 Höhere Polynomgrade konnten aufgrund des kleinen Kernspeichers der IBM 1130 nicht berechnet werden.

2 Die Zeichnungen geben im Kopf die Arbeitsnummer, den Wertpapiernamen und die Ausgangsdaten an. In der nächsten Zeile folgt die Gleichung der Regressionsgeraden, die Standardabweichung S von der Geraden und der Korrelationskoeffizient R. Die "Polynom"-Zeile liefert die Polynomregressionskoeffizienten beginnend mit dem absoluten Glied in aufsteigender Reihenfolge.

Übersicht 2 - **Ausgewählte Aktienwerte, deren Kurs-Index-Beziehungen auf der Basis bereinigter Monatsendwerte 1954 bis 1972 und 1967 bis 1972 durch Plotterzeichnungen dargestellt sind**[1]

	WP-Nr.	WP-Name	Pol.-Grad	Korrelations-Koeffizient	Bemerkung
1954 bis 1972	11	BIND	4	0,97583	größter KK bei Pol.-Grad 4
	22	DTST	5	0,22873	größter KK bei Pol.-Grad 5
	32	GIRM	2	0,73444	kleinster KK bei Pol.-Grad 2
	42	HOES	5	0,15774	kleinster KK dieses Zeitraums
	55	KLOE	4	0,36458	kleinster KK bei Pol.-Grad 4
	67	VDN	3	0,24991	kleinster KK bei Pol.-Grad 3
	71	COBA	2	0,96741	größter KK bei Pol.-Grad 2
	76	VBHA	3	0,97796	größter KK dieses Zeitraums
1967 bis 1972	4	BASF	4	-0,05096	negativer KK
	14	COGU	4	0,11640	größter KK bei Pol.-Grad 4
	30	BAYR	2	0,24384	kleinster KK bei Pol.-Grad 2
	60	SALZ	3	0,070561	kleinster KK bei Pol.-Grad 3
	64	STOLL	4	0,02720	kleinster pos. KK bei Pol.-Grad 4
	72	DEUB	3	0,96494	größter KK dieses Zeitraums
	75	FRHB	1	0,88975	einziges Papier mit Pol.-Grad 1
	76	VBHA	2	0,95588	größter KK bei Pol.-Grad 2

1 Errechnet und gezeichnet auf der IBM 1130 des Rechenzentrums der Wirtschafts- und Sozialwissenschaftlichen Fakultät der Universität Göttingen.

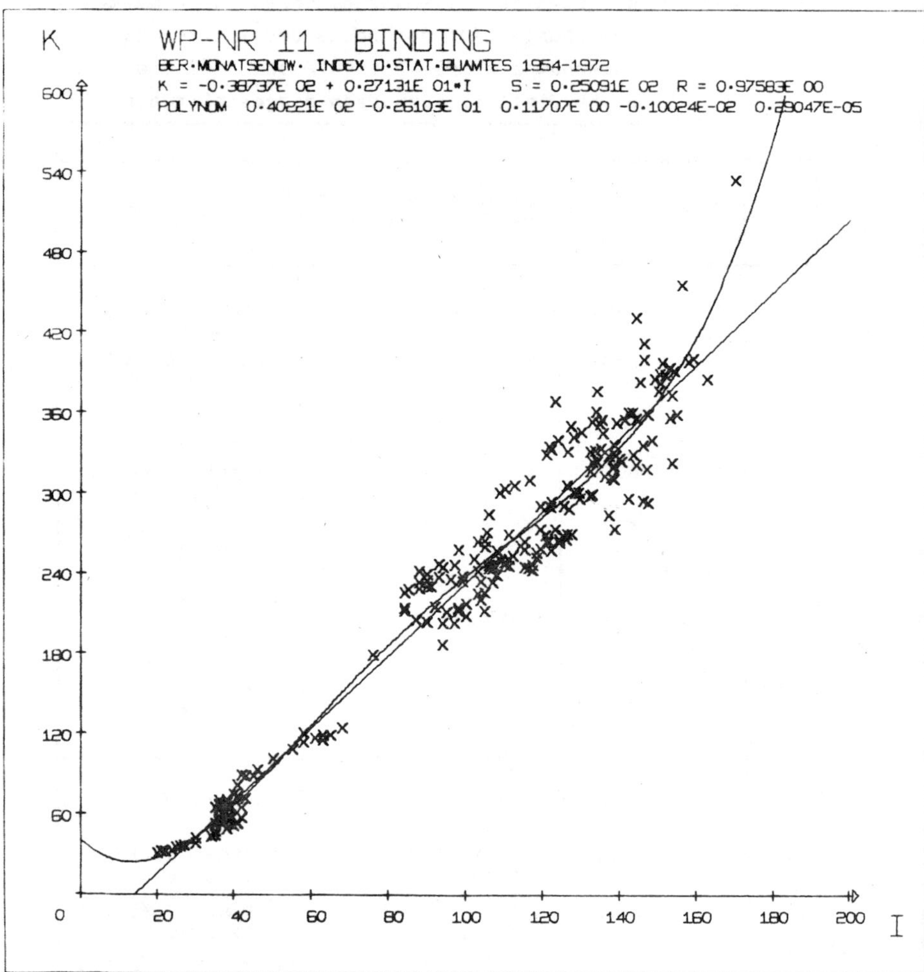
K
WP-NR 11 BINDING
BER·MONATSENDW· INDEX D·STAT·BUAMTES 1954-1972
K = -0·38737E 02 + 0·27131E 01*I S = 0·25091E 02 R = 0·97583E 00
POLYNOM 0·40221E 02 -0·26103E 01 0·11707E 00 -0·10024E-02 0·29047E-05
600
540
480
420
360
300
240
180
120
60
0
20
40
60
80
100
120
140
160
180
200
I

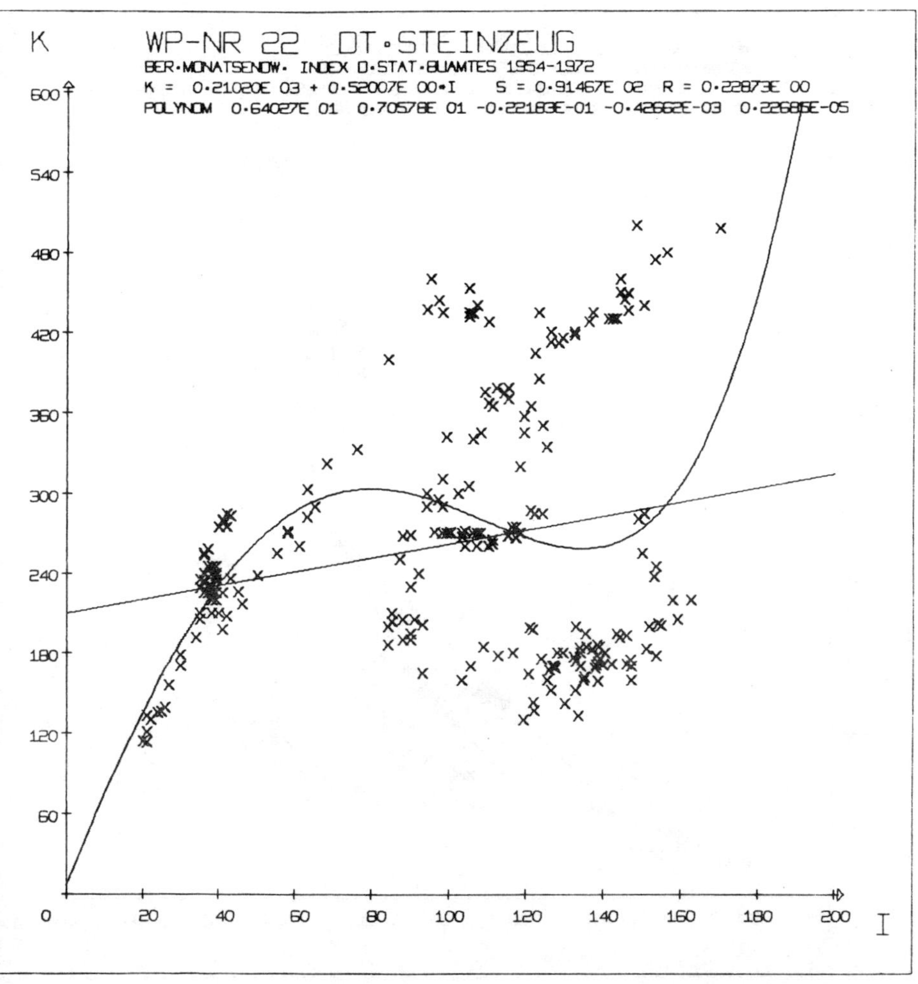
K
WP-NR 22 DT·STEINZEUG
BER·MONATSENDW· INDEX D·STAT·BUAMTES 1954-1972
K = 0·21020E 03 + 0·52007E 00·I S = 0·91467E 02 R = 0·22873E 00
POLYNOM 0·64027E 01 0·70578E 01 -0·22183E-01 -0·42662E-03 0·22686E-05
600
540
480
420
360
300
240
180
120
60
0
20
40
60
80
100
120
140
160
180
200
I

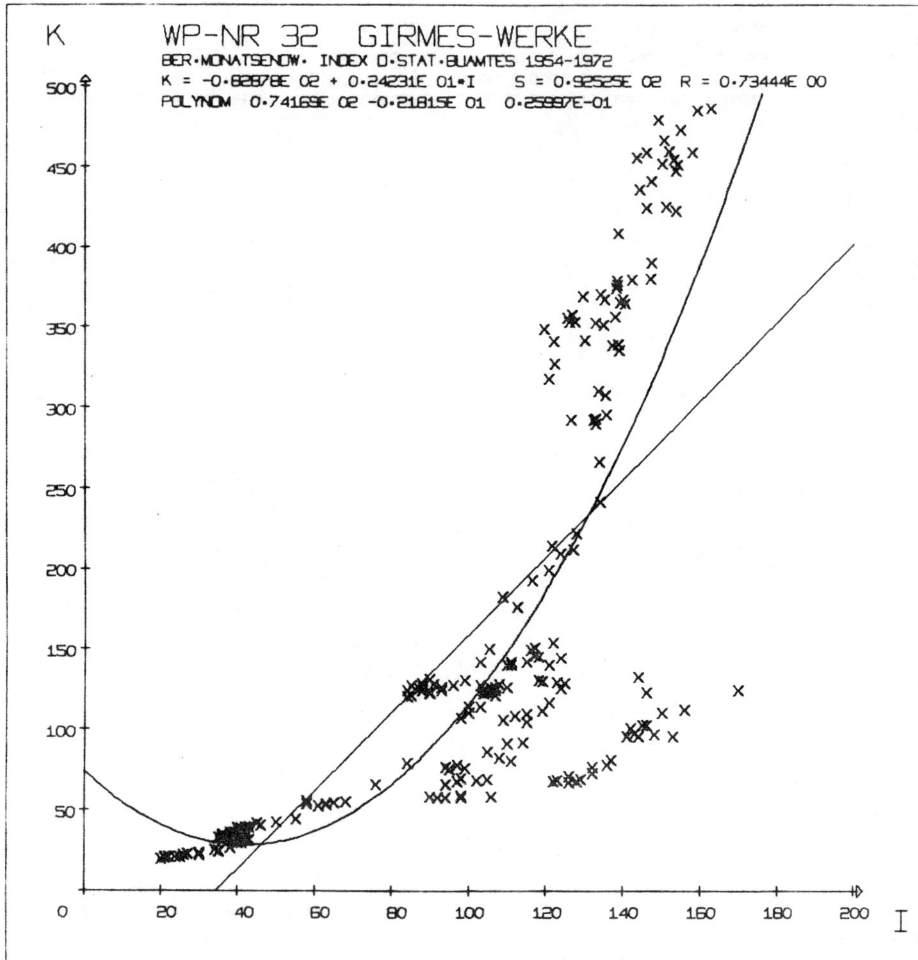
K
WP-NR 32 GIRMES-WERKE
BER·MONATSENDW· INDEX D·STAT·BUAMTES 1954-1972
K = -0·82878E 02 + 0·24231E 01*I S = 0·92525E 02 R = 0·73444E 00
POLYNOM 0·74169E 02 -0·21815E 01 0·25997E-01
500
450
400
350
300
250
200
150
100
50
0
20
40
60
80
100
120
140
160
180
200
I

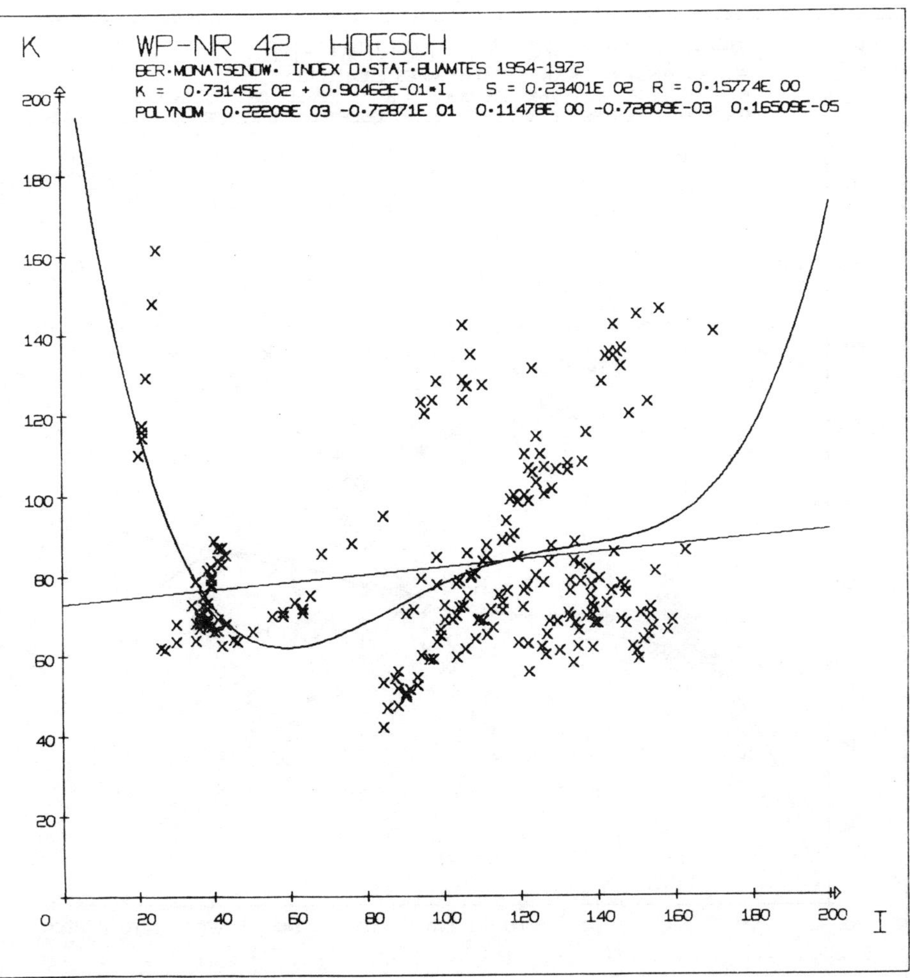
K
WP-NR 42 HOESCH
BER·MONATSENDW· INDEX D·STAT·BUAMTES 1954-1972
K = 0·73145E 02 + 0·90462E-01*I S = 0·23401E 02 R = 0·15774E 00
POLYNOM 0·22209E 03 -0·72871E 01 0·11478E 00 -0·72809E-03 0·16509E-05
200
180
160
140
120
100
80
60
40
20
0
20
40
60
80
100
120
140
160
180
200
I

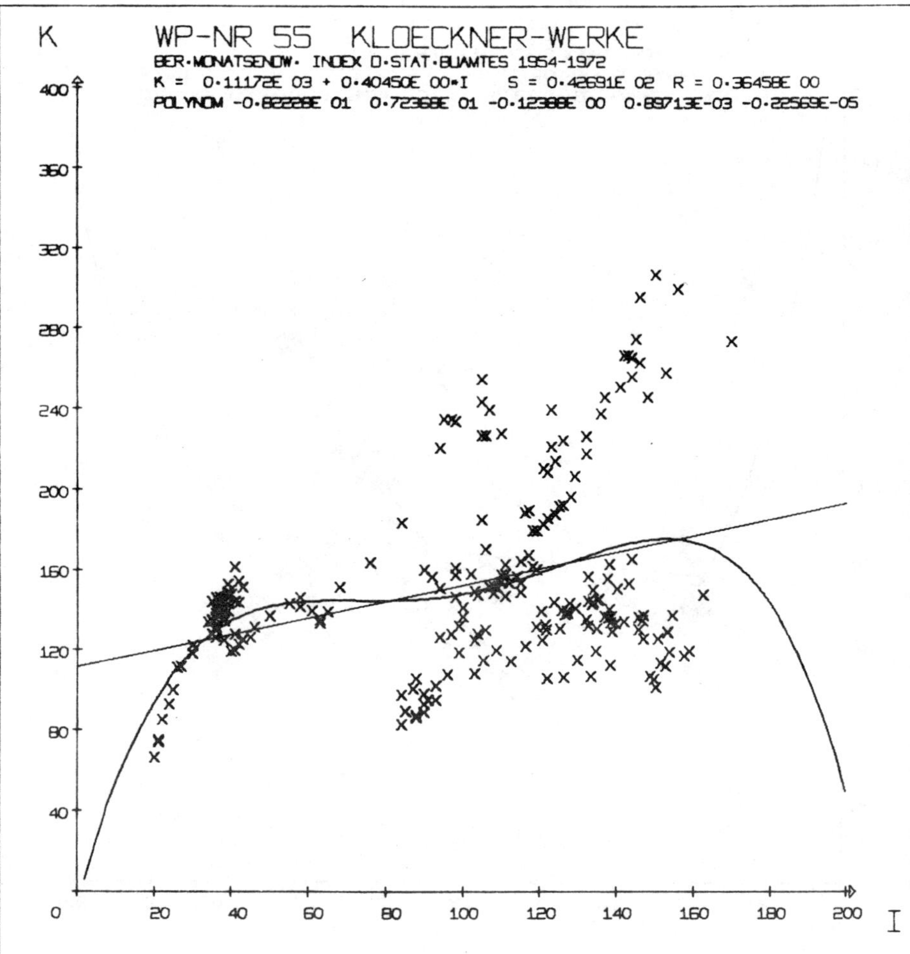
K
WP-NR 55 KLOECKNER-WERKE
BER·MONATSENDW· INDEX D·STAT·BUAMTES 1954-1972
K = 0·11172E 03 + 0·40450E 00*I S = 0·42691E 02 R = 0·36458E 00
POLYNOM -0·82228E 01 0·72368E 01 -0·12388E 00 0·89713E-03 -0·22569E-05
400
360
320
280
240
200
160
120
80
40
0
20
40
60
80
100
120
140
160
180
200
I

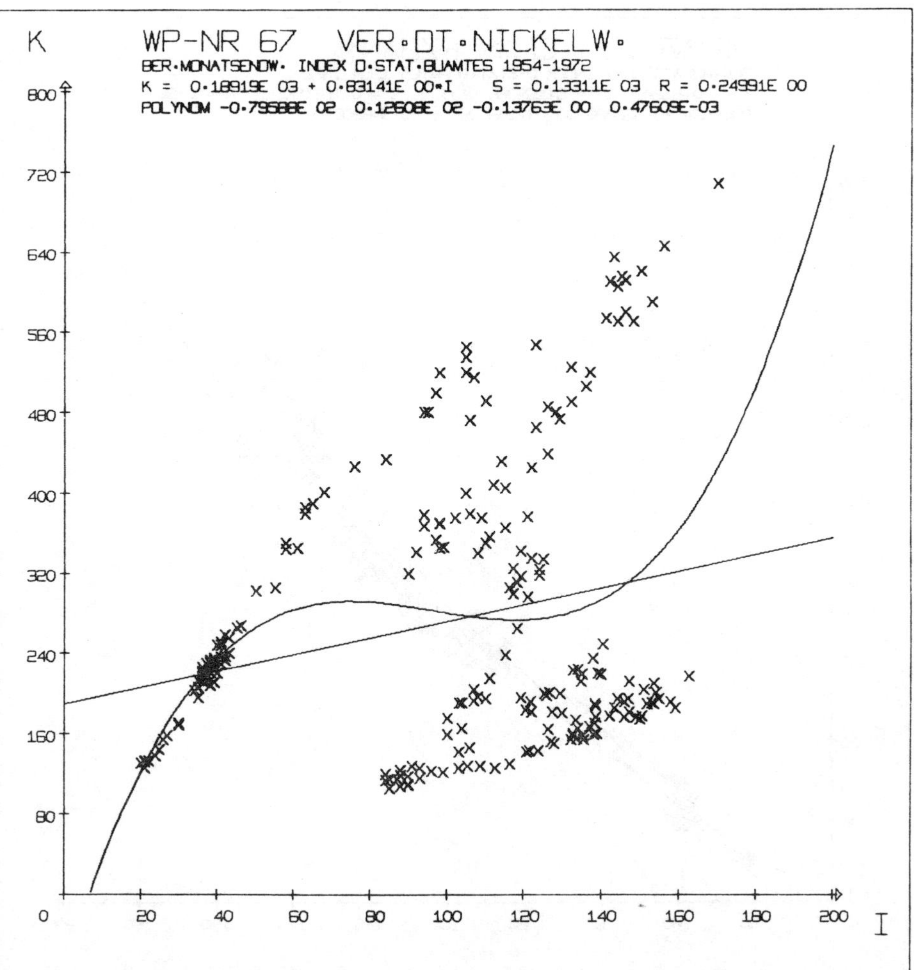
K
WP-NR 67 VER·DT·NICKELW·
BER·MONATSENDW· INDEX D·STAT·BUAMTES 1954-1972
K = 0·18919E 03 + 0·83141E 00*I S = 0·13311E 03 R = 0·24991E 00
POLYNOM -0·79588E 02 0·12608E 02 -0·13763E 00 0·47609E-03
800
720
640
560
480
400
320
240
160
80
0
20
40
60
80
100
120
140
160
180
200
I

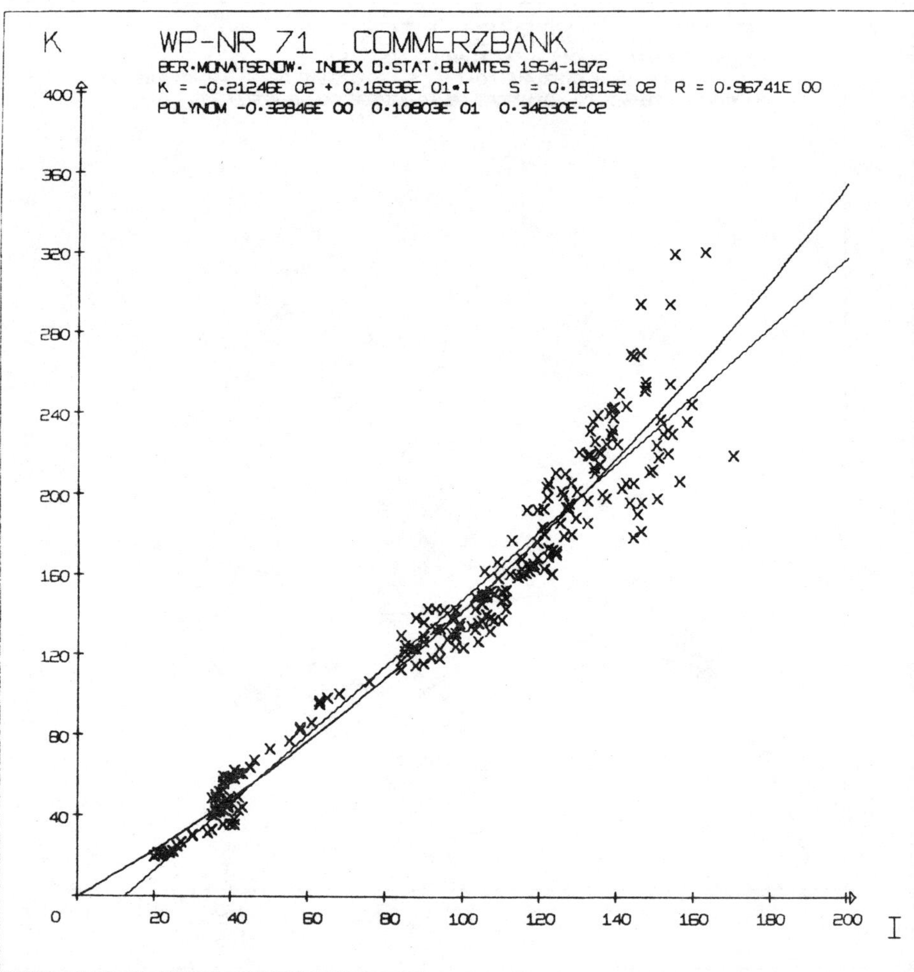
K
WP-NR 71 COMMERZBANK
BER·MONATSENDW· INDEX D·STAT·BUAMTES 1954-1972
K = -0·21246E 02 + 0·16936E 01•I S = 0·18315E 02 R = 0·96741E 00
POLYNOM -0·32846E 00 0·10803E 01 0·34630E-02
400
360
320
280
240
200
160
120
80
40
0
20
40
60
80
100
120
140
160
180
200
I

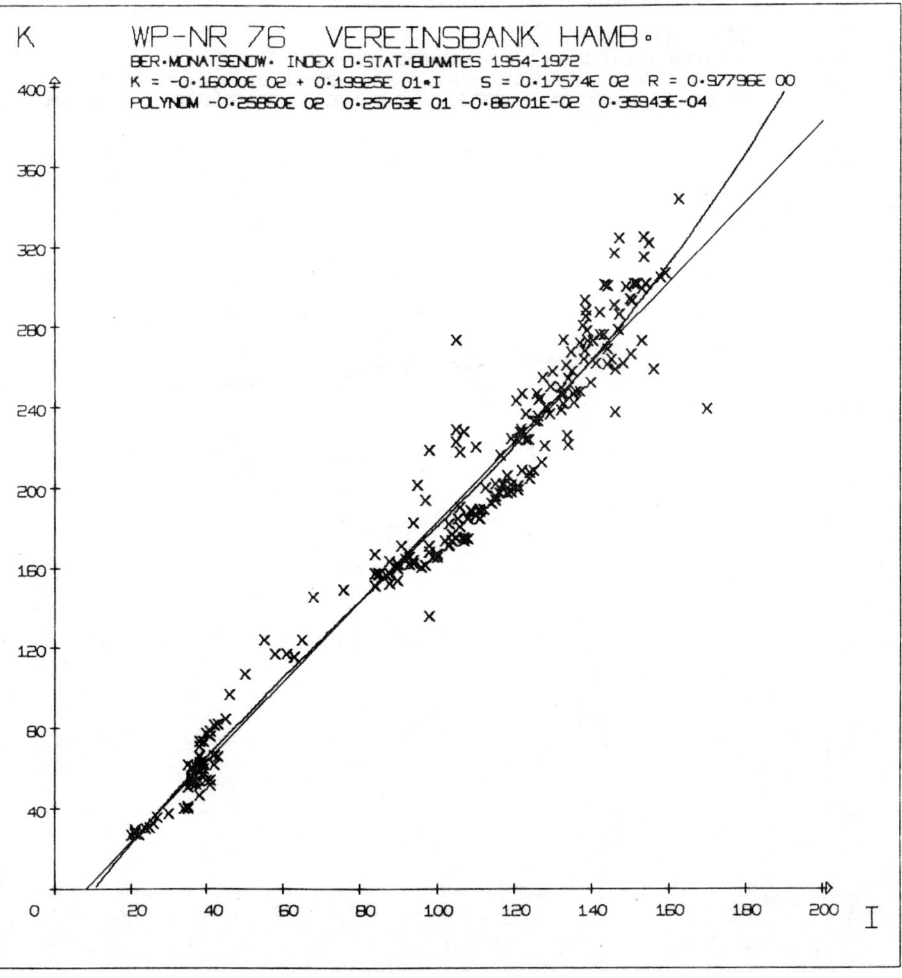
K
WP-NR 76 VEREINSBANK HAMB.
BER.MONATSENDW. INDEX D.STAT.BUAMTES 1954-1972
K = -0.16000E 02 + 0.19925E 01*I S = 0.17574E 02 R = 0.97796E 00
POLYNOM -0.25850E 02 0.25763E 01 -0.86701E-02 0.35943E-04
400
360
320
280
240
200
160
120
80
40
0
20
40
60
80
100
120
140
160
180
200
I

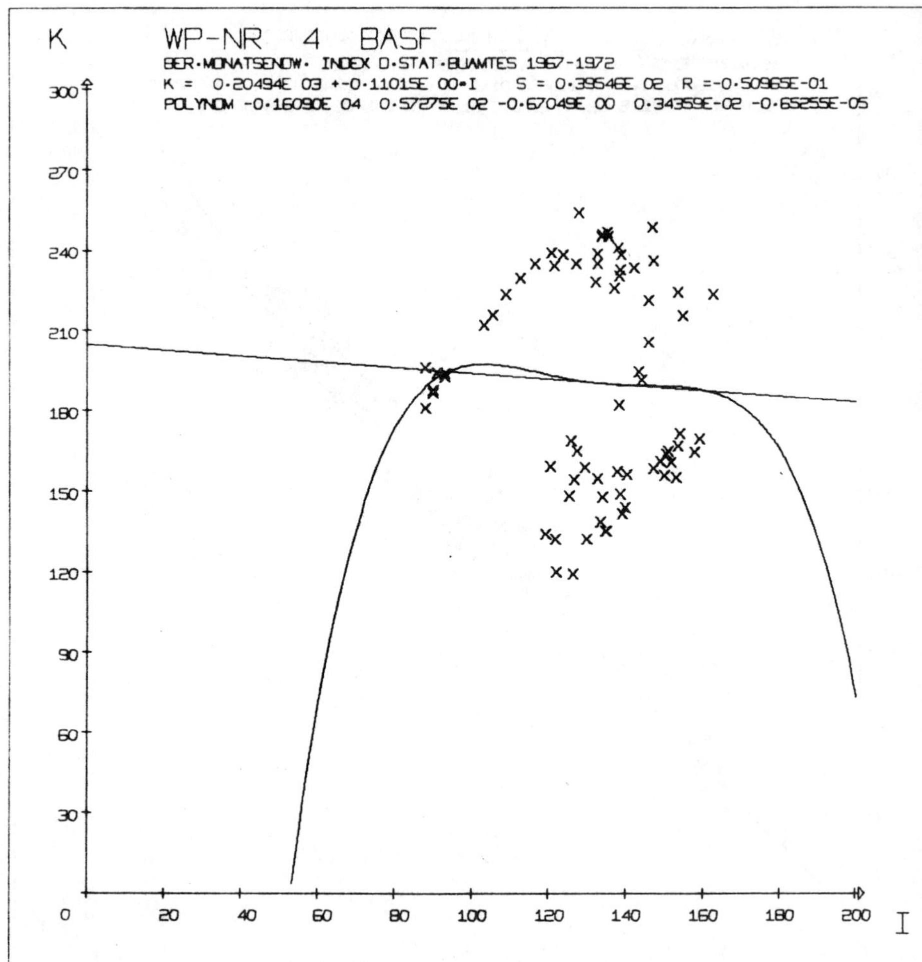
K
WP-NR 4 BASF
BER·MONATSEINKOW· INDEX D·STAT·BUAMTES 1967-1972
K = 0·20494E 03 +-0·11015E 00*I S = 0·39546E 02 R =-0·50965E-01
POLYNOM -0·16090E 04 0·57275E 02 -0·67049E 00 0·34359E-02 -0·65255E-05
300
270
240
210
180
150
120
90
60
30
0
20
40
60
80
100
120
140
160
180
200
I

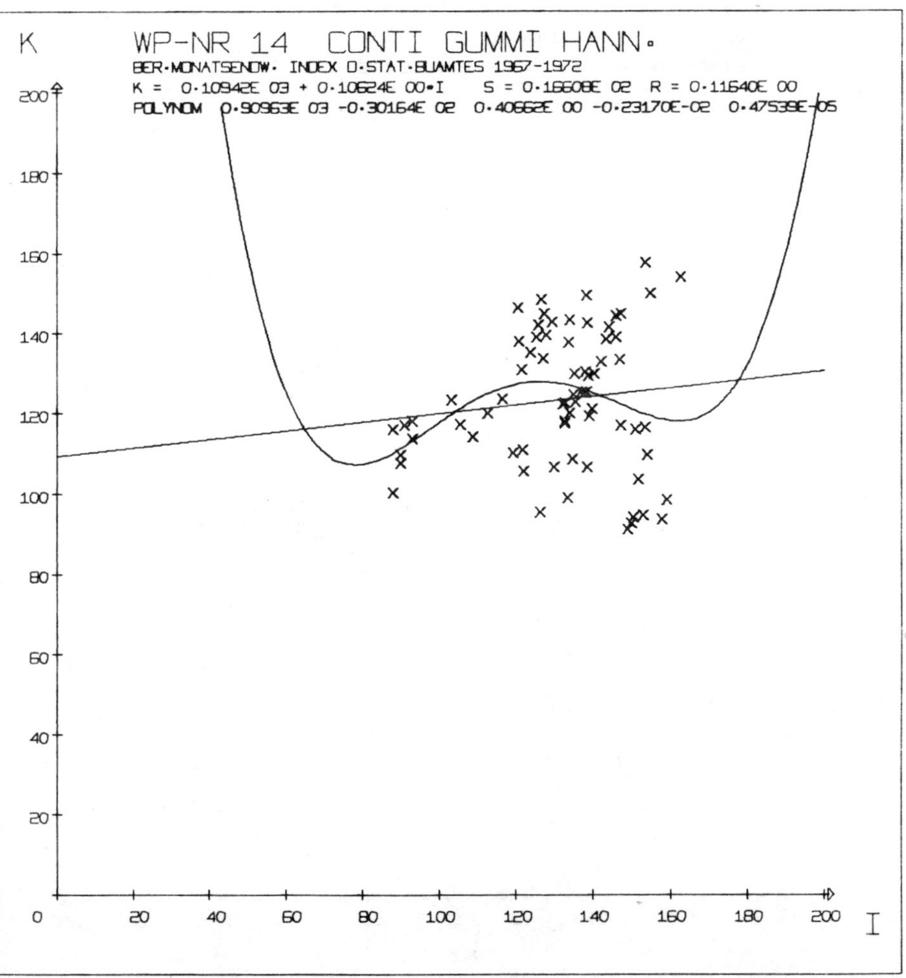
K
WP-NR 14 CONTI GUMMI HANN.
BER.MONATSENDW. INDEX D.STAT.BUAMTES 1967-1972
K = 0.10942E 03 + 0.10624E 00*I S = 0.16608E 02 R = 0.11640E 00
POLYNOM 0.90963E 03 -0.30164E 02 0.40662E 00 -0.23170E-02 0.47539E-05
200
180
160
140
120
100
80
60
40
20
0
20
40
60
80
100
120
140
160
180
200
I

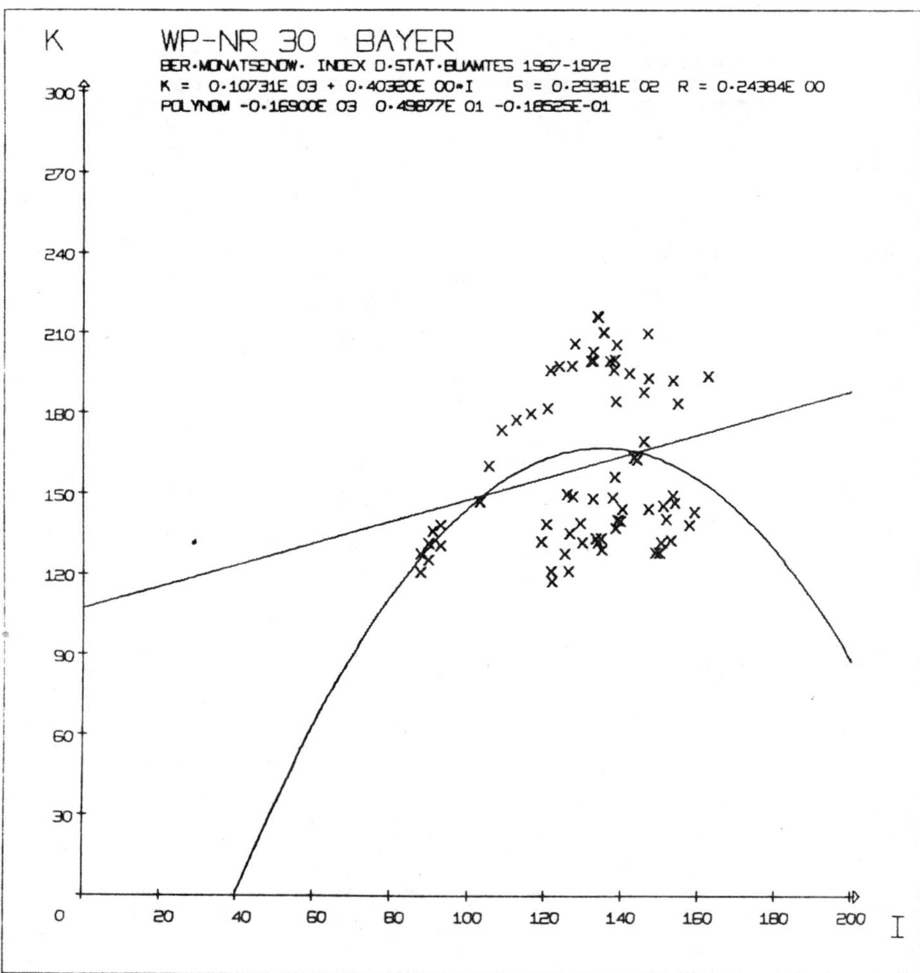
K
WP-NR 30 BAYER
BER·MONATSENDW· INDEX D·STAT·BUAMTES 1967-1972
K = 0·10731E 03 + 0·40320E 00·I S = 0·29381E 02 R = 0·24384E 00
POLYNOM -0·16900E 03 0·49877E 01 -0·18525E-01
300
270
240
210
180
150
120
90
60
30
0
20
40
60
80
100
120
140
160
180
200
I

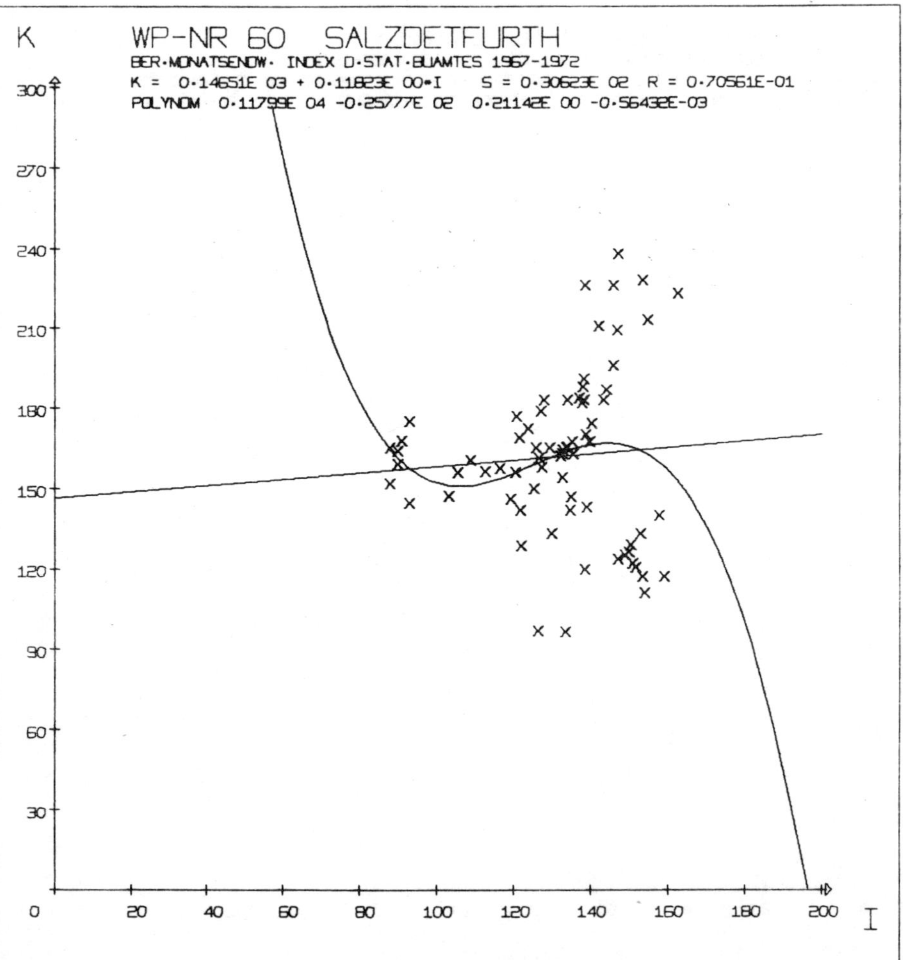

K
WP-NR 60 SALZDETFURTH
BER·MONATSENDW· INDEX D·STAT·BUAMTES 1967-1972
K = 0·14651E 03 + 0·11823E 00*I S = 0·30623E 02 R = 0·70561E-01
POLYNOM 0·11799E 04 -0·25777E 02 0·21142E 00 -0·56432E-03
300
270
240
210
180
150
120
90
60
30
0
20
40
60
80
100
120
140
160
180
200
I

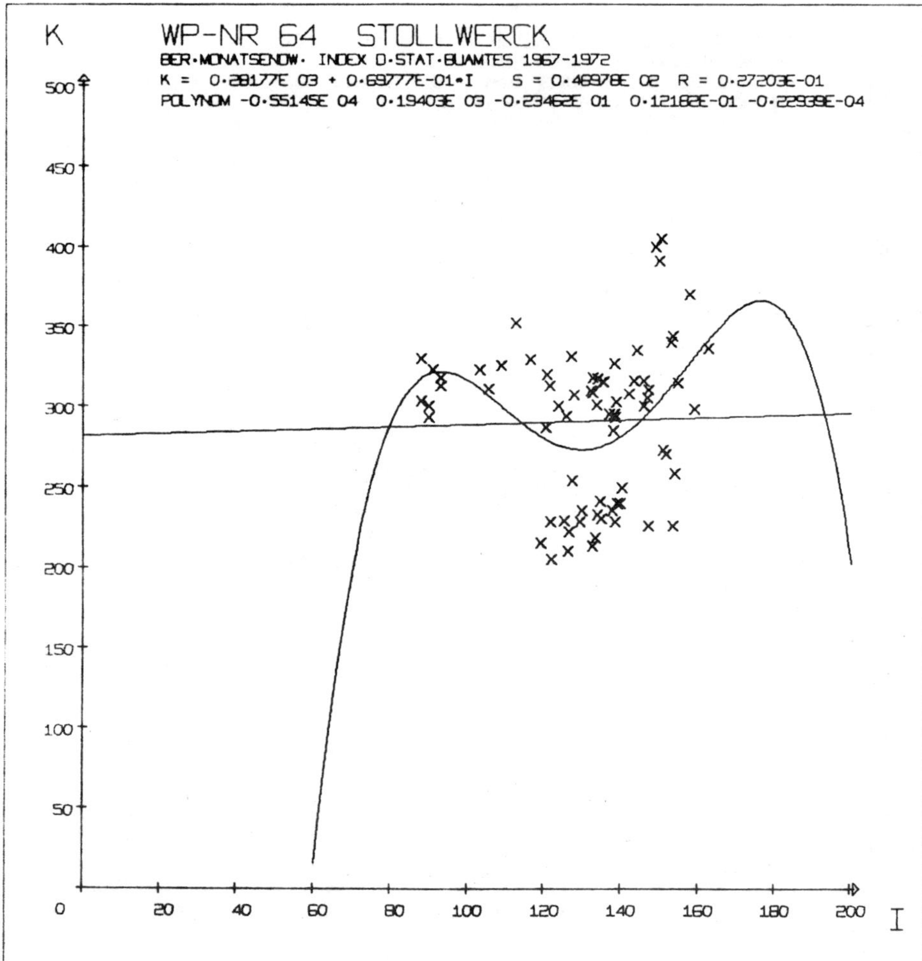
K
WP-NR 64 STOLLWERCK
BER·MONATSENDW· INDEX D·STAT·BUAMTES 1967-1972
K = 0·28177E 03 + 0·69777E-01·I S = 0·46978E 02 R = 0·27203E-01
POLYNOM -0·55145E 04 0·19403E 03 -0·23462E 01 0·12182E-01 -0·22939E-04
500
450
400
350
300
250
200
150
100
50
0
20
40
60
80
100
120
140
160
180
200
I

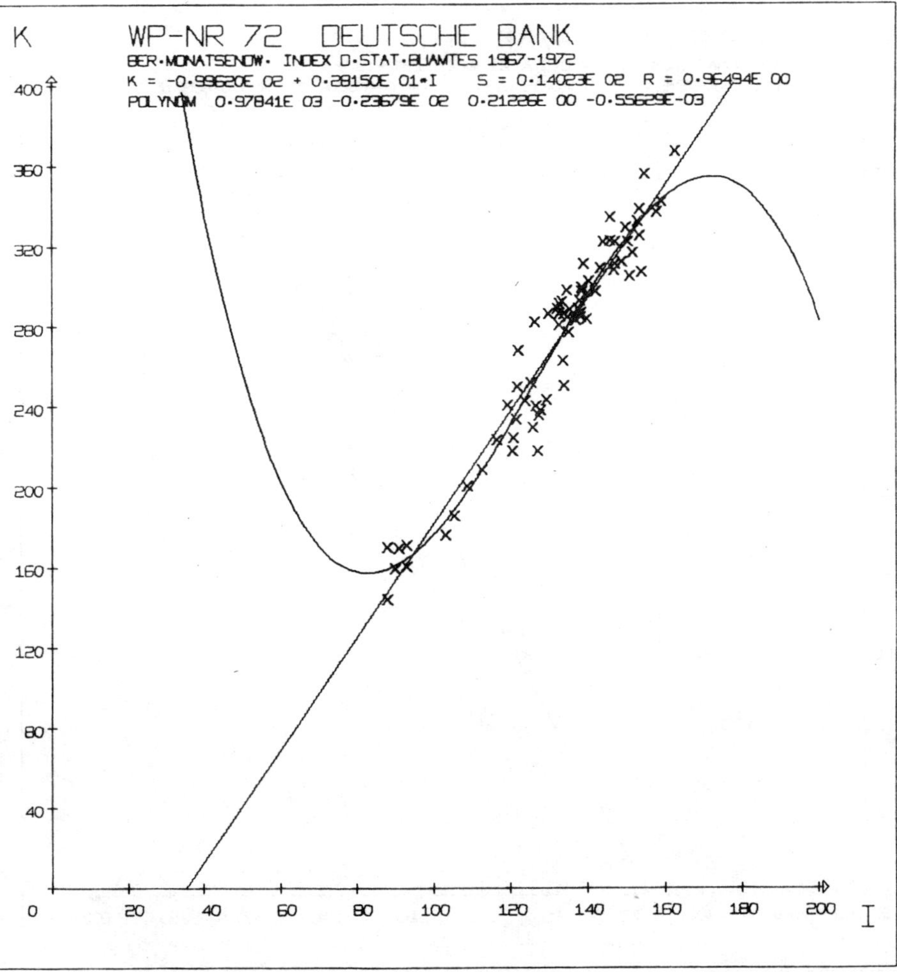
K
WP-NR 72 DEUTSCHE BANK
BER·MONATSENDW· INDEX D·STAT·BUAMTES 1967-1972
K = -0·99620E 02 + 0·28150E 01·I S = 0·14023E 02 R = 0·96494E 00
POLYNOM 0·97841E 03 -0·23679E 02 0·21226E 00 -0·55629E-03
400
360
320
280
240
200
160
120
80
40
0
20
40
60
80
100
120
140
160
180
200
I

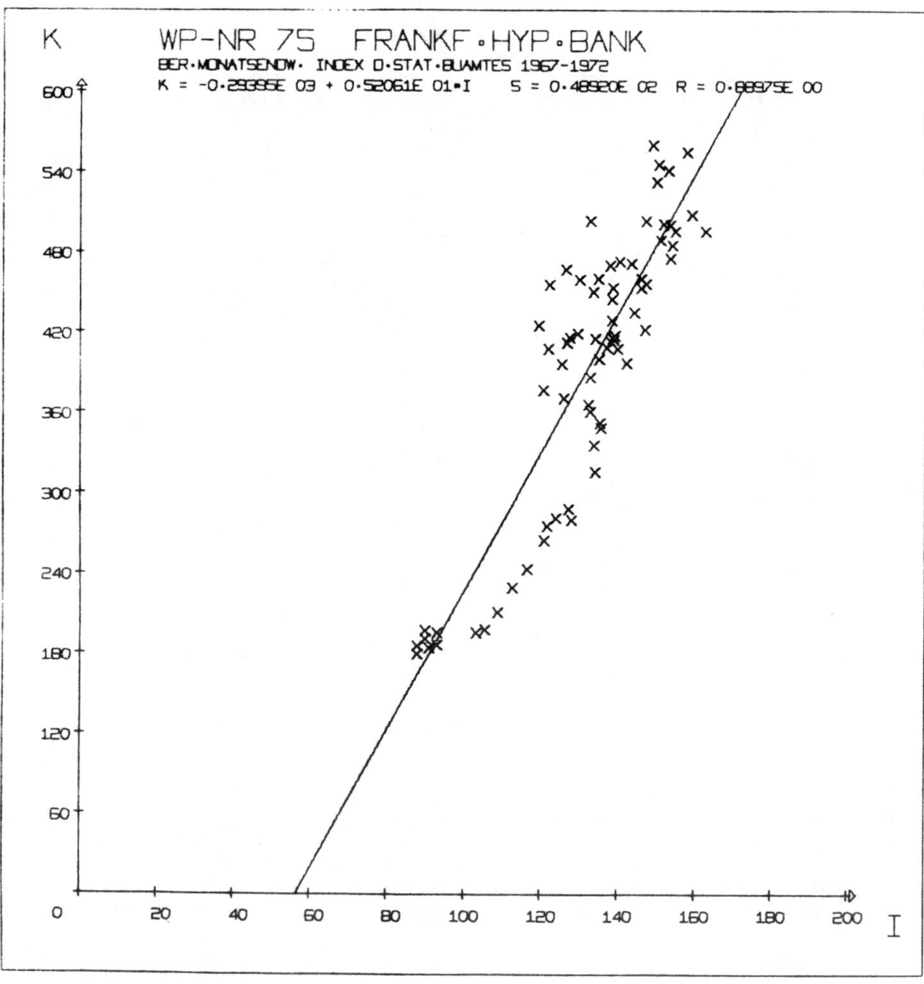
K
WP-NR 75 FRANKF·HYP·BANK
BER·MONATSENDW· INDEX D·STAT·BUAMTES 1967-1972
K = -0·29395E 03 + 0·52061E 01·I
S = 0·48920E 02
R = 0·88975E 00
600
540
480
420
360
300
240
180
120
60
0
20
40
60
80
100
120
140
160
180
200
I

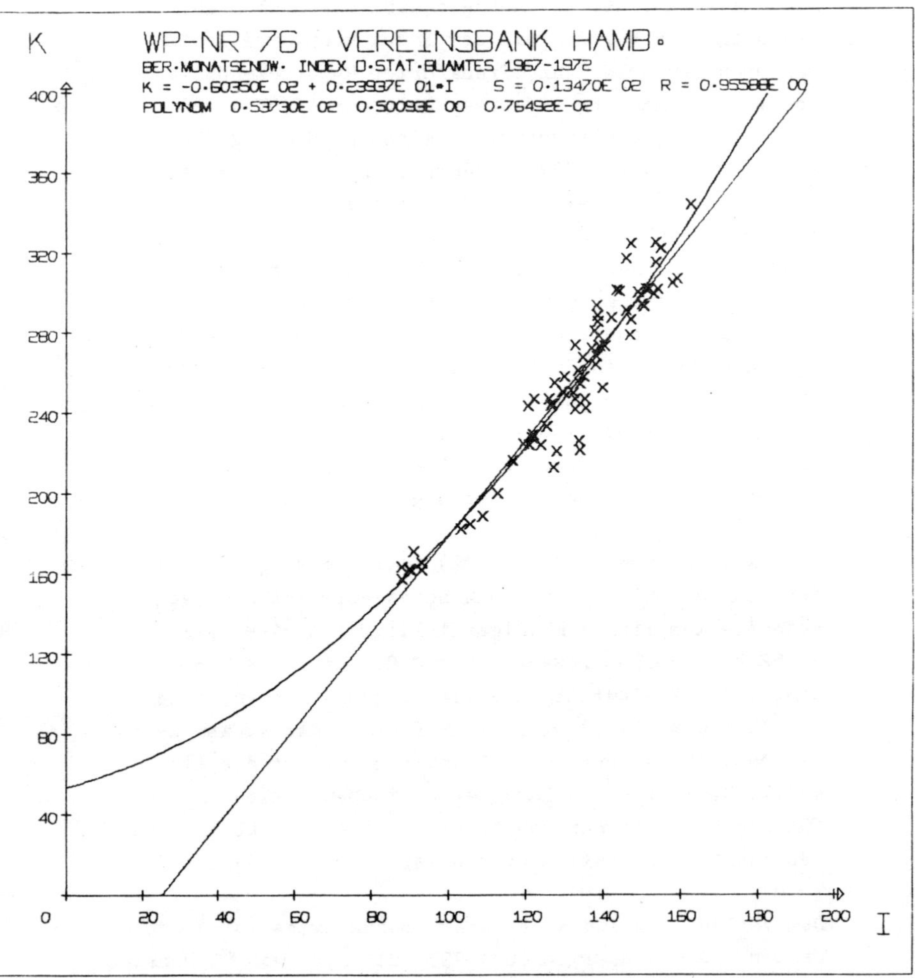
K
WP-NR 76 VEREINSBANK HAMB.
BER.MONATSENDW. INDEX D.STAT.BUAMTES 1967-1972
K = -0.60350E 02 + 0.23937E 01*I S = 0.13470E 02 R = 0.95588E 00
POLYNOM 0.53730E 02 0.50093E 00 0.76492E-02
400
360
320
280
240
200
160
120
80
40
0
20
40
60
80
100
120
140
160
180
200
I

Die Auswertung der Zeichnungen läßt den Schluß zu, daß nicht nur bei den mit dem Index hochkorrelierten Papieren Deutsche Bank, Frankfurter Hypothekenbank, Vereinsbank Hamburg im kurzen Zeitraum (1967-1972) bzw. Binding, Commerzbank, Vereinsbank Hamburg für die Jahre 1954 bis 1972,sondern auch bei Aktien mit einem kleinen Korrelationskoeffizienten BASF, Salzdetfurth, Stollwerck (1967-1972) bzw. Deutsche Steinzeug, Hoesch, Vereinigte Deutsche Nickelwerke (1954-1972) der Polynomzug im relevanten Bereich durch die Regressionsgerade approximiert werden kann, ohne gravierende Fehler in Kauf nehmen zu müssen. Besonders erwähnt seien die Aktien BASF, Deutsche Bank, Vereinsbank Hamburg (1967-1972) bzw. Klöckner-Werke, Commerzbank, Vereinsbank Hamburg (1954-1972), bei denen die beiden Funktionen nahezu deckungsgleich verlaufen.

Der lange Zeitraum (1954-1972) weist im Vergleich mit den Jahren 1967 bis 1972 ein hohes Korrelationsniveau auf; die kumulierte Häufigkeit liegt mit 31,97 bzw. 69,62 bzw. 83,54 Prozent für $r \geq 0,9$ bzw. $r \geq 0,8$ bzw. $r \geq 0,7$ eindeutig über den entsprechenden Werten von 12,5 bzw. 39,77 bzw. 57,95 Prozent des kurzen Zeitraumes[1]. Als wesentlicher Grund hierfür ist die einheitliche Kursentwicklung der deutschen Aktien in den fünfziger Jahren anzusehen, die sich natürlich in einem repräsentativen Aktienindex entsprechend niederschlägt.

Dem Verlauf des Index des Stat. Bundesamtes ist zu entnehmen[2], daß dieser im Juni 1959 die Höhe von 80 Punkten überschritten hat und danach nicht mehr unter diese Marke gefallen ist, so daß alle Indexwerte unter 80 eindeutig den Jahren 1954 bis 1959 zuzuordnen sind. Gerade für diesen Zeitraum zeigen alle Abbildungen eine Massie-

---

1 vgl. die analogen Angaben für den Index des Stat. Bundesamtes in den Tabellen 2 und 3 oben S. 112 und S. 116.
2 vgl. oben S.119.

rung von Kurs-Index-Relationen, die so stark ist, daß sie den Polynomzug entscheidend beeinflußt und von ihm entsprechend gut repräsentiert wird (Binding, Deutsche Steinzeug).

Bei der Binding-Aktie ist besonders deutlich eine Trennung der Kursentwicklung für Indexwerte unter und über 80 Punkten zu beobachten, die allerdings keinen Bruch im gesamten Kursverlauf der Aktie darstellt. Die Notierung der Deutschen Steinzeug und der Vereinigten Deutschen Nickelwerke zeigt dagegen in den fünfziger Jahren einen einheitlichen Aufwärtstrend,dessen Beziehung zu der Punktwolke der späteren Kurse nur schwer feststellbar ist. Die beiden letztgenannten Papiere sind beispielhaft für extrem unterschiedliche Kursnotierungen bei gleichen Indexwerten. Diese enormen Differenzen, die für eine Indexhöhe von z. B. 140 bei der Deutschen Steinzeug von etwa 180 bis 450 und bei den Vereinigten Deutschen Nickelwerken sogar von etwa 180 bis 600 reichen, resultieren aus abweichenden Bewertungen in verschiedenen Börsenzyklen. Die hohen Notierungen gingen in beiden Fällen mit der Hausse zu Beginn der sechziger Jahre einher, während die niedrigen Kurse in den Jahren 1967 bis 1972 auftraten.

Diese stark divergierenden Kursnotierungen bei gleichen Indexwerten in verschiedenen Börsenzyklen rufen natürlich eine große Standardabweichung hervor[1] und lassen eine Kursvorausschätzung mit Hilfe der Regressionsgeraden auf der Basis bereinigter Monatsendwerte des langen Zeitraums seit 1954 als wenig sinnvoll erscheinen. Damit wird die Entscheidung des vorhergehenden Kapitels zugunsten eines Zeitraums von vier bis sechs Jahren mit aktuellem Ausgangsmaterial, das möglichst eine volle Auf- und Abschwungphase der Börse umfassen sollte, noch einmal bestätigt[2].

---

1 Die Standardabweichung beträgt z. B. bei Deutsche Steinzeug S = 91,467,bei den Girmes-Werken S = 92,525 und bei den Vereinigten Deutschen Nickelwerken S = 133,11.

2 vgl. oben S. 118.

433 Kurs-Kurs Korrelationsanalysen für verschiedene Zeiträume

Die Kurs-Kurs Korrelationsanalysen[1] der Jahre 1954 bis 1972 und 1967 bis 1972 unterstreichen im wesentlichen die Ergebnisse der entsprechenden Kurs-Index Korrelationsanalysen: Die Korrelationskoeffizienten des langen Zeitraums (1954-1972) sind im allgemeinen höher als die der Jahre 1967 bis 1972. Für beide Zeiträume gilt, daß Wertpapiere, die hoch mit dem Index korreliert sind, auch untereinander große Korrelationskoeffizienten aufweisen. Es seien in diesem Zusammenhang die Papiere Binding, Commerzbank und Vereinsbank Hamburg für die Jahre 1954 bis 1972 mit den Korrelationskoeffizienten 0,933296; 0,945875 und 0,978969 sowie Deutsche Bank, Frankfurter Hypothekenbank und Vereinsbank Hamburg des kurzen Zeitraums (1967-1972) mit den Korrelationskoeffizienten 0,906930; 0,959518 und 0,917571[2] erwähnt. Dieselbe Aussage trifft für Aktien zu, die niedrig mit dem Index korreliert sind, auch diese Papiere z. B. Deutsche Steinzeug und Vereinigte Deutsche Nickelwerke (1954 bis 1972) sind mit r = 0,906169 hoch korreliert. Mit dem Index hoch und niedrig korrelierte Aktien dagegen sind auch untereinander niedrig korreliert. Bei Deutsche Steinzeug, Hoesch und Vereinigte Deutsche Nickelwerke z. B. sind die Korrelationskoeffizienten bezüglich der Binding-Aktie für die Jahre 1954 bis 1972 (0,222893; 0,154974; 0,248031) fast identisch mit den Kurs-Index Koeffizienten dieser Papiere (0,22873; 0,15774; 0,24991)[3].

Das von Hielscher für die Jahre 1954 bis 1966 ermittelte und im Vergleich mit den hier dargelegten Ergebnissen 1954 bis 1972 höhere Kurs-Kurs Korrelationsniveau[4] spricht für die vom Verfasser vertretene These der

---

1 Die Rechnungen wurden auf der IBM 1130 des Rechenzentrums der Wirtschafts- und Sozialwissenschaftlichen Fakultät der Universität Göttingen mit einer modifizierten Form des von Nebe angegebenen EDV-Programms durchgeführt. vgl. Nebe, a.a.O., S. 75ff.

2 vgl. diese Kurs-Kurs-Korrelationskoeffizienten mit den Kurs-Index-Korrelationskoeffizienten der angesprochenen Papiere in der Übersicht 2 oben S. 123.

3 vgl. Übersicht 2 oben S. 123.

4 Hielscher, Das optimale Aktienportefeuille... a.a.O., S. 65a.

gleichartigen Kursentwicklung in den fünfziger Jahren, die sich in dem kürzeren Zeitraum bis 1966 entsprechend stärker auswirkt.

Diese These erfährt durch die Resultate der Jahre 1967 bis 1972 insofern eine weitere Bestätigung, als die Untersuchung der Korrelationskoeffizienten auf sehr differenziert verlaufende Kursentwicklungen schließen läßt. Mit Ausnahme der Branche Banken und Versicherungen, deren Aktien ein recht einheitliches hohes Korrelationsniveau von etwa $r \geq 0,7$ aufweisen, sind in den übrigen Branchen teilweise erhebliche Unterschiede zwischen den einzelnen Papieren zu beobachten. Innerhalb der Chemiebranche z. B. besteht zwischen den Farbennachfolgern BASF, Bayer und Farbwerke Hoechst mit jeweils $r > 0,9$ eine sehr enge Beziehung, während für BASF und Farbwerke Hoechst im Verhältnis zu Schering mit $r = -0,186727$ bzw. $r = -0,006577$ sogar gegensätzliche Kursbewegungen feststellbar sind. Von den Automobilwerten zeigen BMW und Daimler Benz mit $r = 0,976517$ eine sehr ähnlich verlaufende Kursentwicklung, die sich jedoch von der der VW-Aktie mit $r = 0,126105$ bzw. 0,143983 in beiden Fällen stark unterscheidet.

Die Kurs-Kurs-Korrelationskoeffizienten geben Auskunft, welche Papiere im Hinblick auf die Zielsetzung des Investors auszuwählen bzw. nicht auszuwählen sind. Bei Verfolgung z. B. der Zielsetzung der Risikominimierung ist es wenig sinnvoll, nur in hochkorrelierte Aktienwerte wie z. B. die Farbennachfolger zu investieren, weil diese eine fast identische Kursentwicklung aufweisen. Anstatt Aktien aller drei Gesellschaften zu kaufen, wäre es zweckmäßig, sich auf eine Gesellschaft zu konzentrieren und den Rest des zu investierenden Betrag auf Aktienwerte zu verteilen, die mit dem ausgewählten Farbennachfolger weniger hoch korreliert sind. Auf diese Weise erhält der Investor eine Mischung sehr verschieden korrelierter Papiere, die durchaus unterschiedliche Kursverläufe nehmen können, so daß evtl. auftretende Kursverluste einiger Papiere durch mögliche Kursgewinne anderer Aktien gemildert werden.

5 Empirische Tests innerhalb des Basiszeitraums 1967 - 1972

Wie bereits in der Einführung angedeutet sind die empirischen Tests dieser Arbeit auf der Basis von ex post-Daten als simulierte ex-ante-Berechnungen unter der Annahme vollkommener Voraussicht bezüglich der Indexwerte durchgeführt worden. Die Verwendung der den einzelnen Zeitpunkten entsprechenden echten Indexhöhen erlaubt einen Vergleich der "vorausgeschätzten" Resultate der Portefeuilles mit den tatsächlich eingetretenen, die bei Realisierung der Mischungen zu erzielen gewesen wären[1].

Da die Verwendung der echten Indexhöhen keine realistische Vorgehensweise darstellt, wird am Ende dieses Kapitels 5 die Annahme vollkommener Voraussicht fallengelassen, um die Auswirkungen von Schätzfehlern sowohl beim Indexstand als auch bei der Indexstandardabweichung auf die Fondsbildung zu untersuchen.

51 Präsentation der Portfolio Selection Programme an einem 9-Wertpapierbeispiel

511 Ergebnisse der STADIX-Programmversionen

Von den STADIX-Programmversionen liefern das Index- und Diagonalmodell erwartungsgemäß bei gleichen Ausgangsdaten übereinstimmende Ergebnisse[2]. Da das einzige Papier mit einem negativen Steigmaß (X6 BERG) nicht gleichzeitig den größten Einzelertrag beinhaltet, tritt eine Abweichung der ersten Portefeuilles zwischen dem Index- und Diagonalmodell wie sie bei den Tests 40A und 40B zu verzeichnen war[3], nicht auf.

---

1 vgl. oben S. 3.
2 vgl. Test 50B und 50C im Anhang S. A15.
3 vgl. Test 40A und 40B im Anhang S. A12 und S. A13.

Mischung des Corner-Portefeuilles 1 (T st 50B und C[1])

X(1)	VART	=	0,000	Prozent
X(2)	BASF	=	100,000	"
X(3)	BAVA	=	0,000	"
X(4)	BMW	=	0,000	"
X(5)	BEID	=	0,000	"
X(6)	BERG	=	0,000	"
X(7)	BEMO	=	0,000	"
X(8)	BBC	=	0,000	"
X(9)	DAIM	=	0,000	"
	Gesamt	=	100,000	Prozent

Mischung des varianzminimalen Portefeuilles (Test 50B und C[1])

X(1)	VART	=	14,536	Prozent
X(2)	BASF	=	4,073	"
X(3)	BAVA	=	16,497	"
X(4)	BMW	=	8,151	"
X(5)	BEID	=	17,370	"
X(6)	BERG	=	7,179	"
X(7)	BEMO	=	5,672	"
X(8)	BBC	=	7,921	"
X(9)	DAIM	=	18,601	"
	Gesamt	=	100,000	Prozent

Beide Programmversionen führen vom ersten bis zum letzten Portefeuille zu gleichen Mischungen und damit auch zu identischen Erträgen und Standardabweichungen. Die Summe der Varianzen und Kovarianzen des Indexmodells

---

1 Der Dummy "Index" des Diagonalmodells (Test 50C) ist nicht mit aufgeführt.

addieren sich - abgesehen von Rundungsungenauigkeiten - zu denselben Portefeuillevarianzen wie das indexunabhängige und indexabhängige Risiko des Diagonalmodells. Da durch den Dummy "Index" nicht nur der Wegfall der Kovarianzen, sondern auch des kapitalmarktabhängigen Teils der Einzelvarianzen ausgeglichen wird[1], nimmt das indexabhängige Risiko schon im ersten Portefeuille des Diagonalmodells einen positiven Wert an, während die Summe der Kovarianzen im entsprechenden Portefeuille des Indexmodells Null beträgt[2].

Hinsichtlich des Ertrages weist das erste Portefeuille mit 43,979 bzw. 7,292 Prozent zwischen errechneter und tatsächlicher Größe eine erhebliche Differenz auf, die sich allerdings in den folgenden Mischungen laufend verringert, bis sie im letzten Portefeuille mit 8,769 bzw. 5,853 Prozent einen Wert von etwa drei Prozentpunkten erreicht.[3] Diese Abweichung ist in Anbetracht der kleinen Zahl von neun Papieren und der Unterschiede zwischen den errechneten und tatsächlichen Einzelerträgen bei einer Standardabweichung des varianzminimalen Portefeuilles von rund sechs Prozent als annehmbar zu bezeichnen.

Bereits anhand dieses kleinen 9-Wertpapierbeispiels dokumentiert sich die Art der Risikominimierung des Algorithmus, indem mit der Verringerung der Standardabweichung eine Angleichung der beiden Portefeuilleertragsgrößen einhergeht, bis diese im varianzminimalen Portefeuille nahezu gleich groß sind.

Obwohl die praktische Einsatzfähigkeit des Standardmodells im Kapitel 21 dieser Arbeit bezweifelt worden ist, soll das Modell aus Gründen der Vollständigkeit an dem für das Index- und Diagonalmodell verwendeten

1 vgl. oben S. 54.
2 vgl. hierzu die Darstellung der Testbeispiele 10A und 10C oben S. 76ff.
3 vgl. Test 50B und 50C im Angang S. A15.

9-Wertpapierbeispiel vorgestellt werden. Um eine weitgehende Vergleichbarkeit der drei Modelle zu erreichen, ist folgendermaßen vorgegangen worden:

1. Die im Index- bzw. Diagonalmodell errechneten Wertpapiererträge werden als Einzelerträge für das Standardmodell übernommen.

2. Die Varianzen entstehen aus den Standardabweichungen der Regressionsgeraden und sind mit den Werten der Hauptdiagonalen (kapitalmarktunabhängiges Risiko) der Varianz-Kovarianz-Matrix des Diagonalmodells identisch.

3. Als Voraussetzung zur Berechnung der Kovarianzen sind Kurs-Kurs Korrelationskoeffizienten der Jahre 1967 bis 1971 gebildet[1] und gemäß (21.7) mit den Standardabweichungen der Regressionsgeraden der einzelnen Papiere multipliziert worden.

---

1 vgl. oben S. 142.

Varianz-Kovarianz-Matrix (Test 50A)

	1	2	3	4	5	6	7	8	9	10
1	1.9574	-1.9374	1.7734	2.0910	1.3865	-2.1037	-1.4143	-0.0443	1.5022	1.0000
2	-1.9374	8.5969	-2.6776	-1.0308	-0.2986	5.0296	5.8965	4.7564	-0.6460	1.0000
3	1.7734	-2.6776	1.9277	1.8487	1.2665	-2.4546	-2.1256	-0.5427	1.2916	1.0000
4	2.0910	-1.0308	1.8487	2.9605	1.9576	-2.5311	-1.6613	0.7686	1.9737	1.0000
5	1.3865	-0.2986	1.2665	1.9576	1.5935	-1.6050	-0.8684	0.8358	1.3451	1.0000
6	-2.1037	5.0296	-2.4526	-2.5311	-1.6050	5.5227	4.9091	2.0661	-1.5810	1.0000
7	-1.4143	5.8965	-2.1256	-1.6613	-0.8684	4.9091	6.2773	3.3694	-0.9334	1.0000
8	-0.0443	4.7564	-0.5427	0.7686	0.8358	2.0661	3.3694	3.8381	0.5807	1.0000
9	1.5022	-0.6460	1.2916	1.9737	1.3451	-1.5810	-0.9334	0.5807	1.4015	1.0000
10	1.0000	1.0000	1.0000	1.0000	1.0000	1.0000	1.0000	1.0000	1.0000	0.0000

Varianz-Kovarianz-Matrix (Test 50B)

	1	2	3	4	5	6	7	8	9	10
1	2.0543	0.0194	0.0573	0.1479	0.1060	-0.0352	0.0125	0.0739	0.1250	1.0000
2	0.0194	8.6008	0.0115	0.0296	0.0212	-0.0070	0.0025	0.0148	0.0250	1.0000
3	0.0573	0.0115	1.9617	0.0876	0.0627	-0.0208	0.0074	0.0437	0.0740	1.0000
4	0.1479	0.0296	0.0876	3.1863	0.1618	-0.0537	0.0191	0.1128	0.1908	1.0000
5	0.1060	0.0212	0.0627	0.1618	1.7095	-0.0385	0.0137	0.0808	0.1368	1.0000
6	-0.0352	-0.0070	-0.0208	-0.0537	-0.0385	5.5354	-0.0045	-0.0268	-0.0454	1.0000
7	0.0125	0.0025	0.0074	0.0191	0.0137	-0.0045	6.2789	0.0095	0.0161	1.0000
8	0.0739	0.0148	0.0437	0.1128	0.0808	-0.0268	0.0095	3.8945	0.0953	1.0000
9	0.1250	0.0250	0.0740	0.1908	0.1368	-0.0454	0.0161	0.0953	1.5628	1.0000
10	1.0000	1.0000	1.0000	1.0000	1.0000	1.0000	1.0000	1.0000	1.0000	0.0000

Auf diese Weise ist eine Varianz-Kovarianz-Matrix (Test 50A) entstanden, die in ihrer Struktur erheblich von der des Indexmodells (Test 50B) abweicht. Die Matrix des Standardmodells spiegelt durch das häufige und unregelmäßige Auftreten der negativen Kovarianzen die in diesem Zeitraum sehr unterschiedlichen Kursnotierungen der deutschen Aktien wider[1]. Auffällig sind weiterhin hohe positive und negative Kovarianzen, die in ihrer absoluten Höhe häufig die Einzelvarianzen übertreffen.

Im Indexmodell dagegen liegen die positiven Kovarianzen auf einem relativ einheitlichen sehr viel niedrigerem Niveau eindeutig unter den Varianzwerten. Negative Kovarianzen treten in diesem Modell nur bei Papieren mit negativen Steigmaß auf, dann allerdings bezüglich aller anderen ein positives Steigmaß aufweisenden Papiere[2].

Mischung des varianzminimalen Portefeuilles (Test 50A)

X(1)	VART	=	0,000	Prozent
X(2)	BASF	=	0,000	"
X(3)	BAVA	=	48,190	"
X(4)	BMW	=	0,000	"
X(5)	BEID	=	10,032	"
X(6)	BERG	=	33,177	"
X(7)	BEMO	=	0,000	"
X(8)	BBC	=	0,000	"
X(9)	DAIM	=	8,599	"
	Gesamt	=	100,000	Prozent

Das Standardmodell liefert unter Berücksichtigung von nur fünf (X2, X3, X5, X6, X9) der neun Papiere insgesamt sechs Portefeuilles[3], von denen die Mischung des

1 vgl. oben S. 143.
2 vgl. X6 BERG in der Varianz-Kovarianz-Matrix (Test 50B) oben S. 148.
3 Die Mischung des ersten Portefeuilles ist mit denen des Index- und Diagonalmodells identisch. vgl. Test 50A, 50B und 50C im Anhang S. A14 und S. A15.

varianzminimalen Portefeuilles nur vier Papiere enthält. Index- und Diagonalmodell zeigen eine stärkere Diversifikation, indem alle neun Papiere gemeinsam im varianzminimalen Portefeuille auftreten und kommen damit bei diesem 9-Wertpapierbeispiel dem Gedanken der "Wertpapiermischung" näher als das Standardmodell.

Diese Aussage kann und soll bei Zugrundelegung nur eines Testbeispiels keinen Anspruch auf Allgemeingültigkeit erheben; das Standardmodell sollte lediglich an einem Beispiel in seiner Eigenart demonstriert werden.

512 Lösung mit dem WOLFE-Programm

Die Zielfunktion des Standardmodells (21.1) kann nach Erweiterung mit der parametrisch einzuhaltenden Beschränkung (21.2) auch in der Form

(512.1) $$V_p = \sum_{i=1}^{n} \sum_{j=1}^{n} x_i x_j c_{ij} - \lambda \sum_{i=1}^{n} x_i \mu_i \longrightarrow \text{Min!}$$

geschrieben werden. Da die übrigen Nebenbedingungen

(21.3) $$\sum_{i=1}^{n} x_i = 1$$

$$x_i \geq 0 \qquad (i=1,\ldots,n)$$

hiervon unberührt bleiben, weist das Standardmodell dieselbe Struktur auf, wie der WOLFE-Algorithmus[1]:

---

1 Wolfe, a.a.O., S. 383, vgl. oben S. 88.

(512.2) $$V_p = \sum_{i=1}^{n} \sum_{j=1}^{n} x_i x_j c_{ij} - \bar{\mu} \sum_{i=1}^{n} x_i \mu_i \longrightarrow \text{Min!}$$

(512.3) $$\sum_{i=1}^{n} x_i \geq 1$$

(512.4) $$\sum_{i=1}^{n} x_i \leq 1$$

$$x_i \geq 0 \qquad (i=1,\ldots,n)$$

Unterschiede zwischen beiden Problemformulierungen bestehen lediglich in der Bezeichnung der Parameter λ und $\bar{\mu}$, die jedoch nur rein formaler Natur ist und in der Ersetzung der Gleichung (21.3) durch die beiden Ungleichungen (512.3) und (512.4). Im WOLFE-Programm können Gleichheitsbeziehungen nur über diesen Umweg ausgedrückt werden.

Im Test 50D ist das 9-Wertpapierbeispiel des Indexmodells (Test 50B) mit der kurzen Form des WOLFE-Programms ohne lineare Glieder (Einzelerträge der Wertpapiere) nachgerechnet worden. Da in diesem Falle nur der quadratische Term der Zielfunktion (512.2) zu minimieren ist und die Optimallösung des Markowitz-Algorithmus (varianzminimales Portefeuille) für $\lambda = 0$, also ebenfalls bei Wegfall des zweiten Terms der Zielfunktion (512.1) erreicht wird[1], führen beide Verfahren zu derselben Optimallösung[2]:

---

1 vgl. oben S. 12.
2 Das WOLFE-Programm gibt die Variablen als relative Größen an. vgl. hierzu das varianzminimale Portefeuille (Test 50B) oben S. 145.

Lösung des quadratischen Programms (Test 50D)

X(1) = 0,145
X(2) = 0,040
X(3) = 0,164
X(4) = 0,081
X(5) = 0,173
X(6) = 0,071
X(7) = 0,056
X(8) = 0,079
X(9) = 0,186

Die Möglichkeit, mit dem WOLFE-Programm neben dem varianzminimalen Portefeuille auch alle übrigen Portefeuilles zu ermitteln, soll an dem kleineren Test 10A aufgezeigt werden. Zu diesem Zweck verwendet man die lange Form des WOLFE-Verfahrens und läßt sich in der dritten Phase die Zwischentableaus ausgeben.

Test 50E nimmt in der MY-Spalte des Ausgangstableaus die Wertpapiererträge (linearer Teil der Zielfunktion) auf, die jedoch bis zum Endtableau der zweiten Phase unberücksichtigt bleiben. Aus diesem Grunde stimmt der Lösungsvektor (T-Spalte), der im Ausgangstableau der dritten Phase wieder aufgenommen wird, mit dem varianzminimalen Portefeuille des Tests 10A überein.

Das erste Zwischentableau der dritten Phase enthält in der T-Spalte die Variablen X2 bis X5 in gleicher Höhe wie die Mischung des vorletzten (vierten) Portefeuilles des Tests 10A[1].

1 vgl. Corner-Portefeuille 4 (Test 10A) oben S. 80.

Lösungsvektor des zweiten Zwischentableaus der 3. Phase (Test 50E)

X(1) = 0,000
X(2) = 0,061
X(3) = 0,414
X(4) = 0,246
X(5) = 0,278

Nach dem zweiten Zwischentableau erfolgt für einen MY-Wert von 4,134 ein Abbruch der Rechnung.

Wird dasselbe Beispiel noch einmal ohne die "Größer-Gleich-Restriktion" (512.3) durchgerechnet, so knüpft der Algorithmus im fünften Zwischentableau mit MY = 4,134 genau an der Stelle des Abbruchs wieder an und liefert im sechsten bis achten Zwischentableau die übrigen Portefeuilles des Tests 10A in rückwärtiger Reihenfolge bis hin zur ertragsmaximalen Ausgangslösung, in der X2 mit einem Anteil von 1 bzw. 100 Prozent vertreten ist[1].

Die an das achte Zwischentableau anschließende Parametrisierung des linearen Teils der Zielfunktion[2], die bei dem vorliegenden Programm in Form einer schrittweisen Erhöhung des MY-Wertes um 1 durchgeführt wird, ist für die Portfolio Selection Theorie von geringer Bedeutung, weil sie nur zwischen den beiden zuletzt in der Lösung befindlichen Variablen X2 und X3 vorgenommen wird.

Erwähnt werden muß noch, daß die MY-Werte der Zwischentableaus doppelt so groß sind, wie die Lambda-Werte der entsprechenden Corner-Portefeuilles. Für das Corner-

---

1 vgl. Corner-Portefeuille 1 (Test 10A) oben S. 79.
2 vgl. oben S. 88.

Portefeuille 4 (Test 10B) z. B. beträgt λ = 1,37172 und für den entsprechenden Schritt im WOLFE-Algorithmus (erstes Zwischentableau der dritten Phase des Tests 50E) nimmt μ den Wert 2,743 an. Dieser Umstand beruht auf der Differentiation der Zielfunktion im WOLFE-Algorithmus, wodurch sich die Koeffizienten des quadratischen Teils verdoppeln.

Die Vor- und Nachteile des Markowitz- und WOLFE-Algorithmus sollen im Rahmen dieser Arbeit nicht gegeneinander abgegrenzt werden, Mit der Anwendung des WOLFE-Programms sollte lediglich gezeigt werden, daß Wertpapiermischungen auch mit anderen Verfahren der quadratischen Optimierung berechenbar sind.

513 Leistungsfähigkeit des Programms "Optimale Wertpapiermischungen mit dem IBM System/360"

Das IBM/360-Programm benötigt als Input-Daten für jedes Papier neben der Dividende und dem Kaufkurs neun Kurse wie in Abb. 6 angegeben und außerdem die Indexhöhe und -standardabweichung[1]. Während die Indexwerte, Dividenden und Kaufkurse des Tests 50B bzw. 50C für das IBM/360-Programm direkt übernommen werden können, verbleibt das Problem der neunfachen Kursbildung pro Papier. Um die Ergebnisse der linearen Regressionsanalyse, die die Rechengrundlage des Index- und Diagonalmodells bilden auch im IBM/360-Programm zur Anwendung zu bringen, sind die drei "erwarteten" Kurse durch Einsetzen der Größen Indexstand - Standardabweichung, Indexstand und Indexstand + Standardabweichung in die Regressionsgerade festgelegt worden. Die drei "hohen" und die drei "niedrigen"

---

1 vgl. oben S. 89ff.

Kurse haben sich dann durch Addition bzw. Subtraktion der "Regressionsstandardabweichung" mit den "erwarteten" Kursen ergeben.

Die bei der Datentransformation aus den neun Kursen entwickelten drei Geraden[1] müssen bei dieser Vorgehensweise eine Parallelenschar bilden, die die typischen Größen der für die STADIX-Programmversionen durchgeführten linearen Regressionsanalyse beinhalten. Und tatsächlich errechnet das IBM/360-Programm für das entsprechend modifizierte 9-Wertpapierbeispiel - abgesehen von Rechenungenauigkeiten - dieselben Ergebnisse wie das Index- und Diagonalmodell. Sowohl die Einzelrenditen und -standardabweichungen als auch die Mischungen mit den zugehörigen Portefeuilleerträgen und -standardabweichungen des Tests 50G[2] stimmen mit denen der Tests 50B und 50C überein.

Die Wertpapierstandardabweichungen des Tests 50G unterteilen sich in eine "Einzel-" und eine "Gesamtstandardabweichung", die identisch sind mit der Quadratwurzel des kapitalmarktunabhängigen Teils der Einzelvarianzen bzw. mit der Quadratwurzel der gesamten Einzelvarianz des Indexmodells.

Das IBM/360-Programm leitet bei der Datentransformation aus den drei Geraden für jedes Papier eine Renditefunktion in Relation zum Index ab. Die Wertpapierrendite ergibt sich durch Addition der beiden Koeffizienten "Steigung" und "Abschnitt", so daß für den Index a_{n+1}

---

1 vgl. oben S. 90.
2 vgl. Test 50G auf den folgenden beiden Seiten.

OPTIMALE WERTPAPIERMISCHUNGEN MIT DEM IBM SYSTEM/360 SEITE 1
TEST 50G - DEZ. 1971 BIS JAN. 1972, REGRESSIONSANALYSE 1967 BIS 1971
INDEXWERT 138.500
STD.-ABW. 3.000

WERT-PAPIER-NAME	ERWARTETE RENDITE IN %	STANDARDABWEICHUNG EINZEL	STANDARDABWEICHUNG GESAMT	RELATION ZUM INDEX STEIGUNG	RELATION ZUM INDEX ABSCHNITT	HOECHSTER ZUGEBILLIGTER ANTEIL IN%	DERZEIT BESTAND IN%	TAGES-KURS
VART	-8.65	13.99	14.33	1.4319	-1.5184	100.00	.00	448.00
BASF	44.00	29.32	29.33	.2723	.1676	100.00	.00	138.50
BAVA	-8.22	13.88	14.01	.8477	-.9299	100.00	.00	350.00
BMW	16.45	17.20	17.85	2.1857	-2.0212	100.00	.00	161.00
BEIO	20.63	12.62	13.07	1.5666	-1.3603	100.00	.00	865.00
BERG	-.15	23.50	23.53	-.5211	.5196	100.00	.00	226.00
BEMO	4.63	25.05	25.06	.1847	-.1365	100.00	.00	124.50
BBC	33.11	19.59	19.73	1.0921	-.7610	100.00	.00	158.80
DAIM	9.58	11.84	12.50	1.8477	-1.7519	100.00	.00	262.40

WERS
FURPUR 0025-11/19-20:13

OPTIMALE WERTPAPIERMISCHUNGEN MIT DEM IBM SYSTEM/360
TEST SOG - DEZ. 1971 BIS JAN. 1972,REGRESSIONSANALYSE 1967 BIS 1971

ERWARTETE RENDITE	44.00*	38.08*	33.20*	29.11*	27.26*	25.38*	21.55*	20.42*	8.77*
STANDARDABWEICHUNG	29.33	17.17	12.96	10.43	9.59	8.85	7.69	7.44	6.05
ERW.RND.-1 STD.ABW.	14.67	20.91	20.24	18.68	17.67	16.53	13.86	12.98	2.72
ERW.RND.+1 STD.ABW.	73.33	55.25	46.16	39.54	36.85	34.23	29.24	27.86	14.82

* WERTPAPIERMISCHUNG AM KRITISCHEN PUNKT

VART	.00	.00	.00	.00	.00	.00	.00	.00	14.53
BASF	100.00	45.61	31.24	21.18	18.39	15.83	11.41	10.63	4.08
BAVA	.00	.00	.00	.00	.00	.00	.00	2.21	16.49
BMW	.00	.00	.00	11.01	11.79	12.19	12.30	12.01	8.15
BEID	.00	.00	26.52	35.86	34.89	33.47	30.00	28.90	17.37
BERG	.00	.00	.00	.00	.00	.00	4.18	4.63	7.18
BEMO	.00	.00	.00	.00	.00	1.83	4.42	4.65	5.67
BBC	.00	54.39	42.25	31.95	28.40	25.06	19.11	17.96	7.92
DAIM	.00	.00	.00	.00	6.54	11.61	18.59	19.01	18.60

@FIN

OPTIMALE WERTPAPIERMISCHUNGEN MIT DEM IBM SYSTEM/360
TEST 50L - DEZ. 1971 BIS JAN. 1972.REGRESSIONSANALYSE 1967 BIS 1971
INDEXWERT 200.000
STD.-ABW. 15.000

WERT-PAPIER-NAME	ERWARTETE RENDITE IN %	STANDARDABWEICHUNG EINZEL	STANDARDABWEICHUNG GESAMT	RELATION ZUM INDEX STEIGUNG	RELATION ZUM INDEX ABSCHNITT	HOECHSTER ZUGEBILLIGTER ANTEIL IN%	DERZEIT BESTAND IN%	TAGES-KURS
VART	-8.65	13.99	14.33	.4150	-.5016	100.00	.00	448.00
BASF	44.00	29.32	29.33	.0789	.3610	100.00	.00	138.50
BAVA	-8.22	13.88	14.01	.2457	-.3279	100.00	.00	350.00
BMW	16.45	17.20	17.85	.6335	-.4691	100.00	.00	161.00
BEID	20.63	12.62	13.07	.4541	-.2478	100.00	.00	865.00
BERG	-.15	23.50	23.53	-.1510	.1495	100.00	.00	226.00
BEMO	4.83	25.05	25.06	.0535	-.0053	100.00	.00	124.50
BBC	33.11	19.59	19.73	.3165	.0146	100.00	.00	158.80
DAIM	9.58	11.84	12.50	.5356	-.4397	100.00	.00	262.40

WERS
FURPUR 0025-11/19-20:02

OPTIMALE WERTPAPIERMISCHUNGEN MIT DEM IBM SYSTEM/360
TEST SOL - DEZ. 1971 BIS JAN. 1972,REGRESSIONSANALYSE 1967 BIS 1971

ERWARTETE RENDITE	44.00*	38.08*	33.20*	29.11*	27.26*	25.38*	21.55*	20.42*	8.77*
STANDARDABWEICHUNG	29.33	17.17	12.96	10.43	9.59	8.85	7.69	7.44	6.05
ERW.RND.-1 STD.ABW.	14.67	20.91	20.24	18.68	17.67	16.53	13.86	12.98	2.72
ERW.RND.+1 STD.ABW.	73.33	55.25	46.16	39.54	36.85	34.23	29.24	27.86	14.82

* WERTPAPIERMISCHUNG AM KRITISCHEN PUNKT

VART	.00	.00	.00	.00	.00	.00	.00	.00	14.53
BASF	100.00	45.61	31.24	21.18	18.39	15.83	11.41	10.63	4.08
BAVA	.00	.00	.00	.00	.00	.00	.00	2.21	16.49
BMW	.00	.00	.00	11.01	11.79	12.19	12.30	12.01	8.15
BEID	.00	.00	26.52	35.86	34.89	33.47	30.00	28.90	17.37
BERG	.00	.00	.00	.00	.00	.00	4.18	4.63	7.18
BEMO	.00	.00	.00	.00	.00	1.83	4.42	4.65	5.67
BBC	.00	54.39	42.25	31.95	28.40	25.06	19.11	17.96	7.92
DAIM	.00	.00	.00	.00	6.54	11.61	18.59	19.01	18.60

WFIN

in der Renditefunktion

$$(221.2) \qquad \mu_i = a_i + b_i a_{n+1}$$

stets der Wert eins einzusetzen ist.Die Aussage gilt auch für die Tests 50H bis 50L, in denen die Indexhöhe, die Indexstandardabweichung und beide gleichzeitig verändert worden sind. Diese Variationen verschieben lediglich die Renditefunktion in Relation zum Index, lassen aber alle anderen Größen einschließlich der Mischungen unverändert[1].

Die Schwäche der bereits im Kapitel 221 in Frage gestellten Rendite-Index-Beziehung offenbart sich im IBM/360-Programm ganz deutlich, indem es sowohl die Indexhöhe als auch die Indexabweichung als Einflußfaktoren für die Portefeuillezusammensetzung bedeutungslos werden läßt. Aus diesem Grunde ist zu bezweifeln, daß es sich bei dem Programm um das Diagonalmodell handelt, dessen entscheidendes Kriterium gerade der Index darstellt[2].

Neben den bereits genannten Eigenschaften (aufwendiger input durch neunfache Kursschätzung pro Papier, Indexangaben ohne Einfluß auf die Mischungen) kennt das IBM/360-Programm weder "Größer-Gleich-Restriktionen" noch die Möglichkeit von Branchenbeschränkungen, also die Erfassung von mehreren Papieren in einer gemeinsamen Restriktion, und erscheint in einer Gesamtbeurteilung weniger praxisfreundlich als die STADIX-Programmversionen Index- und Diagonalmodell.

---

1 vgl. Test 50G bis 50L im Anhang S. A16. Man beachte insbesondere den Test 50L mit seiner für Januar 1972 völlig unrealistischen Indexhöhe von 200 oben S. 158/159.
2 vgl. oben S. 91.

52 Anwendung des LP-Modells auf eine Modifizierung des 9-Wertpapierbeispiels

Das von Sharpe konzipierte LP-Modell soll anhand des um die zusätzlichen Restriktionen

$$(52.1) \qquad x_i \leq 0{,}25 \quad (i=1,\ldots,n)$$

erweiterten 9-Wertpapierbeispiels dargestellt werden.

Abb. 7 (S. 162) nimmt die Funktionen

$$(25.2) \qquad z_i = (1 - \lambda)\,\mu_i - \lambda b_i$$

der neun Wertpapiere auf[1] und zeigt, daß bei Beachtung der Restriktionen (52.1) die vier Aktien X2 BASF, X8 BBC, X5 BEID und X4 BMW für $\lambda = 0$ die ertragsmaximale Ausgangslösung liefern. Mit wachsendem λ wird zunächst X4 BMW durch X7 BEMO ersetzt, indem z_4 neue border line wird[2]. X7 BEMO wird sofort wieder durch X6 BERG verdrängt, das durch den dann erfolgenden Übergang der border line von z_6 auf z_5 in seiner Portefeuillezugehörigkeit nicht berührt wird. Bei $\lambda \sim 0{,}1$ tritt X7 BEMO ein zweites Mal in die Mischung, während X5 BEID diese verläßt. Der Tausch der border line z_7 mit z_8 bei $\lambda \sim 0{,}24$ läßt die Mischung wiederum unverändert, bei $\lambda \sim 0{,}63$ dagegen erfolgt die letzte Portefeuillevariation, indem X8 BBC seinen Platz an X3 BAVA abtritt. Von den neun Aktien erscheinen X1 VART und X9 DAIM überhaupt nicht in

1 vgl. oben S. 67/68.
2 Zu der Bedeutung der border line für die Mischungsveränderung vgl. oben S. 69.

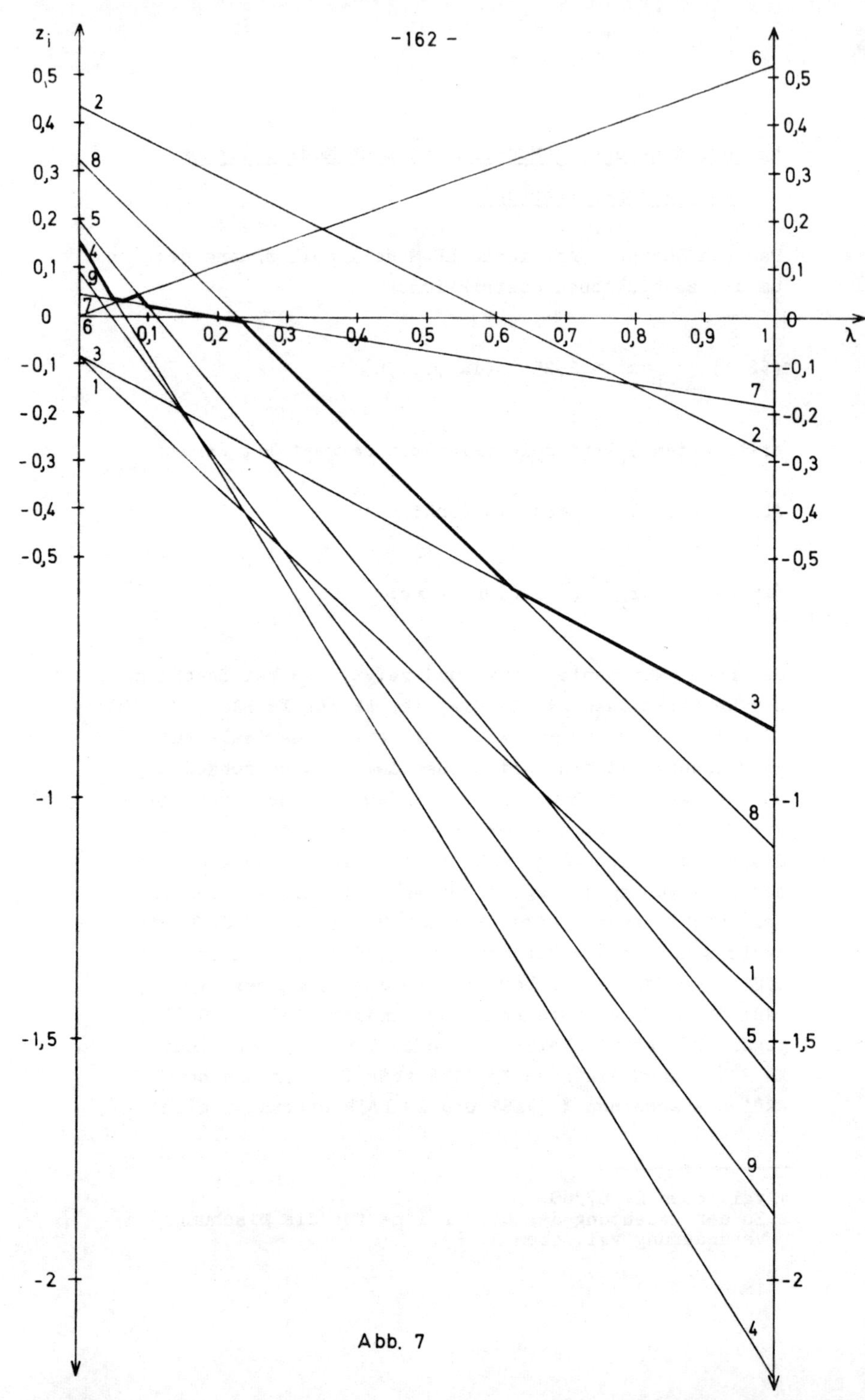

Abb. 7

den Mischungen, während X7 BEMO nach Aufnahme und Ausschluß ein zweites Mal Berücksichtigung findet.

Berechnet man das LP-Beispiel mit dem Diagonalmodell[1], so ist außer der ertragsmaximalen Ausgangslösung keine Identität der Mischungen festzustellen. Das vom LP-Modell nicht erfaßte Papier X9 DAIM wird beim Diagonalmodell bereits in das zweite Portefeuille aufgenommen und die im LP-Modell stets wirksamen Höchstgrenzen (52.1) bis zum varianzminimalen Portefeuille für jedes Papier unterschritten.

Mischung des Corner-Portefeuilles 1 (Test 50M[2])

X(1)	VART	=	0,000	Prozent
X(2)	BASF	=	25,000	"
X(3)	BAVA	=	0,000	"
X(4)	BMW	=	25,000	"
X(5)	BEID	=	25,000	"
X(6)	BERG	=	0,000	"
X(7)	BEMO	=	0,000	"
X(8)	BBC	=	25,000	"
X(9)	DAIM	=	0,000	"
	Gesamt	=	100,000	Prozent

Mischung des varianzminimalen Portefeuilles (Test 50M[2])

X(1)	VART	=	14,536	Prozent
X(2)	BASF	=	4,073	"
X(3)	BAVA	=	16,497	"
X(4)	BMW	=	8,151	"
X(5)	BEID	=	17,370	"
X(6)	BERG	=	7,179	"
X(7)	BEMO	=	5,672	"
X(8)	BBC	=	7,921	"
X(9)	DAIM	=	18,601	"
	Gesamt	=	100,000	Prozent

1 vgl. Test 50M im Anhang S. A17.
2 Der Dummy "Index" ist nicht mit aufgeführt worden.

Die Zielsetzung der Risikominimierung führt zwangsläufig zu derselben Mischung aller neun Papiere im varianzminimalen Portefeuille wie sie auch ohne die zusätzlichen Beschränkungen (52.1) in den Tests 50B und 50C aufgetreten ist[1].

Sowohl den letztgenannten Testbeispielen 50B und C als auch den anderen Gegenüberstellungen von Index- und Diagonalmodell[2] ist zu entnehmen, daß die von Sharpe gemachte Annahme, auf der die gesamte Konzeption des LP-Modells aufbaut, daß nämlich die Hälfte der Varianz eines typischen Aktienwertes kapitalmarktbedingt ist[3], für den deutschen Aktienmarkt keine Gültigkeit besitzt. Das kapitalmarktabhängige Wertpapierrisiko ergibt sich als Differenz der Einzelvarianzen im Index- und Diagonalmodell[4] und stellt nur einen Bruchteil der gesamten Einzelvarianz dar. Da die Varianzen gegenüber den Kovarianzen die dominierende Rolle spielen - die Testbeispiele des Indexmodells im relevanten Zeitraum 1967-1972 weisen mit Ausnahme der Jahrestests vom ersten bis zum letzten Portefeuille eine die "Summe der Kovarianzen" übersteigende "Summe der Varianzen" auf - vernachlässigt Sharpe im LP-Modell durch den Wegfall des kapitalmarktunabhängigen Teils der Einzelvarianzen[5] die für den deutschen Aktienmarkt entscheidende Risikokomponente.

Während beim Übergang vom Index- zum Diagonalmodell die Kovarianzen und ein Teil der Varianzen durch die Einführung des Dummies "Index" ersetzt werden, erfolgt ein

---

1 vgl. oben S. 145.
2 vgl. z. B. Tests 10A und B oben S. 76ff.
3 vgl. oben S. 62.
4 Die Hauptdiagonale der Varianz-Kovarianz-Matrix enthält im Indexmodell die gesamte Einzelvarianz und im Diagonalmodell den kapitalmarktunabhängigen Teil der Wertpapiervarianz, vgl. oben S. 48.
5 vgl. oben S. 62.

entsprechender Ausgleich beim LP-Modell nicht, so daß andere Mischungen mit dem neuen Risikobegriff

$$(231.1) \qquad x_{n+1} = \sum_{i=1}^{n} x_i b_i$$

auftreten. Da die Größe x_{n+1} nichts anderes darstellt als den im Diagonalmodell als n+1-tes Papier ausgewiesenen Dummy "Index"[1], gibt dieser das dem jeweiligen Portefeuille entsprechende "LP-Modell-Risiko"an. Die Diagonalmodellbeispiele 10C, 40B, 50C und 50M[2] bringen durch die Größenunterschiede der beiden Risikobegriffe "Standardabweichung" und "INDX" - im ersten Portefeuille des Tests 50M beträgt das Verhältnis 10,675 zu 1,28761[3] - die Folgen des Wegfalls des kapitalmarktunabhängigen Teils der Varianzen deutlich zum Ausdruck.

Die dargelegten Untersuchungsergebnisse führen zu dem Schluß, daß das LP-Modell wie es von Sharpe konzipiert worden ist, für die Kapitalmarktsituation der Bundesrepublik wenig geeignet ist. Aus diesem Grunde hat der Verfasser darauf verzichtet, ein entsprechendes EDV-Programm zu entwickeln, für das Sharpe ein Blockdiagramm bereits vorgelegt hat[4].

---

1 vgl. oben S. 40 und S. 63.
2 vgl. diese Tests im Anhang S. A2, S. A13, S. A15 u. S. A17.
3 Die Variable "INDX" ist hier als relative Größe zu sehen, die im Diagonalmodell ebenso wie die echten Papiere vor dem Ausdrucken mit 100 multipliziert in Prozent angegeben wird.
4 Sharpe, Portfolio Theory ... a.a.O., S. 300ff.

53 Optimale Wertpapiermischungen für 89 Aktienwerte mit dem STADIX-Programm

Eine Beurteilung des in dieser Arbeit vorgestellten STADIX-Programms kann nur auf der Grundlage einer Vielzahl von Tests erfolgen, wenn diese mit einer relativ großen Zahl von Aktienwerten für verschiedene Zeiträume und Börsensituationen durchgeführt werden.

Um diesen Forderungen zu entsprechen sind in zwei Kalenderjahren, die eine Börsenhausse (1972) und eine Baissephase (1970) umfassen, Monats-, Quartals-, Halbjahres- und Jahresvorausschätzungen vorgenommen worden. Der bei den Tests verwendete Umfang von 89 Aktien ist im Sinne der obigen Bedingung für den deutschen Aktienmarkt als ausreichend groß anzusehen.

Die Fülle des bei den empirischen Untersuchungen anfallenden Materials verhindert eine detaillierte Beschreibung, so daß in den folgenden Kapiteln nur einige wesentliche Tatbestände herausgegriffen werden. Die Berechnung der 89-Wertpapierbeispiele erfolgt in derselben Weise, wie sie durch das 5-Wertpapierbeispiel der Tests 10A und 10C oben S. 76ff. demonstriert wird. Die charakteristischen Größen aller dreiziffrigen Tests sind dem Überblick im Anhang S. A64 zu entnehmen.

531 1-, 3-, 6- und 12-Monatsvorausschätzungen während der Hausse 1972

Die Testbeispiele 210A, 220A, 230 und 240 umfassen innerhalb des Jahres 1972 eine Monats-, Quartals-, Halbjahres- und Jahresvorausschätzung mit 89 deutschen Aktienwerten[1]. Sie basieren auf denselben Wertpapierinputdaten, die aus

1 vgl. den Überblick im Anhang S. A64.

der Regressionsanalyse der bereinigten Monatsendwerte mit dem Index der Aktienkurse des Stat. Bundesamtes für die Jahre 1967 bis 1971 entstanden sind[1]. Untersucht man die Struktur der Inputdaten, so fällt auf, daß die Aktien X8 BERG, X46 KAHL, X64 STOL und X87 NECK ein negatives Steigmaß aufweisen, das zu negativen Kovarianzen dieser Papiere mit allen übrigen Aktien in den vier o.a. Tests führt[2]. Bemerkenswert ist außerdem die Spannbreite der Standardabweichungen, die von 5,489 bei X88 VEBA bis zu 109,195 bei X7 BEID reicht.

Ausgehend von diesen Inputdaten werden durch Vorgabe der am Ende des jeweiligen Schätzzeitraums aufgetretenen Indexhöhe und einer der Indexveränderung und der Länge des Zeitraums entsprechenden Indexstandardabweichung die Tests für 1-, 3-, 6- und 12-Monatsvorausschätzungen innerhalb des Jahres 1972 vorgenommen[3].

Dem Vergleich der errechneten mit den tatsächlichen Wertpapiererträgen ist zu entnehmen, daß die Kursvorausschätzung durch Einsetzen der Indexhöhe in die Regressionsgerade qualitativ sehr unterschiedliche Ergebnisse für alle vier Schätzzeiträume liefert. Es sind sowohl große Abweichungen z. B. bei X35 BILF -29,560 zu 26,126; X60 SALZ 96,260 zu 21,244; X44 HOLZ -7,097 zu 59,544; X10 BEMO 12,647 zu 147,390 als auch fast vollständige Übereinstimmungen z. B. bei X67 VDN 21,536 zu 21,922; X76 VBHA 16,063 zu 15,644; X13 CASS 47,018 zu 46,860 zwischen den beiden Ertragsgrößen zu beobachten[4].

---

1 vgl. oben S. 117/118.

2 vgl. oben S. 149.

3 Die Jahresvorausschätzung des Tests 240 enthält zusätzliche Restriktionen, auf die im Kapitel 533 noch näher eingegangen wird.

4 In der Reihenfolge der Tests ist je ein Papier aufgeführt worden. Die Wertpapiererträge sind in Prozent angegeben.

Die Varianz-Kovarianz-Matrizen zeigen, daß die bei den Tests verwendeten Werte für die Indexhöhe und -standardabweichung mit zunehmender Länge der Schätzzeiträume zu ansteigenden Varianzen und Kovarianzen führen. Das höhere Risikoniveau der längeren Tests ist an der Standardabweichung der varianzminimalen Portefeuilles in Tabelle 5 gut erkennbar.

Die Analyse der Portefeuilles in den einzelnen Tests bestätigt die bereits bei dem 9-Wertpapierbeispiel gemachte Beobachtung[1], daß der im ersten Portefeuille im Vergleich zum tatsächlichen Ertrag wesentlich höhere errechnete Portefeuilleertrag im Zuge der Risikominimierung bis zur varianzminimalen Mischung so weit abgebaut wird, daß er dem tatsächlichen Ertrag entspricht (Test 210A) oder diesen unterschreitet (Test 220A, 230 und 240).

Da das varianzminimale Portefeuille entsprechend seiner Bezeichnung für jedes Testbeispiel die Mischung mit dem geringsten Risiko beinhaltet, sind die typischen Größen dieser Mischung in Tabelle 5 zusammengefaßt. Die ersten beiden Zeilen der Tabelle 5 geben den errechneten und tatsächlichen Ertrag und Zeile drei die Standardabweichung des jeweiligen varianzminimalen Portefeuilles der Testbeispiele innerhalb der Hausse 1972 an. Außerdem ist in Tabelle 5 in der letzten Zeile die tatsächliche prozentuale Veränderung des Aktienindex des Stat. Bundesamtes in den einzelnen Schätzzeiträumen abgetragen. Während der Monatsvorausschätzung Dezember 1971 bis Januar 1972 z.B. erhöhte sich der Index von 133,3 auf 138,5 Punkte[2] also um 3,9 Prozent. Entsprechend errechnen sich die übrigen Angaben der Indexveränderung in Tabelle 5.
Durch Gegenüberstellung der beiden Ertragskomponenten mit der Indexveränderung kommt das Maß des Risikos bzw. der Sicherheit, welches das varianzminimale Portefeuille impliziert, gut zum Ausdruck.

---

1 vgl. oben S. 146.
2 vgl. den Index des Stat. Bundesamtes oben S. 119.

Tabelle 5 - Errechneter Ertrag, tatsächlicher Ertrag und Standardabweichung des varianzminimalen Portefeuilles sowie die Indexveränderung im jeweiligen Zeitraum für 1-, 3-, 6- und 12 Monatsvorausschätzungen innerhalb des Jahres 1972 (Prozentangaben)

	Test 210A	Test 210B	Test 210C	Test 220A	Test 230	Test 240
	Dez. 1971 - Jan. 72	Dez. 1971 -Jan. 72	Dez. 1971 - Jan. 72	Dez. 1971 -März 72	Dez. 1971 -Juni 72	Dez. 1971 - Dez. 72
	Regress.-analyse	Regress.-analyse	Regress.-analyse	Regress.-analyse	Regress.-analyse	Regress.-analyse
	1967-1971	1954-1971	1971	1967-1971	1967-1971	1967-1971
Errechneter PF.-Ertrag	6,229	-4,084	0,093	11,537	10,393	19,721
Tatsächl. PF.-Ertrag	5,871	4,680	4,271	16,344	20,334	34,060
Standardabweichung	2,032	2,744	0,742	2,595	2,823	4,674
Indexveränderung	3,9	3,9	3,9	15,15	13,73	14,78[1]

1 Da im Test 240 die im Jahre 1972 gezahlten Dividenden der Aktiengesellschaften Berücksichtigung finden, muß die Indexveränderung von 11,7 um die Dividendenrendite von 3,08 auf 14,78 erhöht werden; zur Dividendenrendite vgl. Statistische Beihefte zu den Monatsberichten der Deutschen Bundesbank Reihe 2 Wertpapierstatistik Nr. 6 Juni 1973, 16, herausgegeben von der Deutschen Bundesbank Frankfurt (Main).

Für die Monatsvorausschätzung Januar 1972 (Test 210A) liefert der Algorithmus 81 Portefeuilles,[1] in denen die große Differenz zwischen errechnetem und tatsächlichem Ertrag des ersten Portefeuilles (84,555 bzw. 24,352 Prozent) bis zum varianzminimalen Portefeuille auf die Größen 6,229 bzw. 5,871 Prozent abgebaut wird. Durch Mischungsvariationen erfolgt ein Ausgleich der divergierenden Einzelerträge auf einem über der Kapitalmarktentwicklung von 3,9 Prozent liegenden Niveau.

Die Tests 210B und 210C[2], die repräsentativ für eine Vielzahl ähnlicher Parallelrechnungen stehen, liefern für denselben Schätzzeitraum Dezember 1971 bis Januar 1972 den empirischen Nachweis für die Richtigkeit der Entscheidung zugunsten des Basiszeitraums ab 1967[3]:

Im Test 210B verringern sich die im ersten Portefeuille ausgewiesenen Werte des errechneten und tatsächlichen Portefeuilleertrages in Höhe von 176,249 bzw. 8,725 Prozent bis zum varianzminimalen Portefeuille auf -4,084 bzw. 4,680 Prozent, wobei beim Übergang von Portefeuille 79 zu Portefeuille 80 der errechnete Ertrag sprunghaft von 19,029 auf -0,180 Prozent sinkt, während sich der tatsächliche Ertrag mit 5,299 bzw. 4,782 Prozent in gleicher Größenordnung hält.

Zieht man für die Regressionsanalyse nur die 12 Beobachtungen des Jahres 1971 heran[4], so werden im Test 210C die beiden Ertragsgrößen kontinuierlich von 65,439 bzw. 24,352 Prozent im ersten Portefeuille bis auf die in Tabelle 5 angegebenen Werte des varianzminimalen Portefeuilles reduziert.

---

1 vgl. Test 210A in der Übersicht im Anhang S. A64.
2 vgl. Test 210B und 210C in der Übersicht im Anhang S.A64.
3 vgl. oben S. 118 und S. 141.
4 Eine Parallelrechnung des Halbjahrestests 230 auf der Basis des Jahres 1971 ergibt bei gleicher Anzahl der Mischungen für das varianzminimale Portefeuille einen Ertrag von 0,29 bzw. 21,933 Prozent, vgl. die Angaben für Test 230 in Tabelle 5 oben S. 169.

In beiden Fällen weichen die Ertragskomponenten stark voneinander ab; im Gegensatz zu den errechneten, übertreffen die tatsächlichen Erträge immerhin noch die Indexsteigerung, bleiben aber erheblich unter der vergleichbaren Größe des Tests 210A.

Ebenso wie im Test 210A wird auch in den Tests 220A und 230 das Corner-Portefeuille 1 durch X60 SALZ mit einem Mischungsanteil von 100 Prozent bestimmt. Aus diesem Grunde ändert sich in den beiden letztgenannten Tests an den entsprechenden Ertragsrelationen des ersten Portefeuilles mit 96,260 zu 21,244 und 94,777 zu 20,154 Prozent gegenüber den Werten des Tests 210A (84,555 zu 24,352 Prozent[1]) kaum etwas. In der Jahresvorausschätzung 1972 (Test 240) dagegen ist infolge der Einführung zusätzlicher Restriktionen die Abweichung mit 59,844 zu 20,154 Prozent geringer[2].

Mit wachsender Länge des Schätzzeitraums steigt das Risiko (Standardabweichung) der varianzminimalen Portefeuilles von Test 210A bis 240 von 2,032 auf 4,674 Prozent an[3]. Mit der zunehmenden Standardabweichung divergieren die Ertragsgrößen des varianzminimalen Portefeuilles immer stärker, liegen aber bei der Jahresvorausschätzung mit 19,721 bzw. 34,060 trotz der Abweichung von fast 15 Prozentpunkten über der Indexzunahme von 14,78 Prozent. In der Quartals- und Halbjahresvorausschätzung dagegen übersteigt nur der tatsächliche Portefeuilleertrag mit 16,344 und 20,334 Prozent die Indexveränderung beider Zeiträume in Höhe von 15,15 und 13,73 Prozent.

---

1 vgl. oben S. 170.
2 vgl. Kapitel 533 und Test 240 in der Übersicht im Anhang S. A64.
3 vgl. Tabelle 5 oben S. 169.

Betrachtet man den tatsächlichen Ertrag als die entscheidende Größe eines Portefeuilles, so ist festzuhalten, daß ein Investor bei Realisierung jeder beliebigen Mischung der Testbeispiele 210A, 220A, 230 und 240 immer eine Rendite erzielt hätte, die über der jeweiligen Indexveränderung gelegen hätte[1].

532 1-, 3-, 6- und 12-Monatsvorausschätzungen während der Baisse 1970 und 4-Monatsvorausschätzung für die Baissephase August bis Dezember 1972

Die Analyse der Testbeispiele 110, 120, 130A, 140[2] und 150A[3] als Monats-, Quartals-, Halbjahres- und Jahresvorausschätzung 1970 sowie 4-Monatsvorausschätzung August bis Dezember 1972[4] erfolgt in derselben Form wie die der Haussephase 1972. Durch Angabe entsprechender Werte für Indexhöhe und -standardabweichung[5] werden die Vorausschätzungen durchgeführt und die Resultate der varianzminimalen Portefeuilles der Indexentwicklung gegenübergestellt.

Die Testbeispiele des Jahres 1970 beruhen auf den Wertpapierinputdaten der Regressionsanalyse 1967 bis 1969 und die Tests 150A und B auf der Regressionsanalyse der fast doppelt so langen Zeit von 1967 bis August 1972.

---

1 Die vier Tests beinhalten zusammen 81 + 67 + 67 + 60 = 275 Portefeuilles.

2 Die Jahresvorausschätzung (Test 140) enthält ein risikoloses Papier (CASH) in Höhe eines Portefeuilleanteils von 20 Prozent und zusätzliche Restriktionen. Auf diese Erweiterungen wird im Kapitel 533 näher eingegangen.

3 Im Test 150B wird das Beispiel August bis Dezember 1972 mit dem Diagonalmodell gerechnet und liefert exakt dieselben Ergebnisse wie das Indexmodell im Test 150A. Die Rechenzeiten werden im Kapitel 613 im Zusammenhang mit denen der übrigen Beispiele angesprochen.

4 vgl. diese Tests in der Übersicht im Anhang S. A64.

5 vgl. oben S. 167.

Die in der Hausseperiode 1972 beobachteten Tatbestände bezüglich des negativen Steigmaßes weniger Papiere[1], der Abweichungen der Einzelerträge, des mit der Länge des Schätzzeitraums zunehmenden Risikoniveaus und der Verringerung der Differenz zwischen den beiden Ertragskomponenten von Corner-Portefeuille 1 bis zur varianzminimalen Mischung finden sich im Baissejahr 1970 in ähnlicher Weise wieder. Auf die nur Wiederholungen enthaltende abermalige Beschreibung der o. a. Größen kann deshalb verzichtet und sofort zu den Ergebnissen der varianzminimalen Portefeuilles in Tabelle 6 übergegangen werden.

Der Inhalt der Tabelle 6 entspricht für die Baissephasen 1970 und Ende 1972 analog dem der Haussephase 1972 in Tabelle 5[2].

---

1 Im Testzeitraum 1970 haben nur X8 BERG und X64 STOL ein negatives Steigmaß.
2 vgl. oben S. 168/169.

Tabelle 6 - Errechneter Ertrag, tatsächlicher Ertrag und Standardabweichung des varianzminimalen Portefeuilles sowie die Indexveränderung im jeweiligen Zeitraum für 1-, 3-, 6- und 12-Monatsvorausschätzungen innerhalb des Jahres 1970 und 4-Monatsvorausschätzung August bis Dezember 1972 (Prozentangaben)

	Test 110 Dez. 69 - Jan. 70 Regress.-analyse 1967-69	Test 120 Dez. 69 -März 70 Regress.-analyse 1967-69	Test 130A Dez. 69 -Juni 70 Regress.-analyse 1967-69	Test 140 Dez. 69 - Dez. 70 Regress.-analyse 1967-69	Test 150A Aug. 72 - Dez. 72 Regress.-analyse 1967-72
Errechn. PF.-Ertrag	-3,133	-3,058	-6,114	-8,180	-6,435
Tatsächl. PF.-Ertrag	-5,094	-3,706	-13,634	-18,413	-4,562
Standardabweichung	1,486	1,699	2,254	3,961	2,031
Indexveränderung	-5,63	-6,79	-22,12	-18,51[1]	-5,64

Obwohl der Abstand zwischen errechnetem und tatsächlichem Ertrag in der jeweils ersten Mischung der Testbeispiele 110 (44,611 zu 6,438 Prozent), 120 (43,936 zu -4,696 Prozent) und 150A (48,740 zu -2,000 Prozent) recht hoch ist,

1 Da im Test 140 die im Jahre 1970 gezahlten Dividenden der Aktiengesellschaften Berücksichtigung finden, muß die Indexveränderung von -22,9 um die Dividendenrendite in Höhe von 4,39 auf -18,51 korrigiert werden; zur Dividendenrendite vgl. Statistische Beihefte zu den Monatsberichten der Deutschen Bundesbank Reihe 2 Wertpapierstatistik Nr. 6 Juni 1973, 16, herausgegeben von der Deutschen Bundesbank Frankfurt (Main).

erfolgt im Zuge der Portefeuillebildung eine Angleichung der beiden Ertragskomponenten, die im varianzminimalen Portefeuille der drei Tests -3,133 zu -5,094 Prozent, -3,058 zu -3,706 Prozent und -6,435 zu -4,562 Prozent erreicht und als gut zu bezeichnen ist[1]. Aufgrund der schrittweisen Annäherung beider Ertragsgrößen gilt dieses Urteil nicht nur für das varianzminimale Portefeuille, sondern für die etwa zehn letzten Mischungen der drei Testbeispiele. Bei 67 Mischungen des Tests 110 weist z. B. das 54. Portefeuille -0,655 und -5,062 Prozent aus, das 46. Portefeuille im Test 120 -0,081 und -3,948 Prozent bei 58 Mischungen und das 73. von insgesamt 79 Portefeuilles des Tests 150A -2,371 und -4,450 Prozent[2].

Bei der Halbjahres- und Jahresvorausschätzung fallen die Ertragsgrößen des varianzminimalen Portefeuilles mit -6,114 und -13,634 Prozent bzw. -8,180 und -18,413 Prozent bei steigender Standardabweichung (2,254 und 3,961 Prozent) ebenso wie bei den Tests der Hausseperiode[3] stärker auseinander. Trotzdem liegen beide Ertragswerte für alle Tests des Jahres 1970 unter den Indexverlusten. Lediglich in der Baissephase August bis Dezember 1972 ist der errechnete Ertrag (-6,435 Prozent) schlechter als die Indexveränderung in Höhe von -5,64 Prozent[4].

Die bei den Tests des Jahres 1972 getroffene Feststellung, daß der tatsächliche Ertrag jedes Portefeuilles über der Indexsteigerung liegt[5], gilt für die Baissephasen nur mit Einschränkungen, denn in den Portefeuilles Nr. 7 bis 25 des Tests 120, 1 bis 10 im Test 130A und

1 vgl. Tabelle 6 oben S. 174.
2 Die letzten Portefeuilles des kurzen Zeitraums der Hausseperiode (Test 210A) erlauben ähnliche Beobachtungen.
3 vgl. Tabelle 5 oben S. 169.
4 vgl. Tabelle 6 oben S. 174.
5 vgl. oben S. 172.

23 bis 43 (Test 150A) sind die Verluste der Portefeuilles größer als der Indexrückgang.

Berücksichtigt man aber die maximale Höhe dieser Verluste in den Tests 120 (-10,052 Prozent im Corner-Portefeuille 18) und 150A (-6,278 Prozent im Corner-Portefeuille 29)[1], die die Indexverminderung in den beiden Schätzzeiträumen (-6,79 bzw. -5,64 Prozent)[2] nur leicht übertreffen und den Grund der hohen Verluste in den ersten Portefeuilles des Tests 130A[3], so ist die Verwirklichung der Zielsetzung der Risikominimierung durch den Markowitz-Algorithmus als gut zu bezeichnen.

533 Simulation von Investmentfonds durch Berücksichtigung zusätzlicher Restriktionen in den Jahresvorausschätzungen 1969, 1970, 1971 und 1972

Ohne auf die Problematik der Erfolgsvergleiche von Investmentfonds näher einzugehen[4], sollen die Wert-

---

1 Der maximale Verlust tritt nur bei einem Portefeuille auf, die Werte der übrigen Mischungen sind geringer.
2 vgl. Tabelle 6 oben S. 174.
3 Im Test 130A werden zehn Portefeuilles benötigt, um die Auswirkungen der enormen Differenz von 35,054 zu -35,727 Prozent zwischen errechnetem und tatsächlichem Ertrag des ertragsmaximalen Papiers X10 BEMO zu vermindern.
4 vgl. hierzu u. a.: H.-D. Bauernfeind, Fondsanalyse: Chancen und Risiken bestimmen die Auswahl. "Das Wertpapier", 18. Jg. (1970), S. 280ff., Bleymüller, a.a.O., S. 23, E. Brüggemann, Gestreutes Risiko - verbesserte Chancen. "Der Volkswirt", 22. Jg. (1968), Nr. 19, S. 51, Derselbe, Internationales Investmentsparen, In der Reihe: Der intelligente Investor. München 1968, S. 79, Büschgen, Rentabilität und Risiko ... a.a.O., S. 108ff., E. F. Fama, Components of Investment Performance. "Journal of Finance", Vol. 27 (1972), S. 551ff., J. E. Gaumnitz, Appraising Performance of Investment Portfolios. "Journal of Finance", Vol. 25 (1970), S. 555ff., U. Hielscher und H. Schulz, Problematische Erfolgs-Vergleiche, "Das Wert-

entwicklungen der Investmentfonds denen der Portfolio-Mischungen und der Indexveränderung gegenübergestellt werden. Um eine für die Fonds vergleichbare und möglich erscheinende Portefeuillestruktur herbeizuführen, werden in den Jahresvorausschätzungen die vier Branchen "Banken und Versicherungen", "Chemie", "Elektro und Versorgung" und "Fahrzeuge und Maschinen"[1] durch feste Anteile in Höhe von 25, 20, 20 und 10 Prozent vorgegeben[2].

Diese Beschränkungen bleiben für die Jahrestests 1969 bis 1972 unverändert bestehen und werden durch Kleiner-Gleich- und/oder Gleichheitsrestriktionen von fünf Prozent Portefeuilleanteil[3] für einzelne Papiere innerhalb

---

Fortsetzung d. Fußnote 4 d. vorhg. Seite

papier", 17. Jg. (1969), S. 254ff., Dieselben, Systematische Erfolgs-Vergleiche. "Das Wertpapier", 17. Jg. (1969), S. 341ff., W. Koch, "Dow-Jones-Fonds" als Investment-Vergleichsmaßstab. "Das Wertpapier", 18. Jg. (1970), S. 828ff., H. Levy, Portfolio Performance and the Investment Horizon. "Management Science", Vol. 18 (1972), S. 645ff., H. D. Mills, On the Measurement of Fund Performance. "Journal of Finance", Vol. 25 (1970), S.1125ff., o. Verf., Aktien besser als Fonds. "Das Wertpapier", 18. Jg. (1970), S. 819, o. Verf., Deutsche Fonds. Einheitliche Vergleichsbasis. "Wirtschaftswoche", 26. Jg. (1972), Nr.14, S. 108, o. Verf., Investmentfonds: Die große Krise. "Capital", 8. Jg. (1969), Nr. 10, S. 48ff., H.-D. Ost, Entwicklung der deutschen Investmentfonds. Anlagepolitik seit 1959. "Das Wertpapier", 15. Jg. (1967), S. 272, R. S. Robinson, Measuring the Risk Dimension of Investment Performance. "Journal of Finance", Vol. 25 (1970), S. 455ff., Rodewald, a.a.O., S. 55ff., W. F. Sharpe, Mutual Fund Performance. "Journal of Business", Vol. 39 (1966), S. 119ff., Derselbe, Portfolio Theorie ... a.a.O., S. 160ff., Smith, Portfolio Management ... a.a.O., S. 237ff., J. L. Treynor, How to Rate Management of Investment Funds. "Harvard Business Review", Vol. 43 (1965), No. 1, S. 63ff.

1 vgl. Übersicht 1 oben S. 93ff.

2 vgl. die Branchenaufteilung der in Tabelle 7 aufgeführten Fonds im Vademecum der Investmentfonds 1973, herausgegeben vom Verlag Hoppenstedt u. Co. Darmstadt.

3 Aus Kapazitätsgründen mußten einige Kleiner-Gleich-Restriktionen durch Gleichheitsbeziehungen ersetzt werden. Letztere belegen nur eine Zeile und Spalte der Varianz-Kovarianz-Matrix, vgl. Kapitel 222.

und außerhalb der genannten Branchen ergänzt, um die Einhaltung der Vorschriften über das Sondervermögen von Investmentfonds[1] in den letzten Portefeuilles der Testbeispiele zu gewährleisten. Die Jahresvorausschätzung 1970 (Test 140) enthält als 90. Papier (CASH) außerdem einen auf 20 Prozent Portefeuilleanteil fixierten Bestand festverzinslicher Wertpapiere[2] (risikoloses Papier)[3] mit einer angenommenen Rendite von 8 Prozent[4].
Die Auswahl der für den Vergleich geeigneten Investmentfonds geschieht mit Hilfe des folgenden Schemas[5].

Übersicht 3 - Allgemeines Gliederungsschema für Investmentfonds mit Wertpapierportefeuille

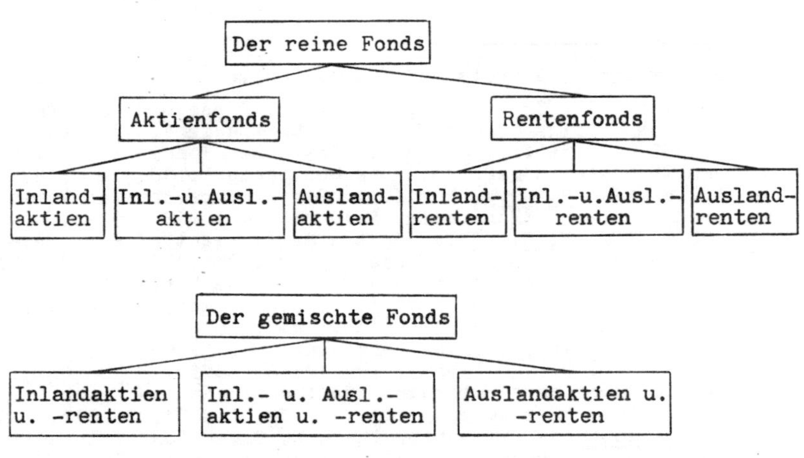

1 vgl. § 8 Abs. 3 KAGG.
2 Die Fonds der Tabelle 7 weisen zum Jahresende 1970 hohe Bestände an festverzinslichen Werten und Bankguthaben auf, die bei Concentra, Dekafonds, Investa und Thesaurus 20 Prozent Portefeuilleanteil übersteigen.
3 vgl. Kapitel 223.
4 Die Umlaufsrendite festverzinslicher Wertpapiere betrug 1970 8,2 Prozent; vgl. Statistische Beihefte zu den Monatsberichten der Deutschen Bundesbank Reihe 2 Wertpapierstatistik Nr. 6 Juni 1973, 7b, herausgegeben von der Deutschen Bundesbank Frankfurt (Main).
5 Zur Gliederung von Investmentfonds vgl. u.a.: H.-D. Deppe, Betriebswirtschaftliche Grundlagen der Geldwirtschaft. Bd. 1: Einführung und Zahlungsverkehr. Stuttgart 1973, S. 163, M. Podewils, Investmentgesellschaften in der Bundesrepublik. Diss. Köln 1960, S. 102, Rodewald, a.a.O., S. 18.

Als Mono-Indexmodell ist das STADIX-Programm unmittelbar anwendbar auf den Fall des reinen Aktienfonds mit Inlandaktien. Wie im Kapitel 223 gezeigt, kann das Programm auch Rentenwerte in die Mischungen einbeziehen, so daß der gemischte Fonds mit Inlandaktien und -renten ebenfalls darstellbar ist. Untersucht man die deutschen Investmentfonds im Hinblick auf ihre Zuordnung zu dem Schema der Übersicht 3, so erfüllen für die Jahre 1969 bis 1972 nur

Adifonds
Adiverba
Concentra
Dekafonds
Fondak
Fondis
Investa
Thesaurus
Unifonds

die Bedingungen eines reinen Aktienfonds mit Inlandaktien.

Als gemischter Fonds mit Inlandaktien und -renten ist in dem o. a. Zeitraum nur Kapitalfonds I zu beobachten, so daß sich die weitere Analyse auf die reinen Aktienfonds beschränkt. Diese können in der Mehrzahl "ausnahmsweise" oder "vorübergehend" ausländische Aktien und festverzinsliche Wertpapiere bis zu einer bestimmten Höhe ihres Fondsvermögens - häufig bis zu 25 Prozent - aufnehmen, machen davon aber so selten Gebrauch, daß ihre Bezeichnung als reiner Aktienfonds mit Inlandaktien aufrecht erhalten werden kann.[1] Aus der Gruppe scheidet lediglich der Fonds Adiverba aus, der zwar auch nur deutsche Aktienwerte in seinem Portefeuille hält, sich aber infolge seiner Konzentration auf die Branche "Banken und Versicherungen" dem Vergleich mit den simulierten Investmentfonds entzieht.

1 vgl. die Portefeuillestrukturen der genannten Fonds im Vademecum der Investmentfonds 1972 und 1973.

Tabelle 7 - **Wertentwicklung der deutschen Investmentfonds[1] (Anteilwert der Aktienfonds mit Anlageschwerpunkt Bundesrepublik), tatsächlicher Ertrag des varianzminimalen Portefeuilles und Indexveränderung[2] der Jahre 1969, 1970, 1971 und 1972 (Prozentangaben)[3]**

	1969	1970	1971	1972
Adifonds	8,7	-21,3	9,2	12,7
Concentra	8,2	-13,4	0,5	9,4
Dekafonds	10,3	-18,2	10,2	11,9
Fondak	16,2	-21,0	10,3	17,4
Fondis	9,4	-20,3	7,1	13,6
Investa	9,3	-20,0	10,5	14,3
Thesaurus	7,7	-20,3	9,2	13,8
Unifonds	10,0	-20,1	11,2	15,7
Varianzminimales Portefeuille	30,0	-18,4	14,5	34,1
Index	19,4	-18,5	15,8	14,8

1 Unter Berücksichtigung der Ausschüttungen und Splits.
2 Einschließlich der Dividendenrendite in Höhe von 2,87; 4,39; 3,98 und 3,08 Prozent in den Jahren 1969 bis 1972.
3 Quelle: Vademecum der Investmentfonds 1973, S. 783ff., zu den Indexwerten vgl. oben S. 119 und die Dividendenrendite in: Statistische Beihefte zu den Monatsberichten der Deutschen Bundesbank Reihe 2 Wertpapierstatistik Nr. 6 Juni 1973, 16, herausgegeben von derDeutschen Bundesbank Frankfurt (Main).

Trotz gleicher Anlagegrundsätze weisen die Fonds der Tabelle 7 in ihren Jahresergebnissen erhebliche Unterschiede auf,die z.B. für 1971 von 0,5 (Concentra)bis 11,2 Prozent (Unifonds) reichen. Die Gründe für derartige Abweichungen sollen jedoch nicht weiter analysiert[1], sondern die Leistungen der Fonds insgesamt beurteilt werden.

Abgesehen von den beiden Ausnahmen Concentra und Dekafonds im Jahre 1970 sowie Fondak und Unifonds 1972 gelingt es den Fonds nicht, die Entwicklung des Kapitalmarktes zu erreichen oder gar zu übertreffen. Besonders deutlich ist das Zurückbleiben der Fonds hinter der Indexsteigerung in den Jahren 1969 und 1971 erkennbar.

Bezieht man die tatsächlichen Erträge der varianzminimalen Portefeuilles in die Untersuchung ein, so ist mit Ausnahme des Jahres 1971 ein Übersteigen der Indexveränderung zu beobachten[2], welches 1969 und 1972 mit rund 10 bzw. 20 Prozentpunkten sehr hoch ausfällt. Von den acht Investmentfonds weisen in allen vier Zeiträumen nur Concentra und Dekafonds in dem Baissejahr 1970 mit -13,4 und -18,2 Prozent ein besseres Ergebnis auf, als das varianzminimale Portefeuille (-18,4 Prozent).

Beachtet man, daß mit Ausnahme der fünf letzten Portefeuilles der Jahresvorausschätzung 1971 alle Mischungen der vier Testzeiträume einen tatsächlichen Ertrag ausweisen, der über der Indexentwicklung liegt, so stehen den Leistungen der Fonds insgesamt 27 + 24 + 37 + 60 = 148 Portefeuilles mit zum Teil erheblich besseren Ergebnissen gegenüber. Natürlich sind nicht alle diese Mischungen mit den Investmentfonds vergleichbar, denn nur in den etwa zehn letzten Portefeuilles eines jeden Tests werden die Bestimmungen des §8 Abs. 3 KAGG eingehalten. Die Angaben sollten jedoch nicht unerwähnt bleiben, weil sie die Leistungsfähigkeit des STADIX-Programms nachdrücklich unterstreichen.

1 vgl. hierzu Rodewald, a.a.O., S. 72ff.

2 Für die Jahresvorausschätzung 1971 ergeben nur die letzten 5 von insgesamt 37 Mischungen einen unter der Indexveränderung von 15,8 % liegenden tatsächlichen Portefeuilleertrag.

54 Auswirkungen von Input-Variationen (Sensitivitätsanalyse)

Die Inputdaten der Wertpapiere für das Index- und Diagonalmodell entstehen durch Regressionsanalysen auf der Basis empirischen historischen Ausgangsmaterials (bereinigte Kurse und Indexwerte), so daß Änderungen der drei Größen Steigung, absolutes Glied und Standardabweichung eine Verfälschung der in der Vergangenheit aufgetretenen Kurs-Index-Beziehungen darstellen würde. Die Sensitivitätsanalyse kann sich deshalb auf die beiden Indexangaben Höhe und Standardabweichung konzentrieren.

Aus den Formeln des Indexmodells[1]

(221.2) $$\mu_i = a_i + b_i\, a_{n+1}$$

(221.3) $$\sigma_i^2 = b_i^2\, q_{n+1} + q_i$$

(221.4) $$c_{ij} = b_i b_j\, q_{n+1}$$

geht hervor, daß sich die Veränderung der Indexhöhe a_{n+1} nur auf die errechnete Rendite μ_i auswirkt.
Eine Variation der Indexstandardabweichung c_{n+1} dagegen läßt die Rendite unberührt und schlägt sich über die Varianz q_{n+1} bei den Wertpapiervarianzen und -kovarianzen nieder. Zunehmende Indexwerte (Höhe und Standardabweichung) müssen zu größeren Erträgen[2], Varianzen und Kovarianzen und abnehmende zu kleineren Wertpapierdaten führen. Diese Zusammenhänge sind in den beiden folgenden Kapiteln empirisch zu belegen und in ihrer Konsequenz für die Fondsbildung zu analysieren.

---

1 vgl. oben S. 18.
2 Bei positivem Steigmaß der Regressionsgeraden.

541 Variation der Indexhöhe

Die Analyse der Tests 60A und B[1] zeigt erwartungsgemäß, daß eine Erhöhung des Indexstandes um drei Punkte auf 135,6 im Test 60B nur Auswirkungen auf die Einzelerträge hat, die bei positivem Steigmaß der Regressionsgeraden, z. B. für das ertragsmaximale Papier X2 BBC von 60,902 auf 64,204 Prozent ansteigen. Varianzen und Kovarianzen dagegen bleiben von dieser Änderung unbetroffen.

Mischung des Corner-Portefeuilles 1 (Test 60A und B)

X(1)	BIND	=	0,000	Prozent
X(2)	BBC	=	100,000	"
X(3)	CASS	=	0,000	"
X(4)	COGU	=	0,000	"
X(5)	DAIM	=	0,000	"
X(6)	DEMG	=	0,000	"
X(7)	BABC	=	0,000	"
X(8)	COGA	=	0,000	"
X(9)	TEXA	=	0,000	"
X(10)	DEGU	=	0,000	"
	Gesamt	=	100,000	Prozent

Ausgehend von Corner-Portefeuille 1 bleibt bis einschließlich der 5. Mischung die Reihenfolge der aufgenommenen Papiere bei geringen Abweichungen ihrer Portefeuilleanteile erhalten. In Portefeuille 6 und 7 ändert sich die Reihenfolge gegenüber dem Grundlauf 60A insofern, als erst X10 DEGU und dann X1 BIND ausgewählt wird. Danach wird die Reihenfolge wieder eingehalten, die im varianzminimalen Portefeuille zu gleicher Mischungs- und Risikostruktur führt.

---

1 vgl. Test 60A und 60B im Anhang S. A18 und S. A19.

Mischung des varianzminimalen Portefeuilles (Test 60A und B)

X(1)	BIND	=	13,857	Prozent
X(2)	BBC	=	2,136	"
X(3)	CASS	=	3,121	"
X(4)	COGU	=	16,801	"
X(5)	DAIM	=	2,925	"
X(6)	DEMG	=	10,777	"
X(7)	BABC	=	19,473	"
X(8)	COGA	=	6,503	"
X(9)	TEXA	=	16,135	"
X(10)	DEGU	=	8,273	"
	Gesamt	=	100,000	Prozent

Test 60C[1] zeigt für einen gegenüber Test 60A um drei Punkte kleineren Indexwert entsprechende Konsequenzen. Bei gleichbleibenden Varianzen und Kovarianzen verringern sich die Einzelerträge, z. B. für das ertragsmaximale Papier X2 BBC von 60,902 auf 57,601 Prozent, so daß zwischen Portefeuille 7 und 8 und zwischen den beiden letzten Portefeuilles ein Austausch in der Reihenfolge der Aufnahme der Papiere erfolgt. Bei ebenfalls nur geringen Verschiebungen der Mischungsanteile in den Portefeuilles 1 bis 9 deckt sich das varainzminimale Portefeuille hinsichtlich Zusammensetzung, tatsächlichem Ertrag und Risiko mit denen der Tests 60A und 60B.

Der Grund für die übereinstimmenden varianzminimalen Mischungen besteht darin, daß der Markowitz-Algorithmus die Optimallösung (varianzminimales Portefeuille) für den Fall $\lambda = 0$ erreicht[2]. Aus der im Zusammenhang mit dem WOLFE-Programm angeführten Zielfunktion des Markowitz-Algorithmus

1 vgl. Test 60C im Anhang S. A20.
2 vgl. oben S. 12.

(512.1) $$V_p = \sum_{i=1}^{n}\sum_{j=1}^{n} x_i x_j c_{ij} - \lambda \sum_{i=1}^{n} x_i \mu_i \longrightarrow \text{Min!}$$

geht hervor, daß für $\lambda = 0$ der zweite Term der Zielfunktion, der die Einzelerträge μ_i aufnimmt, wegfällt[1]. Wie in den Testbeispielen 60A bis C veranschaulicht, führt der Algorithmus bei veränderten μ_i-Werten über unterschiedlich strukturierte Zwischenschritte zwangsläufig zu derselben varianzminimalen Mischung.

Die 89-Wertpapierbeispiele der Tests 220A bis C bestätigen die bisherigen Aussagen. Bei einer Indexveränderung um +5 (Test 220B) und -5 Punkten (Test 220C) werden i. d. R. dieselben Papiere bei manchmal wechselnder Reihenfolge mit nur minimal abweichenden Mischungsanteilen erfaßt und identische varianzminimale Portefeuilles berechnet. Infolge der Indexerhöhung bzw. -verminderung liegen auch die errechneten Portefeuilleerträge in den Tests 220B und C über bzw. unter denen des Tests 220A. In den varianzminimalen Portefeuilles z. B. betragen die errechneten Erträge 13,312 Prozent (Test 220B) und 9,761 Prozent (Test 220C) gegenüber 11,537 Prozent (Test 220A). Die tatsächlichen Erträge dagegen bewegen sich selbst bei den um zehn Indexpunkten differierenden Beispielen 220B und C in den einzelnen Portefeuilles auf jeweils gleichem Niveau und erreichen im varianzminimalen Portefeuille aufgrund der identischen Mischungen exakt den Wert von 16,344 Prozent des Tests 220A[2].

---

1 vgl. oben S. 150.
2 vgl. Test 220A in Tabelle 5 oben S. 169.

542 Variation der Indexstandardabweichung

Als Pendant zum Indexwert läßt die Verdoppelung der Indexstandardabweichung im Test 60D[1] die errechneten Einzelerträge unverändert und bewirkt bei konstanter Indexhöhe eine Zunahme der Varianzen und Kovarianzen. Die Änderung der zwischen den Papieren bestehenden Risikobeziehungen übt insbesondere auf die letzten Portefeuillebildungen[2] einen so starken Einfluß aus, daß X5 DAIM überhaupt keine Berücksichtigung findet und X3 CASS im letzten bzw. vorletzten Portefeuille[3] aus der Mischung ausgeschlossen wird.

Mischung des varianzminimalen Portefeuilles (Test 60D)

X(1)	BIND	=	18,834	Prozent
X(2)	BBC	=	0,958	"
X(3)	CASS	=	0,000	"
X(4)	COGU	=	23,858	"
X(5)	DAIM	=	0,000	"
X(6)	DEMG	=	14,976	"
X(7)	BABC	=	14,429	"
X(8)	COGA	=	2,487	"
X(9)	TEXA	=	23,539	"
X(10)	DEGU	=	0,920	"
	Gesamt	=	100,000	Prozent

Das varianzminimale Portefeuille besteht nur noch aus acht Aktienwerten, die bei höherem Risikoniveau (5,169 Prozent) einen niedrigeren errechneten und tatsächlichen Portefeuilleertrag (14,850 bzw. 10,832 Prozent) ergeben, als die varianzminimale Mischung des Tests 60A, die für die Standardabweichung 3,849 Prozent und die Ertragsgrößen 15,241 bzw. 11,374 Prozent ausweist.

1 vgl.Test 60D im Anhang S. A21.
2 Die erste größere Abweichung tritt in Portefeuille 5 bei X7 BABC mit 0,506 Prozent (Test 60D) gegenüber 14,595 Prozent Portefeuilleanteil (Test 60A) auf.
3 Zum Ausschluß von Papieren vgl. die Fußnote 1 oben S. 36.

Die beiden Papiere X3 CASS und X5 DAIM zeichnen sich durch hohe Varianzen und Kovarianzen aus, von denen erstere mit 2,5395 und 2,5462 in der Hierarchie der Einzelvarianzen hinter dem Wert von 3,8830 des ertragsmaximalen Papiers X2 BBC an 3. und 2. Stelle vor der mit 1,5620 folgenden Aktie X8 COGU rangieren. Gegenüber dem mit 5,575 Prozent ertragsgleichen Papier X9 TEXA hat X5 DAIM (errechneter Ertrag = 5,573 Prozent) aufgrund des ungleich größeren Risikos - die Varianz von X9 TEXA beträgt nur 0,8026 - keine Chance bei der Fondsbildung berücksichtigt zu werden. Folgerichtig weist X9 TEXA im varianzminimalen Portefeuille des Tests 60D einen stärkeren Anteil aus als in dem des Tests 60A.

Bei weiterer Erhöhung der Indexstandardabweichung ist damit zu rechnen, daß X10 DEGU ebenfalls keinen Eingang in die Mischungen findet, denn dieses Papier erscheint erstmals im Portefeuille 8 mit einem Anteil von 0,007 Prozent, der sich bis zum letzten Portefeuille auf 0,920 Prozent erhöht. In der varianzminimalen Mischung des Tests 60A war X10 DEGU noch mit 3,354 Prozent vertreten.

Die Auswirkung einer Variation der Indexstandardabweichung auf die Portefeuillebildung läßt sich besonders deutlich an den Testbeispielen 130A, 130C und D mit ihren 89 Papieren ablesen. Eine gegenüber dem Test 130A um 5 auf 13 erhöhte Standardabweichung im Test 130C hat zur Folge, daß der Algorithmus nur noch 20 Portefeuilles mit 16 Papieren in der varianzminimalen Mischung berechnet[1].

1 Test 130A umfaßt 36 Portefeuilles mit 24 Papieren in der letzten Mischung.

Die Zunahme der Standardabweichung bewirkt eine Differenzierung der Risikorelationen der Aktien untereinander, die einige Papiere - wie am Beispiel der Daimler-Aktie in den Tests 60A und D gezeigt - als nicht mehr anlagewürdig erscheinen läßt. Von der Variation der Standardabweichung weniger stark betroffene Papiere wie z. B. X9 BKUL, X22 DTST und X64 STOLL,bei denen die Einzelvarianzen nur geringfügig von 0,3131 auf 0,3368 und von 0,6778 auf 0,6786 steigen bzw. mit 0,2094 für die ersten vier Dezimalstellen sogar gleich bleiben, erlangen gegenüber den sensibler reagierenden Papieren wie z. B. X6 BMW, das neben der Zunahme der Varianz von 1,6155 auf 2,8437 auch ein hohes Niveau an Kovarianzen aufweist[1], einen Vorteil, der die drei genannten Papiere mit einem entsprechend größeren Portefeuilleanteil in der varianzminimalen Mischung auftreten läßt.

Die Verminderung der Indexstandardabweichung um 5 auf 3 Prozentpunkte führt analog im Test 130D mit 63 Portefeuilles und 57 Papieren im varianzminimalen Portefeuille zu einer erheblichen Ausweitung an Mischungen und in die Berechnung einbezogenen Aktienwerten[2].

Die Abnahme der Indexstandardabweichung nivelliert die Risikostrukturen der Papiere, wodurch eine Vielzahl von ihnen vom Algorithmus zusätzlich als anlagewürdig ausgewählt wird. Die Nivellierung der Risikobeziehungen kommt durch überwiegend kleine in einheitlicher Größenordnung liegende Mischungsanteile der 57 Papiere im varianzminimalen Portefeuille des Tests 130D sehr gut zum Ausdruck[3].

---

1 Die Kovarianz zwischen X6 BMW und X38 HARP z. B. hat die Größe 2,4422.

2 Dieses Beispiel bietet noch eine zusätzliche Vergleichsmöglichkeit, und zwar mit dem Test 110. Da beide Beispiele bei identischen Wertpapierinputdaten von derselben Indexstandardabweichung ausgehen, können sie ähnlich wie Testbeispiele zur Indexvariation aufgefaßt werden. Trotz des enormen Unterschiedes der Indexhöhen von 145,9 (Test 110) zu 120,4 (Test 130D) führen beide Rechnungen nach unterschiedlichen Zwischenschritten zu derselben varianzminimalen Mischung.

3 Lediglich X64 STOLL weist noch einen knapp über zehn Prozent liegenden Anteil auf.

Aus den errechneten und tatsächlichen Erträgen der varianzminimalen Portefeuilles der Tests 130C und D (-3,492 und -13,582 Prozent bzw. -11,887 und -16,691 Prozent) im Vergleich mit den analogen Werten des Tests 130A (-6,114 und -13,634 Prozent)[1] ist keine eindeutige Entscheidung zugunsten der einen oder anderen Standardabweichung zu fällen.

Die Testbeispiele haben jedoch gezeigt, daß für den Schätzzeitraum Dezember 1969 bis Juni 1970 eine Standardabweichung von acht Prozentpunkten als durchaus zulässig anzusehen ist.

Eine generelle Empfehlung für die Größe der Standardabweichung in z. B. 1-, 3-, 6- und 12-Monatsvorausschätzungen kann nicht gegeben werden, denn neben der Länge des Zeitraums muß auch die jeweilige erwartete Höhe der Indexveränderung als Unsicherheitsfaktor bei der Bestimmung der Standardabweichung Berücksichtigung finden[2].

---

1 vgl. Test 130A in Tabelle 6 oben S. 174.
2 vgl. oben S. 167.

6 Probleme hinsichtlich der praktischen Anwendung des STADIX-Programms

61 Dynamisierung und Portfeuille-Revision

Die Portfolio Selection Theorie ist von Markowitz als statisches Modell einer einmaligen Finanzinvestition, die am Ende eines nicht näher spezifizierten Zeitraums zu liquidieren ist, entwickelt worden[1]. Hinsichtlich des zeitlichen Planungshorizontes erfährt der Markowitz'sche Modellansatz im Rahmen dieser Arbeit konkrete Ausprägungen in Form der bei den Testbeispielen angewendeten Monats-, Quartals-, Halbjahres- und Jahresvorausschätzungen.

Die Annahme der einmaligen, bis zu ihrer Liquidation unverändert bestehen bleibenden Finanzanlage ist sicherlich nicht als realitätsnahe Abbildung der Umwelt durch die Portfolio Selection Theorie zu bezeichnen. "Tatsächlich ist.. die Anlage... in Titeln des Kapitalmarktes kein einmaliger und damit abgeschlossener Planungsakt, sondern ein Prozeß von Depoterweiterungen, Depotumschichtungen und Depotreduktionen, die immer dann geboten sind, wenn sich die Kapitalanlage unter geänderten Marktverhältnissen nicht mehr als optimal erweist. ... Die Optimierung eines Depots ist daher nicht nur ein Problem der einmaligen ... Anlage bestimmter Wertpapiere, sondern gleichzeitig ein Prozeß der ständigen Revision"[2].

---

1 Markowitz, Portfolio Selection, a.a.O., S. 77ff., Derselbe, Portfolio Selection. Efficient Diversification ... a.a.O.
2 Büschgen, Rentabilität und Risiko ... a.a.O., S. 151.

Bisher ist es jedoch noch nicht gelungen, das Instrumentarium der Dynamisierung und Portfeuille-Revision in befriedigender Weise in den Markowitz-Algorithmus direkt einzubeziehen[1]. In den folgenden Kapiteln wird deshalb

---

1 Zu den Problemen der Dynamisierung und Portefeuille-Revision vgl. u. a.: S. P. Bradley and D. B. Crane, A Dynamic Model for Bond Portfolio Management. "Management Science", Vol. 19 (1972), S. 139ff., Büschgen, Investmentfonds und optimale ... a.a.O., S. 52ff., Derselbe, Rentabilität und Risiko ... a.a.O., S. 151ff., D. Chambers and A. Charnes, Inter-Temporal Analysis and Optimization of Bank Portfolios. "Management Science", Vol. 7 (1961), S. 393ff., A. H. Y. Chen and F. C. Jen and S. Zionts, The Optimal Portfolio Revision Policy. "Journal of Business", Vol. 44 (1971), S. 51ff., Dieselben, Portfolio Models with Stochastic Cash Demands. "Management Science", Vol. 19 (1972), S. 319ff., P. L. Cheng, Optimum Bond Portfolio Selection. "Management Science", Vol. 8 (1962), S. 490ff., P. L. Cheng and M. K. Deets, Portfolio Returns and the Random Walk Theory. "Journal of Finance", Vol. 26 (1971), S. 11ff., K. J. Cohen and E. J. Elton, Inter-Temporal Portfolio Analysis based on Simulation of Joint Returns. "Management Science", Vol. 14 (1967), S. 5ff., J. L. Evans, An Analysis of Portfolio Maintenance Strategies. "Journal of Finance", Vol. 25 (1970), S. 561ff., Fromm, a.a.O., S. 93ff., H. Levy and M. Sarnat, Two-Period Portfolio Selection and Investors Discount Rates. "Journal of Finance", Vol. 26 (1971), S. 757ff., N. H. Hakansson, Capital Growth and the Mean-Variance Approach to Portfolio Selection. Reprinted from: "Journal of Financial and Quantitative Analysis", Vol. 6 (1971), No. 1, S. 517ff., Derselbe, Mean-Variance Analysis of Average Compound Returns. Presented at the Conference on Capital Market Theory sponsored by Wells Fargo Bank and held at the Massachusetts Institute of Technology, July 27-29, 1970, Derselbe, Multi-Period Mean-Variance Analysis: Toward a general Theory of Portfolio Choice. "Journal of Finance", Vol. 26 (1971), S. 857ff., Müller, Portfolio Selection als Entscheidungsmodell ... a.a.O., S. 161ff., B. Naslund and A. Whinston, A Model of Multi-Period Investment under Uncertainty. "Management Science", Vol. 8 (1962), S. 184ff., Neuhaus, Zur Planung ... a.a.O., S. 109ff., G. A. Pogue, An Extension of the Markowitz Portfolio Selection Model to include Variable Transactions Costs, Short Sales, Leverage Policies and Taxes. "Journal of Finance", Vol. 25 (1970), S. 1005ff., R. Roll, Some Preliminary Evidence on the "Growth Optimum" Model. Graduate School of Industrial Administration. Carnegie-Mellon University. Working Paper 3-71-2, K. V. Smith, A Transition Model for Portfolio Revision. "Journal of Finance", Vol. 22 (1967), S. 425ff., Derselbe, Portfolio Management ... a.a.O., S. 199ff.

ein Weg aufgezeigt, der eine zusätzliche Erweiterung des Algorithmus vermeidet und trotzdem zu einer praktikablen Form von Portefeuille-Umschichtungen führt, indem er von dem in dieser Arbeit aufgebauten Programm- und Datenbanksystem ausgeht.

611 Aktualisierung des Ausgangsmaterials

Eine laufende Portefeuilleüberwachung mit Hilfe des STADIX-Programms setzt die ständige Aktualisierung der im Kapitel 4 dieser Arbeit beschriebenen Datenbank voraus. Infolge der zeitlichen Verzögerung bis zur Drucklegung sind die Hoppenstedt Monats-Kurstabellen[1] als Quelle für schnelle Ergänzungen der Datenbank ungeeignet. Die Kurse der relevanten Aktienwerte am Monatsultimo können entweder noch am selben Börsentag mit einem "Stockmaster" abgerufen oder am folgenden Tag zusammen mit den Werten des Commerzbank-, Herstatt- und Stat. Bundesamt-Index[2] der "Börsen-Zeitung" entnommen werden. Die Daten der im zurückliegenden Monat erfolgten Kapitalveränderungen sind aus den täglichen Ausgaben der "Börsen-Zeitung" oder einer überregionalen Tageszeitung wie z. B. der "Frankfurter Allgemeinen Zeitung" ersichtlich, die außerdem den in der "Börsen-Zeitung" nicht enthaltenen FAZ-Aktienindex veröffentlicht[3].

Die auf diese Weise gewonnenen Aktienkurse sind zu lochen und mittels eines EDV-Programms in die auf einem externen

---

1 "Hoppenstedt Monatskurstabellen", herausgegeben vom Verlag Hoppenstedt u. Co. Darmstadt.

2 Der Index der Aktienkurse des Stat. Bundesamtes liegt immer einen Tag später vor als die Werte der übrigen drei Indizes. vgl. oben S. 109.

3 Trotz der Entscheidung zugunsten des Index der Aktienkurse des Stat. Bundesamtes erscheint es zweckmäßig, auch die übrigen Indizes zu aktualisieren, um jederzeit die Möglichkeit zu haben, mit einem anderen Index Vergleichsrechnungen durchführen zu können.

Speichermedium[1] bestehende Datei zu übertragen. Der manuelle Vorgang des Ablochens der Kurse, der selbst bei einer Datei mit 200 oder 300 Aktienwerten nicht besonders aufwendig ist, weil pro Aktiengesellschaft nur ein Kurs, nämlich der am Monatsende, zu lochen ist, kann jedoch entfallen, wenn die Kurse von der Börsen-Daten-Zentrale GmbH Frankfurt bezogen werden. Diese Gesellschaft bietet einen computerverarbeitbaren Kursdienst an, der es erlaubt, die Informationen ohne einen zusätzlich zu erstellenden Datenzwischenträger in die Datei einzufügen[2]. In diesem Falle verbleibt nur noch das Lochen der vier Ultimowerte der Indizes und der Kursbereinigungsdaten, von denen allerdings im Laufe eines Monats nicht sehr viele anfallen dürften.

Nach erfolgter Indexspeicherung und Kursbereinigung mit den dafür entwickelten Programmen kann die Regressionsanalyse vorgenommen werden. Das hierfür verwendete EDV-Programm erlaubt den wahlweisen Zugriff zu jedem der vier Indizes für beliebige Zeiträume und gibt die Ergebnisse der Analyse sowohl über den Drucker als auch in Form von Lochkarten aus. Da die Datenbank neben der vollen Bezeichnung der Aktiengesellschaften auch deren Abkürzungen enthält, kann das Programm auf den Lochkarten alle Informationen liefern, die ohne weitere Bearbeitung als Wertpapierinputdaten vom STADIX-Programm verwendet werden[3].

Damit ist die Aktualisierungsphase abgeschlossen; aus den neuen Wertpapierdaten in Verbindung mit der erwarteten Indexhöhe und -standardabweichung berechnet das STADIX-Programm optimale Mischungen, an denen das bestehende Portefeuille gemessen werden kann.

---

1 Für diese Arbeit dient eine Magnetplatte als externer Speicher.

2 Obermann, Die zweite Stufe ... a.a.O., S. 292. Die Teilnehmergebühren werden von Hürten mit DM 20,- Grundgebühr und DM 1,50 Verbindungsgebühr pro Minute Anschaltzeit angegeben, die sich noch um die allgemeinen Telex-Gebühren erhöhen, vgl. Hürten, a.a.O., S. 40.

3 vgl. Kapitel 3122.

612 Vorausschätzung von Indexhöhe und -standardabweichung

Im Zusammenhang mit der Sensitivitätsanalyse ist bereits darauf hingewiesen worden, daß exakte Angaben über die Größe der Indexstandardabweichung in verschiedenen Zeiträumen nicht gegeben werden können, weil die Standardabweichung mit der Länge des Schätzzeitraums und der Stärke der erwarteten Indexveränderung variiert[1]. Die Ergebnisse der empirischen Tests mit 89 Wertpapieren sprechen jedoch dafür, daß die in den einzelnen Perioden verwendeten Standardabweichungen, die in Tabelle 8 aufgeführt sind, als Anhaltspunkte für echte ex ante Vorausschätzungen dienen können.

Tabelle 8 - Größe der Indexveränderungen (absolut und in Prozent) und -standardabweichungen in den Tests 110 bis 240

	Test 110	Test 120	Test 130A	Test 140	Test 150A	Test 210A	Test 220A	Test 230	Test 240
Schätzzeitraum	Dez. 69 - Jan. 70	Dez. 69 - März 70	Dez. 69 - Juni 70	Dez. 69 - Dez. 70	Aug. 72 - Dez. 72	Dez. 71 - Jan. 72	Dez. 71 - März 72	Dez. 71 - Juni 72	Dez. 71 - Dez. 72
Indexveränderung absolut	-8,7	-10,5	-34,2	-35,4	-8,9	5,5	20,2	18,3	15,6
Indexveränderung in %	-5,63	-6,79	-22,12	-22,9	-5,64	3,9	15,15	13,73	11,7
Indexstandardabweichung	3	4	8	10	4	3	5	6	8

1 vgl. oben S. 189.

Den beiden Monatsvorausschätzungen Januar 1970 und Januar 1972 sind Indexstandardabweichungen in gleicher Höhe von 3 Prozentpunkten vorgegeben worden, für das erste Quartal 1972 (Test 220A) dagegen ist die Standardabweichung aufgrund der stärkeren Indexveränderung um einen Punkt höher angesetzt als im vergleichbaren Zeitraum 1970 (Test 120). Ähnliches gilt für die Halbjahres- und Jahrestests der Baissephase 1970, bei denen die Indexstandardabweichungen (8 und 10Prozentpunkte) größer als in den Tests 230 und 240 des Jahres 1972 (6 und 8 Prozentpunkte) angenommen worden sind[1].

Hinsichtlich der Bestimmung der Indexhöhe sei auf die empirischen Untersuchungsergebnisse von Hielscher hingewiesen[2]: In einer Analyse von 11 typischen Aktiengesellschaften aus 10 Branchen der Bundesrepublik hat Hielscher den bereinigten Kursen die ebenfalls bereinigten Pro-Aktien-Gewinne dieser Gesellschaften für einen Zeitraum von 14 Jahren gegenübergestellt. Die Auswertung der Kurs-Gewinn-Beziehungen hat ergeben, "daß von einem alleinigen oder auch nur dominierenden Einfluß der Pro-Aktien-Gewinne auf den Kursverlauf einzelner Aktien keine Rede sein konnte. In Einzelfällen war zwar der Gewinn allem Anschein nach ein sehr wichtiger Bewertungsmaßstab ..., es trat jedoch auch hier zeitweilig der Einfluß der allgemeinen Börsentendenz in Erscheinung. ... Bei einigen Gesellschaften spielte die Allgemeintendenz sogar die absolut dominierende Rolle"[3].

Berücksichtigt man weiterhin, "daß der tendenziell stark einheitliche Kursverlauf der untersuchten Gesellschaften weitestgehend der allgemeinen Kursentwicklung entsprach, wie sie z. B. im Aktienindex des Statistischen Bundesamtes zum Ausdruck kommt"[4], so ergibt sich bereits für

---

1 vgl. Tabelle 8 oben S. 194.
2 Hielscher, Das optimale Aktienportefeuille ... a.a.O., S. 413ff.
3 Ebenda, S. 433.
4 Ebenda, S. 418.

den Wertpapieranalytiker herkömmlicher Art die zwingende Notwendigkeit, Annahmen über die zukünftige Börsentendenz in sein Kalkül einzubeziehen.

Bei dem Schritt von der konventionellen Depotplanung zur Anwendung der Portfolio Selection Theorie in Form des STADIX-Programms würde also hinsichtlich der Indexprognose keine Änderung eintreten, sondern weiterhin mit dem bisherigen Instrumentarium zur Abschätzung der Börsenentwicklung gearbeitet werden können. Auf die hierfür herangezogenen Informationen, Daten, Indikatoren, Verfahren usw. soll und kann im Rahmen dieser Arbeit nicht näher eingegangen werden.

Impliziert dieses Instrumentarium auch die von Schulz gewonnenen Erkenntnisse über den Ablauf von Börsenzyklen in der Bundesrepublik[1], so müßten sich Kursprognosen befriedigender Genauigkeit durchführen lassen. Das die Regressionsanalyse durchführende EDV-Programm verlangt die Angabe des erwarteten zukünftigen Indexstandes,mit dem es auf der Basis der neu ermittelten Regressionsgeraden für jedes Papier einen Schätzkurs errechnet und diesen zusammen mit den Intervallgrenzen Schätzkurs plus/minus Standardabweichung über den Drucker ausgibt. Decken sich diese Informationen nicht mit den eigenen Vorstellungen über die Kursentwicklung, so können hieraus Korrekturen des erwarteten Indexniveaus resultieren.

Die Sensitivitätsanalyse hat darüber hinaus gezeigt, daß sich Schätzfehler beim Indexstand in den Mischungen der wegen ihrer Sicherheit besonders wichtigen letzten Portefeuilles eines jeden Testbeispiels kaum noch bemerkbar machen.

---

1 H.-D. Schulz, Analyse zyklischer Aktienkursbewegungen. Diss., a.a.O., Derselbe, Analyse zyklischer Aktienkursbewegungen I, II und III, a.a.O.

613 Kernspeicherbedarf, Zeit und Kosten der Mischungen

Das STADIX-Programm ist auf 110 Variable dimensioniert und erfordert damit auf der UNIVAC 1108 einen Kernspeicherbedarf von 52 K Worte. Mit Ausnahme der um zusätzliche Restriktionen erweiterten Jahresvorausschätzungen benötigen die übrigen Testbeispiele einen sehr viel geringeren Kernspeicherplatz, dessen genaue Größe wegen der festen Dimensionierung allerdings nicht angegeben werden kann. Da die Matrizengrößen, die den Hauptanteil des Kernspeicherplatzes belegen, auf Dimensionsänderungen überproportional reagieren, dürfte der Kernspeicherbedarf für z. B. 90 Variablen unter 40 K Worte liegen.

Neben dem Kernspeicherbedarf interessieren in besonderem Maße die Rechenzeiten so umfangreicher Beispiele, die gemeinsam mit den sie verursachenden Größen Anzahl der Papiere, Restriktionen und Portefeuilles in Tabelle 9 wiedergegeben werden. Leider sind die ausgewiesenen CPU-Zeiten für die einzelnen Tests nicht verbindlich, weil bei Rechenzeiten dieser geringen Größenordnung Abweichungen bis zu 20 Prozent auftreten können[1]. Aus diesem Grunde sollen nur die beiden Testbeispiele 130B und 150B näher analysiert und im Anschluß daran die Rechenzeiten einer Gesamtbeurteilung unterzogen werden.

1 Die Testbeispiele 110 und 120 ergaben in einer zweiten Berechnung nur CPU-Zeiten von 1:40,395 und 1:31,211 Minuten, mit denen sie sich schon besser in die Relation zwischen Umfang und Rechenzeit der übrigen Beispiele einfügen. (vgl. hierzu insbesondere die Tests 220A, 220C und 230). Nach Aussage der Gesellschaft für wissenschaftliche Datenverarbeitung bmH Göttingen beruhen diese Differenzen auf der Multi-Programming Arbeitsweise der UNIVAC 1108.

Tabelle 9 - Rechenzeiten (reine CPU-Zeit) der Testbeispiele 110 bis 240 in Minuten

	Test 110	Test 120	Test 130A	Test 130B	Test 130C	Test 130D	Test 140	Test 150A	Test 150B
Zahl der Papiere	89	89	89	30	89	89	90	89	90
Zahl der Restrikt.	1	1	1	1	1	1	16	1	2
Zahl der Pfs	67	58	36	36	20	63	24	79	79
CPU-Zeit	1:49,742	1:51,875	1:09,194	0:11,075	0:49,485	1:54,727	1:34,447	1:53,446	1:50,342

	Test 210A	Test 210B	Test 210C	Test 220A	Test 220B	Test 220C	Test 230	Test 240
Zahl der Papiere	89	80	89	89	89	89	89	89
Zahl der Restrikt.	1	1	1	1	1	1	1	13
Zahl der Pfs	81	84	85	67	71	67	67	60
CPU-Zeit	2:00,474	1:37,183	2:05,815	1:39,636	1:59,500	1:41,203	1:39,507	2:17,231

Im Testbeispiel 130B sind nur jene 30 Papiere zusammengefaßt, die im Test 130A Aufnahme in die Mischungen gefunden haben. Die auf rund ein Drittel reduzierte Zahl der Papiere liefert vom ersten bis zum letzten Portefeuille dieselben Ergebnisse bei einer auf etwa ein Sechstel gesunkenen CPU-Zeit. Obwohl es sicherlich nicht gelingen wird eine derartig genaue vorherige Trennung der Papiere vorzunehmen, zeigt das Beispiel doch, daß durch geschickte Auswahl der Papiere mit erheblich verminderter Rechenzeit annähernd gute Ergebnisse erzielbar sind.

Der Test 150B bedarf deshalb einer besonderen Erwähnung, weil er die Berechnung des Beispiels 150A mit dem Diagonalmodell darstellt. Die Relation der Rechenzeiten zwischen Index- und Diagonalmodell von 1:53,446 zu 1:50,342, die sich durch mehrmalige Rechnung der Beispiele bestätigt hat, zeigt einen äußerst geringen zeitlichen Vorteil des Diagonalmodells und steht damit in krassem Gegensatz zu den Untersuchungen von Cohen und Pogue[1].

Die von Cohen und Pogue für das Diagonalmodell angegebene Verminderung der Rechenzeit auf ein Prozent[2] wird verständlich, wenn man berücksichtigt, daß sie zur Abbildung des Indexmodells[3] das IBM 7090- und des Diagonalmodells das IBM 1401-Programm benutzt haben,[4] also völlig verschiedenartige Programme, die kaum vergleichbar sein dürften und wobei es bei dem letzteren aufgrund der eigenen Untersuchungen zweifelhaft erscheint, ob es sich tatsächlich um das Diagonalmodell handelt[5].

---

1 Cohen and Pogue, a.a.O., S. 166ff.
2 Ebenda, S. 169.
3 Die Reduzierung der Rechenzeit auf ein Prozent gilt zwischen dem Standard- und dem Diagonalmodell. Zur Abgrenzung des Standard- und Indexmodells vgl. oben S. 16.
4 Cohen and Pogue, a.a.O., S. 173.
5 vgl. oben S. 89 und S. 160.

Die Index- und Diagonalmodellversionen des STADIX-Programms dagegen stimmen in ihrem Aufbau weitestgehend überein und unterscheiden sich nur in den speziellen Anforderungen der beiden Modelle[1]. Die fast gleich große Rechenzeit des Diagonalmodells hat seine Ursachen sehr wahrscheinlich in dem mit den notwendigen Erweiterungen verbundenen Rechenaufwand. Man denke z. B. an die Lösung des LP-Teils, die in jeder Iteration einzuhaltende zweite Gleichheitsrestriktion für den Dummy "Index" und die vermehrte Umrechnungsarbeit der um zwei Zeilen und Spalten vergrößerten Zwischenmatrizen[2]. Durch diese zusätzlichen Berechnungen wird die durch den Wegfall der Kovarianzen bedingte Einsparung an Rechenzeit nahezu kompensiert.

Abschließend läßt sich zu dem Diagonalmodell sagen, daß es entgegen Sharpe's Andeutungen weder Einsparungen an Kernspeicherplatz - beide Modellversionen des STADIX-Programms benötigen für 110 Variable 52 K Worte[3] - noch an Rechenzeiten realisiert[4] und damit ein wesentlicher Vorteil gegenüber dem Indexmodell nicht erkennbar ist.

Trotz der Rechenzeitschwankungen bei einzelnen Tests ist eine zusammenfassende Beurteilung aller in Tabelle 9 aufgeführten Testbeispiele auf der Grundlage des beobachteten Niveaus der Rechenzeiten dennoch möglich. Die in den meisten Fällen unter zwei Minuten liegende CPU-Zeit überrascht in Anbetracht der Fülle des zu verarbeitenden Materials, das z. B. bei 89 Aktien aus 7921 Varianzen und Kovarianzen besteht, aus denen bis zu 85 effiziente Portefeuilles berechnet werden.

---

1 vgl. oben S. 71ff.
2 vgl. Test 10B und D im Anhang S. A22ff. u. S. A33ff.
3 Das Diagonalmodell arbeitet mit gleich großen bzw. um zwei Zeilen und Spalten vergrößerten Matrizen.
4 Sharpe, A Simplified Model ... a.a.O., S. 284/285.

In der Literatur finden sich nur wenige Rechenzeitangaben, die jedoch zum Zwecke des Vergleichs nicht unerwähnt bleiben sollen[1]. Blaich z. B. gibt die CPU-Zeit für ein 40-Wertpapierbeispiel auf einer IBM 360/50 mit 2 1/2 Minuten an[2], Cohen und Pogue benötigen für 150 Papiere mit einer IBM 7090 90 Minuten[3], Sharpe auf der gleichen Anlage für 100 Wertpapiere 33 Minuten[4] und Wilde nennt für ein 10-Wertpapierbeispiel auf einer IBM/360 Anlage eine Rechenzeit von etwa 7 Minuten (einschließlich Druck der Ergebnisse)[5].

Über die sich aus den beiden Komponenten Kernspeicherbedarf und CPU-Zeit zusammensetzenden Kosten können keine definitiven Aussagen gemacht werden, weil die Kosten stark mit dem Hersteller und der Art der Anlage variieren. Es ist jedoch davon auszugehen, daß die Rechenkosten des STADIX-Programms sowohl einem kleinen Depotinhaber als auch institutionellen Anlegern zuzumutensind.

Dem Kleinanleger kommt die mit einer Beschränkung auf wenige Papiere verbundene starke Reduktion an Kernspeicherbedarf und CPU-Zeit entgegen, von denen letztere sich z. B. für 10 Aktienwerte und 10 Portefeuilles auf nur 1,615 Sekunden verringert[6]. Für institutionelle Anleger wie z. B. Investmentgesellschaften weist Müller sicherlich zu Recht auf die Möglichkeit hin, die Anlagen der Gesellschafterbanken zu günstigen "internen Verrechnungspreisen" nutzen zu können[7], so daß sich die aufgrund der geringen Rechenzeiten ohnehin nicht sehr hohen Kosten weiter vermindern.

---

1 Die Angaben älteren Datums enthalten insofern Verzerrungen, als die Computer durch Weiter- und Neuentwicklungen in den letzten Jahren sehr viel schneller und leistungsfähiger geworden sind.

2 Blaich, a.a.O., S. 108.

3 Cohen and Pogue, a.a.O., S. 167.

4 Sharpe, A Simplified Model ... a.a.O., S. 284/285.

5 Wilde, a.a.O., S. 123.

6 vgl. hierzu die Rechenzeiten der großen Beispiele in Tabelle 9 oben S. 198.

7 Müller, Portfolio Selection als Entscheidungsmodell... a.a.O., S. 179.

614 Kosten der Portefeuille-Umschichtung

In das STADIX-Programm sind ganz bewußt keine Transaktionskosten für den Kauf bzw. Verkauf von Aktien[1] eingebaut worden, weil die Ausgabe der Portefeuilleanteile in relativer Form beliebig hohe Investitionen in ein effizientes Portefeuille erlauben und die Transaktionskosten von der absoluten Größe des zur Verfügung stehenden Budgets abhängen.Man hätte natürlich auch einen festen Prozentsatz für die Kauf- und Verkaufskosten in das Programm einfügen können, indem dieser Prozentsatz von den jeweiligen errechneten Wertpapiererträgen zu subtrahieren wäre, so daß das Programm mit Nettoerträgen gearbeitet hätte. Diese Vorgehensweise hätte der ursprünglichen Konzeption der Portfolio Selection Theorie als statisches Modell einer einmaligen Finanzanlage, die nach einem bestimmten Zeitablauf vollständig zu liquidieren wäre,entsprochen und ist bereits im Kapitel 61 als unrealistisch abgelehnt worden.

Die laufende Überprüfung eines bestehenden Aktienportefeuilles mit dem STADIX-Programm geht so vor sich, daß jeweils mit dem neuesten Basismaterial[2] eine Regressionsanalyse durchzuführen ist und den dabei entstehenden Wertpapierinputdaten die für einen zukünftigen Zeitpunkt aufgrund eingehender Analysen möglich erscheinenden Indexwerte (Höhe und Standardabweichung) vorzugeben sind.
Aus den vom STADIX-Programm errechneten Portefeuilles ist jenes auszuwählen, das den Ertrags- und Risikovorstellungen des Entscheidungsträgers entspricht (individual-optimales Portefeuille) und an dem die bestehende Mischung zu messen ist.

---

1 Es handelt sich im allgemeinen um Spesen, Provision, Maklergebühren und Börsenumsatzsteuer.
2 vgl. Kapitel 611.

Zu diesem Zweck müssen beide Portefeuilles vergleichbar gemacht werden, indem das bestehende Depot mit denselben Ertrags- und Risikogrößen gewichtet wird wie die errechnete Mischung[1].

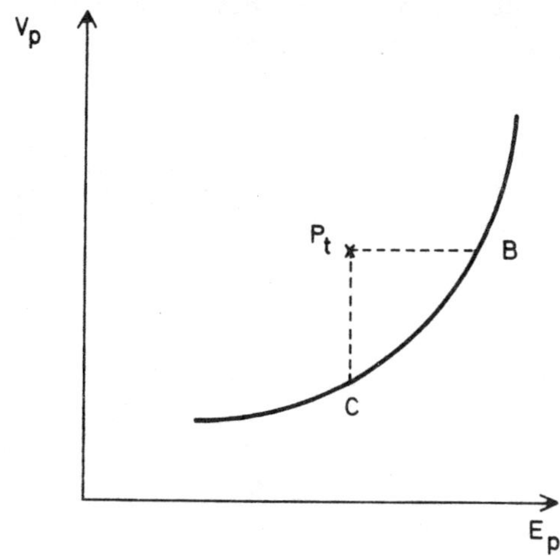

Abb. 8

Ergibt sich bei annähernd gleich großem Risiko ein Ertragsvorteil des errechneten Portefeuilles (vgl. z. B. das durch den Punkt B beschriebene Portefeuille

---

1 Nach geringfügiger Erweiterung des STADIX-Programms kann die Bewertung auch vom Programm vorgenommen werden, indem der Depotbestand von den Lochkarten der Wertpapierinputdaten oder vom Speichermedium eingelesen wird, sofern das jeweilige bestehende Depot in die Datenbank integriert ist.

mit dem derzeitigen Fonds P_t in Abb. 8)[1], so ist weiterhin zu prüfen, ob der bei Realisierung des errechneten Portefeuilles zu erwartende Ertragszuwachs die mit der Umschichtung verbundenen Transaktionskosten übersteigt[2]. Ist diese Voraussetzung erfüllt, so wird die Umschichtung durchgeführt[3], andernfalls bleibt das Depot bis zu einer späteren neuerlichen Überprüfung in unveränderter Form bestehen.

---

1 Auf den Fall des gleich großen Portefeuilleertrages bei einem größeren Risiko des derzeitigen Depots (vgl. die Punkte P_t und C in Abb. 8) wird nicht näher eingegangen, weil hierdurch sicherlich keine Umschichtungen ausgelöst werden, denn den damit auftretenden Kosten ständen keine zusätzlichen Erträge gegenüber.

2 Da die Angabe der Portefeuillezusammensetzung in relativen Größen erfolgt, können Budgetänderungen bei diesem Umschichtungsprozeß ohne Schwierigkeiten mit berücksichtigt werden. Zur Abwägung von Gewinn- und Kostengrößen bei Parameteränderungen vgl. H.-D. Deppe, Bankbetriebliches Wachstum. Funktionalzusammenhänge und Operations Research in Kreditinstituten. Stuttgart 1969, S. 175ff. speziell S. 182 und S. 189f.

3 Smith, A Transition Model ... a.a.O., S. 429.

62 Realisierung eines errechneten Portefeuilles (Das Problem der Ganzzahligkeit in der Portfolio Selection Theorie)

Im Gegensatz zu den großen Finanzanlagen institutioneller Anleger, z. B. der Investmentgesellschaften, kann für das häufig nur relativ kleine Budget der privaten Investoren nicht von beliebiger Teilbarkeit der einzelnen Anlageobjekte ausgegangen werden[1]. Zur Investition kleiner Budgets ist also die Markowitz'sche Modellformulierung[2] um die Ganzzahligkeitsbedingung der Aktienanteile zu erweitern. Ähnlich wie bei der Dynamisierung und Portefeuille-Revision wird auch der Ganzzahligkeitsforderung Rechnung getragen, ohne daß der Markowitz-Algorithmus modifiziert oder ein neu entwickeltes Verfahren zur Ganzzahligkeit im Rahmen der quadratischen Programmierung[3] verwendet wird.

Die Ganzzahligkeit wird vielmehr erreicht, indem die relativen Anteile eines vom STADIX-Programm errechneten Portefeuilles nach der Entscheidung des Anlegers über die Höhe des Budgets in konkrete ganzzahlige Aktienstücke überführt werden. Die Transformation erfolgt als Maximierungsproblem mit Hilfe des von Wegener auf der Grundlage des modifizierten DAKIN-Verfahrens entwickelten EDV-Programms[4].

Der Weg von der relativen zur ganzzahligen Mischung soll am Beispiel der zehn Aktienwerte des varianzminimalen

---

1 Brockhoff, a.a.O., S. 168/169.
2 vgl. oben S. 6/7.
3 K. Lüder und L. Streitferdt, Die Bestimmung optimaler Portefeuilles unter Ganzzahligkeitsbedingungen. "Zeitschrift für Operations Research", Bd. 16 (1972), Serie B, S. B 89ff. spez. S. 99ff.
4 H. Wegener, Die Optimierung linearer Investitions- und Finanzplanungsmodelle mit ausgewählten Verfahren der ganzzahligen Programmierung. Diss. Göttingen 1973, S. 152ff. und S. 257ff.

Portefeuilles aus Test 60A für einen Investitionsbetrag von DM 10.000,-- aufgezeigt werden[1]. Die Ausgangswerte und Ergebnisse der Rechnung sind in Tabelle 10 enthalten.

Zunächst müssen die vom Programm angegebenen errechneten Wertpapiererträge in die absoluten Größen DM/Aktie umgeformt werden, die als Zielfunktionskoeffizienten Eingang in das DAKIN-Programm finden.

Da die Abweichung von der optimalen Lösung der relativen Anteile in möglichst engen Grenzen zu halten ist, werden den Variablen Kleiner-Gleich- und Größer-Gleich-Restriktionen vorgegeben, die eine Auf- bzw. Abrundung auf den nächstmöglichen ganzzahligen Wert zulassen. Als Orientierungshilfe zur Bestimmung dieser Beschränkungen dient die gemischtzahlige Lösung des Budgets von DM 10.000,-- Um den mit Ganzzahligkeitsproblemen verbundenen großen Rechenaufwand[2] auf ein vertretbares Maß zu reduzieren, sind nichtganzzahlige Stücke mit einem Dezimalwert kleiner als 0,3 und größer als 0,7 auf ganzzahlige Werte ab- und aufgerundet und in Form von Gleichheitsbeziehungen festgelegt worden.

---

1 Über das Verhältnis von Budget und Zahl der Anlageobjekte kann man unterschiedlicher Auffassung sein, die hier gewählte Relation von DM 10.000,-- zu zehn Aktienwerten ist in Anbetracht des Betrages von DM 2.554,40, der bereits für den Erwerb nur je einer Aktie der zehn Gesellschaften aufzuwenden wäre, als durchaus zulässig anzusehen.

2 Wegener, a.a.O., S. 269.

Tabelle 10 - Ganzzahlige Lösung des varianzminimalen Portefeuilles aus Test 60A für ein Investitionsbudget von DM 10.000,--

WP-NR	WP-NAME	Kaufkurs 31.12.70	Errechn. Ertrag Dez. 70-Jan. 71 in %	Errechn. Ertrag Dez. 70-Jan. 71 in DM	Anteile d. varianzmin. Pf in %	Anteile d. varianzmin. Pf absolut bei DM 10.000,--	Gemischt. zahlige Lösung bei DM 10.000,--	Ganzz. Lösung bei DM 9.992,20	Pf-Anteile d. ganzz. Lösung am invest. Betrag v. DM 9.992,20 in %
1	BIND	580	8,599	49,87	13,857	1385,70	2,389	2	11,609
2	BBC	140,1	60,903	85,32	2,136	213,60	1,524	2	2,804
3	CASS	383	38,951	149,18	3,121	312,10	0,814	1	3,833
4	COGU	110	22,161	24,38	16,801	1680,10	15,272	15	16,513
5	DAIM	313	5,574	17,45	2,925	292,50	0,934	1	3,132
6	DEMG	137	24,489	33,55	10,777	1077,70	7,866	8	10,969
7	BABC	203,8	15,532	31,65	19,473	1947,30	9,554	10	20,396
8	COGA	173	1,108	1,92	6,503	650,30	3,758	4	6,925
9	TEXA	193	5,575	10,76	16,135	1613,50	8,360	9	17,384
10	DEGU	321,5	12,227	39,31	8,273	827,30	2,573	2	6,435

Im vorliegenden Beispiel betrifft diese Maßnahme die Papiere X3 bis X6 und X8, so daß nur noch die übrigen fünf Variablen vom Programm in ganzzahlige Werte zu überführen sind. Nachdem auch die Budgetrestriktion formuliert ist, erhält man folgendes Problem:

Zielfunktion:

$$49{,}87x_1 + 85{,}32x_2 + 149{,}18x_3 + 24{,}38x_4 + 17{,}45x_5 +$$

$$33{,}55x_6 + 31{,}65x_7 + 1{,}92x_8 + 10{,}76x_9 + 39{,}31x_{10} \rightarrow \text{Max!}$$

Restriktionen:

$$383\, x_3 = 383$$
$$110\, x_4 = 1650$$
$$313\, x_5 = 313$$
$$137\, x_6 = 1096$$
$$173\, x_8 = 692$$

$$1160 \leq 580\, x_1 \leq 1740$$
$$140{,}1 \leq 140{,}1\, x_2 \leq 280{,}2$$
$$1834{,}2 \leq 203{,}8\, x_7 \leq 2038$$
$$1544 \leq 193\, x_9 \leq 1737$$
$$643 \leq 321{,}5\, x_{10} \leq 964{,}5$$

$$580x_1 + 140{,}1x_2 + 383x_3 + 110x_4 + 313x_5 + 137x_6 +$$

$$203{,}8x_7 + 173x_8 + 193x_9 + 321{,}5x_{10} \leq 10\,000$$

$$x_i \geq 0 \text{ und ganzzahlig } (i=1,\ldots,10)$$

Aus dem Vergleich der relativen Portefeuilleanteile in Tabelle 10 ist ersichtlich, daß die ganzzahlige Lösung nicht sehr weit von der Optimallösung des varianzminimalen Portefeuilles entfernt liegt. Folglich weisen auch die auf der Basis des zu investierenden Betrages von DM 9.992,20 ermittelten errechneten und tatsächlichen Erträge in Höhe von 15,719 und 11,687 Prozent keine starke Abweichung gegenüber den analogen Werten der varianzminimalen Mischung von 15,241 und 11,374 Prozent auf.

Um bei der Ermittlung der ganzzahligen Optimallösung mit dem DAKIN-Programm Rechenzeit zu sparen, empfiehlt es sich, die durch Gleichheitsbeschränkungen fest vorgegebenen Variablen X3 bis X6 und X8 aus dem Beispiel herauszulösen und das auf die fünf restlichen Variablen X1, X2, X7, X9 und X10 reduzierte Problem zu lösen. In diesem Falle benötigt das DAKIN-Programm eine Rechenzeit von 11,463 Sekunden[1]. Damit stellt sich der hier eingeschlagene Weg zur Einbeziehung von Ganzzahligkeitsbedingungen in die Portfolio Selection Theorie als durchaus gangbar heraus.

---

1 Einschließlich der Compilierungszeit auf der UNIVAC 1108, so daß die eigentliche Rechenzeit noch um einige Sekunden geringer sein dürfte.

7 Zusammenfassung der dargelegten Untersuchungsergebnisse

In der vorliegenden Arbeit ist die Portfolio Selection Theorie auf ihre praktische Einsatzfähigkeit im Wertpapierbereich untersucht worden. Dabei wurden zunächst die bekannten Modelle kritisch analysiert, begrifflich und inhaltlich gegeneinander abgegrenzt sowie hinsichtlich ihrer Verwendungsbreite modifiziert und erweitert. In diesem Zusammenhang konnte das von Sharpe entwickelte Diagonalmodell theoretisch hergeleitet und nach Erstellung eines entsprechenden EDV-Programms an einem 5-Wertpapierbeispiel in allen Einzelheiten des zugrundeliegenden Algorithmus dargestellt werden. Die vollständige Übereinstimmung der Rechenergebnisse mit dem in dieser Arbeit als Indexmodell bezeichneten Verfahren widerlegt die häufig in der Literatur vertretene These, daß das Diagonalmodell aufgrund des Wegfalls der Kovarianzen zu einer Unterbetonung der Risikokomponente neige.

Aus der Modellanalyse und der Beschreibung der zur Verfügung stehenden EDV-Programme kristallisierten sich das Index- und das Diagonalmodell in Form der STADIX-Programmversionen aufgrund der geringen Zahl an Inputdaten als besonders anwendungsfreundlich heraus. Deshalb wurde das empirische Material und die zu seiner Aufbereitung entwickelten Programme auf die Belange dieser beiden Programmversionen zugeschnitten.

Ein Vergleich der Modelle und Programme auf der Basis gemeinsamen empirischen Materials erbrachte eine letzte Bestätigung der Entscheidung zugunsten der Index- und Diagonalmodellversionen des STADIX-Programms. Erstaunen löste hierbei das IBM/360-Programm in seiner angeblichen Form als Diagonalmodell aus, das den Einfluß auf die

Mischungen der für dieses Modell typischen Größen Indexhöhe und -standardabweichung zur völligen Bedeutungslosigkeit verurteilt.

Die Verwendungsbreite des STADIX-Programms tritt in den verschiedenen Schätzzeiträumen und Börsensituationen der 89-Wertpapierbeispiele deutlich zum Ausdruck: Für alle Portefeuilles sind bis auf kaum erwähnenswerte Ausnahmen in den Baissephasen Ergebnisse festzustellen, die z.B. Hielscher für die Verfahren der Portfolio Selection Theorie noch nicht vorauszusagen wagte, nämlich "überdurchschnittliche Kapitalanlageerfolge am Aktienmarkt"[1].

Darüber hinaus liefert der Algorithmus für kurze Zeiträume von ein, drei bis vier Monaten in den letzten Portefeuilles sehr gute Ertragsprognosen, während sich das mit der Länge des Zeitraums zunehmende Risiko in den Halbjahres- und Jahrestests durch stärkere Divergenz der beiden Ertragskomponenten niederschlägt.

Für die Depotplanung mit dem STADIX-Programm empfiehlt es sich, kurzfristige Vorausschätzungen auf der Basis aktualisierten Ausgangsmaterials vorzunehmen und das bestehende Depot an dem individual-optimalen Portefeuille des Investors zu orientieren. Weniger risikofreudige Anleger sollten dabei das varianzminimale Portefeuille oder eine der unmittelbar vorhergehenden Mischungen bevorzugen, weil diese ein großes Maß an Sicherheit bieten, welches u. a. dadurch bestimmt wird, daß sich Schätzfehler des Indexstandes für diese Portefeuilles kaum und speziell für das varianzminimale Portefeuille überhaupt nicht mehr auswirken.

---

1 Hielscher, Das optimale Aktienportefeuille ... a.a.O., S. 445.

Als weitere Informationsquellen bieten sich parallel zu dem rollierenden kurzfristigen Planungssystem durchzuführende Halbjahres- oder Jahresvorausschätzungen an, die u. a. langfristige Anlagestrategien in Form von Branchenbeschränkungen aufnehmen können.

Integriert man in dieses Gesamtkonzept die mit Hilfe der Fundamentalanalyse gewonnenen Erkenntnisse, z. B. durch Reduktion der in die Rechnung einzubeziehenden Zahl der Papiere oder durch Vorgabe von Festanteilen einiger als besonders anlagewürdig charakterisierter Aktienwerte, so steht ein umfassendes flexibles Planungsinstrumentarium zur Verfügung, das für die Entscheidungsvorbereitung von Finanzinvestitionen privater und institutioneller Anleger gleichermaßen geeignet erscheint.

Literaturverzeichnis:

Adler, M. — On Risk-Adjusted Capitalization Rates and Valuation by Individuals. "Journal of Finance", Vol. 25 (1970), S. 819ff.

Alderfer, P. and Biermann Jr., H. — Choice with Risk: Beyond the Mean and Variance. "Journal of Business", Vol. 43 (1970), S. 341ff.

Angermann, A. — Industrielle Planungsrechnung, Bd. 1, Entscheidungsmodelle. Frankfurt (Main) 1963.

Babcock, G. C. — A Note on Justifying Beta as a Measure of Risk. "Journal of Finance", Vol. 27 (1972), S. 699ff.

Barankin, E. W. and Dorfman, R. — On Quadratic Programming. "University of California Publications in Statistics", Vol. 2 (1958), S. 285ff.

Bauernfeind, H.-D. — Fondsanalyse: Chancen und Risiken bestimmen die Auswahl. "Das Wertpapier", 18. Jg. (1970), S. 280ff.

Baumol, W. J. — An Expected Gain-Confidence Limit Criterion for Portfolio Selection. "Management Science", Vol. 10 (1964), S. 174ff.

Beale, E. M. L. — On Quadratic Programming. "Naval Research Logistics Quarterly", Vol. 6 (1959), S. 227ff.

Beja, A. — On Systematic and Unsystematic Components of Financial Risk. "Journal of Finance", Vol. 27 (1972), S. 37ff.

Bergmann, H. — Der Wunschtraum vom idealen Aktienindex. Was Indizes aussagen und was sie nicht aussagen können. "Der Volkswirt", 16. Jg. (1962), S. 321f.

Blaich, J. — Möglichkeiten und Grenzen der Modelle der Portfolio Selection - dargestellt an einigen Beispielen aus der Bundesrepublik Deutschland. Diss. Münster 1970.

Bleymüller, J. — Theorie und Technik der Aktienkursindizes. Wiesbaden 1966.

Bloech, J. — Einführung in die Unternehmensforschung für Wirtschaftsstudenten. Göttingen 1972.

Bloech, J. — Lösung von Portfolio Selection Problemen mit Verfahren der linearen Programmierung. Arbeitspapier Göttingen 1973.

Bloech, J. — Lineare Optimierung für Wirtschaftswissenschaftler. Opladen 1974.

Bloech, J. und Ihde, G. B. — Betriebliche Distributionsplanung. Würzburg/Wien 1972.

Blume, M. E. Portfolio Theory: A Step Towards Its Practical Application. "Journal of Business", Vol. 43 (1970), S. 152ff.

Blume, M. E. On the Assessment of Risk. "Journal of Finance", Vol. 26 (1971), S. 1ff.

Blume, M. E. and Frank, H. Return, Price and Beta. Rodney L. White Center For Financial Research. Wharton School of Finance and Commerce. University of Pennsylvania. Working Paper No. 9-72.

Blume, M. E. and Friend, I. A new look at the Capital Asset Pricing Model. "Journal of Finance", Vol. 27 (1972), S. 19ff.

Boot, J. C. G. Quadratic Programming. Amsterdam/Chicago 1964.

Bradley, S. P. and Crane, D. B. A Dynamic Model for Bond Portfolio Management. "Management Science", Vol. 19 (1972), S. 139ff.

Breen, W. J. and Lerner, E. M. Corporate Financial Strategies and Market Measures of Risk and Return. Graduate School of Management. Northwestern University.

Breen, W. J. and Lerner, E. M. On the Use of ß in Regulatory Proceedings. Graduate School of Management. Northwestern University.

Brestel, H. Aktienindex der FAZ weiter ausgebaut. "Frankfurter Allgemeine Zeitung" Nr. 166 v. 22. Juli 1970, S. 17.

Brockhoff, K. Zum Problem des optimalen Wertpapierbudgets. "Unternehmensforschung", Bd. 11 (1967), S. 162ff.

Brüggemann, E. Gestreutes Risiko - verbesserte Chancen. "Der Volkswirt", 22. Jg. (1968), Nr. 19, S. 49ff.

Brüggemann, E. Internationales Investmentsparen, In der Reihe: Der intelligente Investor. München 1968.

Büschgen, H. E. Aktienanalyse und Aktienbewertung nach der Ertragskraft. Die price-earnings-ratio und die Schätzung des Reingewinns aus dem Steuerausweis bei deutschen Aktiengesellschaften. Wiesbaden 1962.

Büschgen, H. E. Wertpapieranalyse. Die Beurteilung von Kapitalanlagen in Wertpapieren. Stuttgart 1966.

Büschgen, H. E. Zum Problem der Planung von Wertpapierbeständen, insbesondere durch Kreditinstitute und Investmentgesellschaften. "Kredit und Kapital", 2. Jg. (1969), Heft 1, S. 1ff.

Büschgen, H. E. Wissenschaftliche Unternehmensführung und operations research im Bankbetrieb - III. Teil. "Bank-Betrieb", 10. Jg. (1970), S. 53ff.

Büschgen, H. E. Investmentfonds und optimale Wertpapiermischung. In: Dienstleistungen in Theorie und Praxis. Festschrift zum siebzigsten Geburtstag von Otto Hintner. Hrsg. Linhardt, H., Penzkofer, P. und Scherpf, P. Stuttgart 1970.

Büschgen, H. E. Problematik externer Gewinnschätzungen bei Aktienanalysen. "Kapitalanlagen" - Beilage zum "Handelsblatt" Nr. 196 v. 12. 10. 1971, S. 42f.

Büschgen, H. E. Rentabilität und Risiko der Investmentanlage. Stuttgart 1971.

Chambers, D. and Charnes, A. Inter-Temporal Analysis and Optimization of Bank Portfolios. "Management Science", Vol. 7 (1961), S. 393ff.

Chen, A. H. Y. and Jen, F. C. and Zionts, S. The Optimal Portfolio Revision Policy. "Journal of Business", Vol. 44 (1971), S. 51ff.

Chen, A. H. Y. and Jen, F. C. and Zionts, S. Portfolio Models with Stochastic Cash Demands. "Management Science", Vol. 19 (1972), S. 319ff.

Cheng, P. L. Optimum Bond Portfolio Selection. "Management Science", Vol. 8 (1962), S. 490ff.

Cheng, P. L. and Deets, M. K. Portfolio Returns and the Random Walk Theory. "Journal of Finance", Vol. 26 (1971), S. 11ff.

Cheng, P. L. and Deets, M. K. Test of Portfolio Building Rules: Comment. "Journal of Finance", Vol. 26 (1971), S. 965ff.

Cohen, K. J. and Elton, E. J. — Inter-Temporal Portfolio Analysis based on Simulation of Joint Returns. "Management Science", Vol. 14 (1967), S. 5ff.

Cohen, K. J. and Hammer, F. S. — Analytical Methods in Banking. Homewood (Ill.) 1966.

Cohen, K. J. and Pogue, J. A. — An Empirical Evaluation of Alternative Portfolio Selection Models. "Journal of Business", Vol. 40 (1967), S. 166ff.

Cohen, J. B. and Zinbarg, E. D. — Investment Analysis and Portfolio Management. Homewood (Ill.) 1967.

Dantzig, G. B. — Lineare Programmierung und Erweiterungen. In: Ökonometrie und Unternehmensforschung, Bd. II, (übersetzt von A. Jaeger), Berlin/Heidelberg/New York 1966.

Deppe, H.-D. — Bankbetriebliches Wachstum. Funktionalzusammenhänge und Operations Research in Kreditinstituten. Stuttgart 1969.

Deppe, H.-D. — Betriebswirtschaftliche Grundlagen der Geldwirtschaft. Bd. 1: Einführung und Zahlungsverkehr. Stuttgart 1973.

Dinkelbach, W. — Sensitivitätsanalysen und parametrische Programmierung. In: Ökonometrie und Unternehmensforschung, Bd. 12,Berlin/Heidelberg/New York 1969.

Dippel, D. Wie wird der F.A.Z.-Aktienindex errechnet? "Frankfurter Allgemeine Zeitung" Nr. 166 v. 22. Juli 1970, S. 19.

Dörre, V. und Hielscher, U. Mehr Zinsgewinn per Computer. Die Elektronik rechnet genauer. "Wirtschaftswoche", 25. Jg. (1971), Nr. 37, S. 90ff.

Ebel, J. Beiträge zur Portefeuilleanalyse und zur Wirksamkeit einiger geldpolitischer Maßnahmen. Diss. Saarbrücken 1969.

Ebel, J. Portefeuilleanalyse: Entscheidungskriterien und Gleichgewichtsprobleme. Köln/Berlin/Bonn/München 1971.

Edwards, R. D. and Magee, J. Technical Analysis of Stock Trends. Springfield (Mass.) 1966.

Eppen, G. D. and Fama, E. F. Three Asset Cash Balance and Dynamic Portfolio Problems. "Management Science", Vol. 17 (1971) S. 311ff.

Erlenbach, E. Die Börse ist kein Computer. "Frankfurter Allgemeine Zeitung" Nr. 73 v. 28. 3. 1970, S. 17.

Evans, J. L. An Analysis of Portfolio Maintenance Strategies. "Journal of Finance", Vol. 25 (1970), S. 561ff.

Fama, E. F. Portfolio Analysis in a Stable Paretion Market. "Management Science", Vol. 12 (1965), S. 404ff.

Fama, E. F. — Efficient Capital Markets: A Review of Theory and Empirical Work. "Journal of Finance", Vol. 25 (1970), S. 383ff.

Fama, E. F. — Components of Investment Performance. "Journal of Finance", Vol. 27 (1972), S. 551ff.

Fama, E. F. and Fisher L. and Jensen, M. C. and Roll, R. — The Adjustment of Stock Prices to New Information. Graduate School of Industrial Administration. Carnegie-Mellon University. Reprint No. 421 1969.

Fielitz, B. D. — On the Behavior of Stock Price Relatives as a Random Process with an Application to New York Stock Exchange Prices. Abstract of Doctoral Diss., "Journal of Finance", Vol. 25 (1970), S. 694ff.

Fisher, L. and Lorie, J. H. — Some Studies of Variability of Returns on Investment in Common Stocks. "Journal of Business", Vol. 43 (1970), S. 99ff.

Frank, M. and Wolfe, P. — An Algorithm for Quadratic Programming. "Naval Research Logistics Quarterly", Vol. 3 (1956), S. 95ff.

Franke, G. — Verschuldungs- und Ausschüttungspolitik im Licht der Portefeuille-Theorie. Köln/Berlin/Bonn/München 1971.

Fried, J. Forecasting and Probability Distributions for Models of Portfolio Selection. "Journal of Finance", Vol. 25 (1970), S. 539ff.

Friend, I. and Blume, M. E. Risk and the Long-run Dates of Return on NYSE Common Stock. Rodney L. White Center For Financial Research. Wharton School of Finance and Commerce. University of Pennsylvania. Working Paper No. 18-72.

Frisch, R. A. K. The Multiplex Method for Linear and Quadratic Programming. Mem. Univ. Social. Institute of Oslo 1957.

Fromm, A. Strategien für Finanzanlagen (Portfolio Selection Problem). Unveröffentlichte Diplomarbeit Göttingen 1970.

Fuchs, K. D. Einsatz und Struktur von computerunterstützten Wertpapier-Informationsverarbeitungs-Systemen I. und II. Teil. "Österreichisches Bank-Archiv", 20. Jg. (1972), S. 121ff. und S. 167ff.

Gaumnitz, J. E. Appraising Performance of Investment Portfolios. "Journal of Finance", Vol. 25 (1970), S. 555ff.

Gburek, M. Charts und Analysen sind besser als Aktien-Astrologie. "Das Wertpapier", 20. Jg. (1972), S. 5ff.

Graham, B. and Dodd, D. L. and Cottle, S. — Security Analysis. Principles and Technique. 4. Edition New York/San Francisco/Toronto/London 1962.

Haas, R. D. — A Portfolio Model of International Capital Flows. Doctoral Diss. University of Georgia 1971.

Hadley, G. — Linear Programming. Reading (Mass.) 1962.

Hakansson, N. H. — Mean-Variance Analysis of Average Compound Returns. Presented at the Conference on Capital Market Theory sponsored by Wells Fargo Bank and held at the Massachusetts Institute of Technology, July 27-29, 1970.

Hakansson, N. H. — Multi-Period Mean-Variance Analysis: Toward a general Theory of Portfolio Choice. "Journal of Finance", Vol. 26 (1971), S. 857ff.

Hakansson, N. H. — Capital Growth and the Mean-Variance Approach to Portfolio Selection. Reprinted from:"Journal of Financial and Quantitative Analysis", Vol. 6 (1971), No. 1, S. 517ff.

Hanoch, G. and Levy, H. — Efficient Portfolio Selection with Quadratic and Cubic Utility. "Journal of Business", Vol. 43 (1970), S. 181ff.

Herrmann, K. — Die Statistik der Börsenwerte der Aktien. Kursdurchschnitte - Rendite - Indexziffer der Aktienkurse. "Wirtschaft und Statistik", 8. Jg. (1956), N.F., S. 188ff.

Hidding, B. — Wie erfolgreich ist eine Aktienanalyse? "Das Wertpapier", 18. Jg. (1970), S. 1060ff.

Hielscher, U. — Das optimale Aktienportefeuille. Grundlagen der Kapitalanlagenplanung am Aktienmarkt. 3. unver. Aufl. Frankfurt (Main) 1969.

Hielscher, U. — Technische Aktientrendanalyse I und II. "Zeitschrift für das gesamte Kreditwesen", 23. Jg. (1970), S. 312ff. und S. 367ff.

Hielscher, U. und Schulz, H.-D. — Problematische Erfolgs-Vergleiche. "Das Wertpapier", 17. Jg. (1969), S. 254ff.

Hielscher, U. und Schulz, H.-D. — Systematische Erfolgs-Vergleiche. "Das Wertpapier", 17. Jg. (1969), S. 341ff.

Hürten, R. — Wertpapier-Informationssystem privater Banken. "adl-Nachrichten", 16. Jg. (1971), Heft 10, S. 39f.

Hutchins, R. C. — Measurement of Multicompany Diversification. Doctoral Diss. University of Southern College 1971.

IBM — A New Mathematical Approach to Investment Planning. IBM Data Processing Application 1962.

IBM — Application Program 1130 Scientific Subroutine Package Programmer's Manual, Program Number 1130-CM-02X IBM Form GH20-0252-4.

IBM — 1401 Portfolio Selection Program (1401-FI-04X) Program Reference Manual, IBM Form H20-0127-1.

IBM — Optimale Wertpapiermischungen Programmbeschreibung, IBM Form 80632-0.

IBM — Portfolio Selection Program (IB PS90) IBM 7090 Program (7090-FI-03X), Preliminary Manual 1962.

IBM — Programmbeschreibung Optimale Wertpapiermischungen mit dem IBM System/360, IBM Form 80587-0.

Jacob, N. — The Measurement of Market Similarity for Securities under Uncertainty. "Journal of Business", Vol. 43 (1970), S. 328ff.

Jarchow, H.-J. — Von Keynes zur Portfolio Selection. "Der Volkswirt", 23. Jg. (1969), Nr. 6, S. 36ff.

Jarchow, H.-J. — Der Bankkredit in einer Theorie der "Portfolio Selection". "Weltwirtschaftliches Archiv", Kiel 1970, Bd. 104, Heft 2, S. 189ff.

Jensen, M. C. — Risk, the Pricing of Capital Assets, and the Evaluation of Investment Portfolios. "Journal of Business", Vol. 42 (1969), S. 167ff.

Jiler, W. L. — How Charts can help You in the Stock Market. 3rd Printing New York 1965.

Jones, I. E. — Test of Portfolio Building Rules: Comment. "Journal of Finance", Vol. 26 (1971), S. 973ff.

Jordan, C. — Wie wird der neue Aktienindex der FAZ errechnet? "Frankfurter Allgemeine Zeitung" Nr. 229 v. 3. Okt. 1961, S. 14.

Joyce, J. M. and Vogel, R. C. — The Uncertainty in Risk: Is Variance Unambigous? "Journal of Finance", Vol. 25 (1970), S. 127ff.

Kaplan, R. and Roll, R. — Investor Evaluation of Accounting Information: Some Empirical Evidence. Graduate School of Industrial Administration. Carnegie-Mellon University. Working Paper 28-70-1.

King, B. F. — Market and Industry Factors in Stock Price Behavior. "Journal of Business", Vol. 39 (1966), S. 139ff.

Koch, W. — "Dow-Jones-Fonds" als Investment-Vergleichsmaßstab. "Das Wertpapier", 18. Jg. (1970), S. 828ff.

Krekó, B. — Lehrbuch der linearen Optimierung. Berlin 1969.

Krelle, W. und Künzi, H. P. — Lineare Programmierung. Zürich 1958.

Künzi, H. P. und Krelle, W. — Nichtlineare Programmierung. Monographien zur Unternehmensforschung. Bd. 1, Berlin/Göttingen/Heidelberg 1962.

Latané, H. A. and Young, W. E. — Test of Portfolio Building Rules. "Journal of Finance", Vol. 24 (1969), S. 595ff.

Latané, H. A. and Young, W. E. — A Reply. "Journal of Finance", Vol. 26 (1971), S. 976ff.

Levy, H. — Portfolio Performance and the Investment Horizon. "Management Science", Vol. 18 (1972), S. 645ff.

Levy, H. and Sarnat, M. — Diversification, Portfolio Analysis and the Uneasy Case for Conglomerate Mergers. "Journal of Finance", Vol. 25 (1970), S. 795ff.

Levy, H. and Sarnat, M. — Alternative Efficiency Criteria: An Empirical Analysis. "Journal of Finance", Vol. 25 (1970), S. 1153ff.

Levy, H. and Sarnat, M. — Two-Period Portfolio Selection and Investors Discount Rates. "Journal of Finance", Vol. 26 (1971), S. 757ff.

Levy, R. A. — On the Short-Term Stationary of Beta-Coefficients. "Financial Analysts Journal", Nov.-Dec. 1971, S. 55ff.

Lüder, K. und Streitferdt, L. — Die Bestimmung optimaler Portefeuilles unter Ganzzahligkeitsbedingungen. "Zeitschrift für Operations Research", Bd. 16 (1972), Serie B, S. B 89ff.

Mao, C. T. — Survey of Capital Budgeting: Theory and Practice. "Journal of Finance", Vol. 25 (1970), S. 349ff.

Markowitz, H. M. Portfolio Selection. "Journal of Finance", Vol. 3 (1952), S. 77ff.

Markowitz, H. M. The Optimization of a Quadratic Function Subject to Linear Constraints. "Naval Research Logistics Quarterly", Vol. 3 (1956), S. 111ff.

Markowitz, H. M. Portfolio Selection. Efficient Diverzification of Investments. New York/London/Sydney 1959.

Mills, H. D. On the Measurement of Fund Performance. "Journal of Finance", Vol. 25 (1970), S. 1125ff.

Morgenroth, G. Aufbau und Aussage deutscher Aktienindizes. "Bank-Betrieb", 10. Jg. (1970), S. 216ff.

Müller, H. Portfolio Selection - Entscheidungshilfe bei der Vermögensanlage. "Bank-Betrieb", 9. Jg. (1969), S. 428ff.

Müller, H. Portfolio Selection als Entscheidungsmodell deutscher Investmentgesellschaften. Bd. 10 der Schriftenreihe für Kreditwirtschaft und Finanzierung. Hrsg. K. F. Hagenmüller. Wiesbaden 1970.

Müller-Merbach, H. Operations Research. Methoden und Modelle der Optimalplanung. 3. durchgesehene Aufl. München 1973.

Naslund, B. and Whinston, A. A Model of Multi-Period Investment under Uncertainty. "Management Science", Vol. 8 (1962), S. 184ff.

Nebe, H. H. Datenverarbeitung für Studenten der Wirtschafts- und Sozialwissenschaften. IBM Deutschland 1970.

Neuhaus, W. Zur Planung effizienter Wertpapier portefeuilles. Diss. Köln 1968.

Neuhaus, W. Indexmodelle zur Planung effizienter Wertpapierportefeuilles. "Zeitschrift für Betriebswirtschaft", 39. Jg. (1969), S. 801ff.

Niemeyer, G. Einführung in die lineare Planungsrechnung mit ALGOL- und FORTRAN-Programmen. Berlin 1968.

Obermann, G. Zentrale Geschäftsabwicklung an der Frankfurter Wertpapierbörse. "IBM-Nachrichten", 19. Jg. (1969), S. 760ff.

Obermann, G. Die zweite Stufe der zentralen Börsengeschäftsabwicklung an der Frankfurter Wertpapierbörse. "IBM-Nachrichten", 22. Jg. (1972), S. 289ff.

o. Verf. Investmentfonds: Die große Krise. "Capital", 8. Jg. (1969), Nr. 10, S. 48ff.

o. Verf. Kursanalyse. "Das Wertpapier", 18. Jg. (1970), S. 211f.

o. Verf. Aktien besser als Fonds. "Das Wertpapier", 18. Jg. (1970), S. 819.

o. Verf. Wertpapieranlage. "Optimale Mischung" im Modell. "Wirtschaftswoche", 25. Jg. (1971), Nr. 18, S. 39ff.

o. Verf. — Investmentanalyse bleibt herkömmlich. "Blick durch die Wirtschaft" Nr. 131 v. 9. 6. 1971, S. 1.

o. Verf. — Security Risk Evaluation. Beta Coefficients. Merrill Lynch, Pierce, Fenner and Smith Inc. New York, October 1971.

o. Verf. — 1,5 : 0 für die technische Analyse. "Das Wertpapier", 20. Jg. (1972), S. 198.

o. Verf. — Deutsche Fonds. Einheitliche Vergleichsbasis. "Wirtschaftswoche", 26. Jg. (1972), Nr. 14, S. 108.

Ose, G. und Lochmann, G. und Baumann, H. und Körner, W. — Ausgewählte Kapitel der Mathematik für Ingenieur- und Fachschulen. 3. Aufl. Leipzig 1968.

Ost, H.-D. — Entwicklung der deutschen Investmentfonds. Anlagepolitik seit 1959. "Das Wertpapier", 15. Jg. (1967), 272f.

Peters, L. — Planungsmodelle vom Markowitz-Typ. Diss. Freiburg (Breisgau) 1969.

Peters, L. — Simultane Produktions-Investitionsplanung mit Hilfe der Portfolio Selection. Berlin 1971.

Pinches, G. E. and Kinney Jr, W. R. — The Measurement of the Volatility of Common Stock Prices. "Journal of Finance", Vol. 26 (1971), S. 119ff.

Podewils, M. — Investmentgesellschaften in der Bundesrepublik. Diss. Köln 1960.

Pogue, G. A. — An Extension of the Markowitz Portfolio Selection Model to include Variabel Transactions' Costs, Short Sales, Leverage Policies and Taxes. "Journal of Finance", Vol. 25 (1970), S. 1005ff.

Reinemer, K. — Aktienkursbewegungen - betrachtet nach der technischen Analyse. "Beiträge zur Aktienanalyse", Darmstadt, Heft 5 (1967), S. 35ff.

Robinson, R. S. — Measuring the Risk Dimension of Investment Performance. "Journal of Finance", Vol. 25 (1970), S. 455ff.

Rodewald, B. — Der Erfolg westdeutscher Investmentfonds im Vergleich zum Aktienindex des Statistischen Bundesamtes in der Zeit vom 31. 12. 1958 bis zum 31. 12. 1968. Unveröffentlichte Diplomarbeit Göttingen 1970.

Roll, R. — Bias in fitting the Sharpe Model to time Series Data. Reprint from "Journal of Financial and Quantitative Analysis", Vol. 4 (1969), No. 3, S. 271ff.

Roll, R. — Some Preliminary Evidence on the "Growth Optimum" Model. Graduate School of Industrial Administration. Carnegie-Mellon University. Working Paper 3-71-2.

Roll, R. — Investment Diversification and Bond Maturity. "Journal of Finance", Vol. 26 (1971), S. 51ff.

Rosen, J. B. — The Gradient Projection Method for Nonlinear Programming I and II. "Siam Journal Applied Mathematics", Vol. 8 (1960), S. 180ff. und Vol. 9 (1961), S. 514ff.

Sasieni, M. und Yaspan, A. und Friedman, L. — Methoden und Probleme der Unternehmensforschung. Würzburg/Wien 1969.

Schiller, W. — Technische Aktienanalyse. Chart-Reading. München 1971.

Schlembach, H. — Die Bewertung von Aktien. Leitfaden für Kapitalanleger und Anlageberater. 2. Aufl. München 1969.

Schneeweiß, H. — Entscheidungskriterien bei Risiko. Berlin/Heidelberg/New York 1967.

Schneider, G. — Zur Planung von Bankportefeuilleentscheidungen. Frankfurt (Main) 1970.

Schulz, H.-D. — Analyse zyklischer Aktienkursbewegungen. Diss. Darmstadt 1969.

Schulz, H.-D. Analyse zyklischer Aktien-Kursbewegungen I, II und III. "Zeitschrift für das gesamte Kreditwesen", 22. Jg. (1969), S. 522ff., S. 652ff. und S. 712ff.

Sharpe, W. F. A Simplified Model for Portfolio Analysis. "Management Science", Vol. 9 (1963), S. 277ff.

Sharpe, W. F. Capital Asset Prices: A Theory of Market Equilibrium Under Conditions of Risk. "Journal of Finance", Vol. 19 (1964), S. 425ff.

Sharpe, W. F. Mutual Fund Performance. "Journal of Business", Vol. 39 (1966), S. 119ff.

Sharpe, W. F. A Linear Programming Algorithm for Mutual Fund Portfolio Selection. "Management Science", Vol. 13 (1967), S. 499ff.

Sharpe, W. F. Portfolio Theory and Capital Markets. New York/San Francisco/St. Louis/Düsseldorf/London/Mexico/Panama/Sydney/Toronto 1970.

Sharpe, W. F. Mean-Absolute-Deviation Characteristic Lines for Securities and Portfolios. "Management Science", Vol. 18 (1971), S. 1ff.

Sharpe, W. F. Diversification and Portfolio Risk. Reprint from "Financial Analysts Journal", Jan. - Febr. 1972, S. 1ff.

Sharpe, W. F. Risk, Market Sensitivity and Diversification. Graduate School of Business - Stanford University. Research Paper No. 50.

Sharpe, W. F. A Linear Programming Approximation for the General Portfolio Analysis Problem. Graduate School of Business-Stanford University. Working Paper 189.

Sharpe, W. F. Risk - adjusted Measures of Security and Portfolio Performance. Graduate School of Business - Stanford University. Working Paper 195.

Sharpe, W. F. and Cooper, G. M. Risk - Return Clases of New York Stock Exchange Common Stocks, 1931 - 1967. Graduate School of Business - Stanford University. Technical Report No. 3.

Siebert, G.(Hrsg.) Beiträge zur Aktienanalyse. Frankfurt (Main) 1972.

Smith, K. V. A Transition Model for Portfolio Revision. "Journal of Finance", Vol. 22 (1967), S. 425ff.

Smith, K. V. Stock Price and Economic Indexes for Generating Efficient Portfolios. "Journal of Business", Vol. 42 (1969), S. 326ff.

Smith, K. V. Portfolio Management. Theoretical and Empirical Studies of Portfolio Decision-Making. New York/Chicago/San Francisco/Atlanta/Dallas/Montreal/Toronto/London/Sydney 1971.

Smith, K. V. and Schreiner, J. C. — A Portfolio Analysis of Conglomerate Diversification. "Journal of Finance", Vol. 24 (1969), S. 413ff.

Spellerberg, B. und Schneider, R. — Neuberechnung des Index der Aktienkurse. Index des börsennotierten Aktienkapitals. "Wirtschaft und Statistik", Jahrgang 1967, S. 341ff.

Stapleton, R. C. — Portfolio Analysis, Stock Valuation and Capital Budgeting Decision Rules for Risky Projects. "Journal of Finance", Vol. 26 (1971), S. 95ff.

Steinbach, W. — Dynamische Finanzplanung bei integrierter elektronischer Datenverarbeitung. Diss. Göttingen 1970.

Steinbach, W. und Fromm, A. — Ökonomische Aspekte der Portfolio-Selection-Theorie. "Kredit und Kapital", 6. Jg. (1973), S. 1ff.

Stone, B. K. — Risk, Return, and Equilibrium: A General Single-Period Theory of Asset Selection and Capital-Market Equilibrium. Cambridge (Mass.)/London 1970.

Thomas, C. W. — Beta Mousetrap? "Barron's", Febr. 7, 1972, S. 5ff.

Treynor, J. L. — How to Rate Management of Investment Funds. "Harvard Business Review", Vol. 43 (1965), No. 1, S. 63ff.

Treynor, J. L. and Black, F. — How to Use Security Analysis to Improve Portfolio Selection. "Journal of Business", Vol. 46 (1973), S. 66ff.

Wagner, W. H. and Lan, S. C. — The Effect of Diversification on Risk. "Financial Analysts Journal", Nov.-Dec. 1971, S. 48ff.

Waschkowsky, H. — Prognose von Aktienkursen. Eine Untersuchung der verschiedenen Analysemethoden. Frankfurt 1971.

Wegener, H. — Die Optimierung linearer Investitions- und Finanzplanungsmodelle mit ausgewählten Verfahren der ganzzahligen Programmierung. Diss. Göttingen 1973.

Wegener, W. D. — Ausgewählte Anwendungen der quadratischen Programmierung. Unveröffentlichte Diplomarbeit Göttingen 1972.

Welles, C. — The beta revolution: Learning to live with risk. "Institutional Investor", Sept. 1971, S. 21ff.

West, D. A. — Risk Analysis in the Sixties. In: Readings in Investment Analysis, Ed. by West, D. A. Scranton (Pennsylvania) 1969, S. 48ff.

Whitmore, G. and Darkazanli, S. — A Linear Risk Constraint in Capital Budgeting. "Management Science", Vol. 18 (1971), S. 155ff.

Wilde, M. Depotplanungsmodelle - Kriterien für die Anlagenplanung durch Kreditinstitute. Diss. Wien 1972. In: Österreichisches Forschungsinstitut für Sparkassenwesen. Dr.-Stigleitner-Schriftenreihe Bd. 12.

Wolfe, P. The Simplex Method for Quadratic Programming. "Econometrica", Vol. 27 (1959), S. 382ff.

Zoutendijk, G. Studies in Nonlinear Programming. Some Remarks about the Gradient Projection Method of Nonlinear Programming. Koninklije/Shell-Laboratorium Amsterdam 1957.

Weitere Quellen:

"Börsenführer", herausgegeben vom Verlag Hoppenstedt u. Co. Darmstadt.

"Börsen-Zeitung".

"Der Volkswirt".

"Fachserie I Geld und Kredit, Reihe 2 Aktienkurse, I. Index der Aktienkurse", herausgegeben vom Statistischen Bundesamt in Wiesbaden.

"Frankfurter Allgemeine Zeitung".

"Handbuch der deutschen Aktiengesellschaften 1972/73", herausgegeben vom Verlag Hoppenstedt u. Co. Darmstadt.

"Handelsblatt".

"Hoppenstedt-Charts" Kurs-Umsatz-Schaubilder deutscher Aktien, herausgegeben vom Verlag Hoppenstedt u. Co. Darmstadt.

"Hoppenstedt Monats-Kurstabellen 1954-1972", herausgegeben vom Verlag Hoppenstedt u. Co. Darmstadt.

"Monatsberichte der Deutschen Bundesbank".

Rechenschafts- und Zwischenberichte der deutschen Investmentfonds.

"Saling Aktienführer 1973", herausgegeben vom Verlag Hoppenstedt u. Co. Darmstadt.

"Statistische Beihefte zu den Monatsberichten der Deutschen Bundesbank".

"Statistisches Jahrbuch für die Bundesrepublik Deutschland 1972", herausgegeben vom Statistischen Bundesamt in Wiesbaden.

"Vademecum der Investmentfonds 1972", herausgegeben vom Verlag Hoppenstedt u. Co. Darmstadt, 12. Aufl. 1972.

"Vademecum der Investmentfonds 1973", herausgegeben vom Verlag Hoppenstedt u. Co. Darmstadt, 13. Aufl. 1973.

"Wirtschaftswoche".

A N H A N G

Test 10A - Schätzzeitraum Dez. 1970 bis März 1971, Regressionsanalyse 1967 bis 1970
Indexwert 140,300 Indexstandardabweichung +-5,000

Corner-Portefeuille Nr.				1	2	3	4	5	6	7	8	9	10	11	12
Errechn. Portefeuilleertrag in %				85,493	45,734	32,991	25,252	17,517							
Standardabweichung in %				45,153	15,596	9,091	6,925	6,111							
Tats. Portefeuilleertrag in %				47,727	38,879	30,568	28,098	26,741							
Wp-Nr	Wp-Name	Errechn. Wp-Ertrag i.%	Tats.Wp-Ertrag in %	Portefeuille-Zusammensetzung in %											
1	VART	4,407	29,758	0,000	0,000	0,000	0,000	10,608							
2	BEMO	85,493	47,727	100,000	30,279	11,752	6,103	1,518							
3	DEMG	28,467	35,036	0,000	69,721	56,388	41,415	27,013							
4	TEXA	9,025	24,870	0,000	0,000	0,000	24,654	40,480							
5	DEGU	21,631	16,329	0,000	0,000	31,859	27,828	20,381							
6															
7															
8															
9															
10															
11															
12															

Test 10C - Schätzzeitraum Dez. 1970 bis März 1971, Regressionsanalyse 1967 bis 1970

Indexwert 140,300 Indexstandardabweichung +-5,000

Berechnung des Tests 10A mit dem Diagonalmodell

Corner-Portefeuille Nr.				1	2	3	4	5	6	7	8	9	10	11	12
Errechn. Portefeuilleertrag in %				85,493	45,734	32,991	25,252	17,517							
Standardabweichung in %				45,153	15,596	9,091	6,925	6,111							
Tats. Portefeuilleertrag in %				47,727	38,879	30,568	28,098	26,741							
Wp-Nr	Wp-Name	Errechn. Wp-Ertrag i.%	Tats.Wp-Ertrag in %	Portefeuille-Zusammensetzung in %											
1	VART	4,407	29,758	0,000	0,000	0,000	0,000	10,608							
2	BEMO	85,493	47,727	100,000	30,279	11,752	6,103	1,518							
3	DEMG	28,467	35,036	0,000	69,721	56,389	41,415	27,013							
4	TEXA	9,025	24,870	0,000	0,000	0,000	24,654	40,480							
5	DEGU	21,631	16,329	0,000	0,000	31,859	27,828	20,381							
6	INDX	0,000	0,000	52,134	66,336	101,608	96,396	97,532							
7															
8															
9															
10															
11															
12															

Test 10E - Schätzzeitraum Dez. 1970 bis März 1971, Regressionsanalyse 1967 bis 1970

Indexwert 140,300 Indexstandardabweichung +-5,000

Berechnung d. Tests 10A mit zusätzl. Restriktionen: X1 = 5%, X2 ≤ 60%, X4 ≥ 10%

Corner-Portefeuille Nr.				1	2	3	4	5	6	7	8	9	10	11	12
Errechn. Portefeuilleertrag in %				59,535	39,721	28,548	18,377								
Standardabweichung in %				27,305	13,220	7,823	6,162								
Tats. Portefeuilleertrag in %				41,370	36,960	29,673	26,428								
Wp-Nr	Wp-Name	Errechn. Wp-Ertrag i.%	Tats. Wp-Ertrag in %	Portefeuille-Zusammensetzung in %											
1	VART	4,407	29,758	5,000	5,000	5,000	5,000								
2	BEMO	85,493	47,727	60,000	25,253	9,009	1,585								
3	DEMG	28,467	35,036	25,000	59,747	48,057	28,380								
4	TEXA	9,025	24,870	10,000	10,000	10,000	42,399								
5	DEGU	21,631	16,329	0,000	0,000	27,934	22,637								
6															
7															
8															
9															
10															
11															
12															

Test 10G - Schätzzeitraum Dez. 1970 bis März 1971, Regressionsanalyse 1967 bis 1970

Indexwert 140,300 Indexstandardabweichung +-5,000

Berechnung d. Tests 10A mit zusätzl. Restriktionen: X1 = 5%, X2 ≤ 60%, X3 ≤ 50%, X4 ≥ 10%

Corner-Portefeuille Nr.				1	2	3	4	5	6	7	8	9	10	11	12
Errechn. Portefeuilleertrag in %				59,535	45,279	45,279	28,413	21,064							
Standardabweichung in %				27,305	16,814	16,814	7,790	6,687							
Tats. Portefeuilleertrag in %				41,370	38,197	38,197	29,905	29,335							
Wp-Nr	Wp-Name	Errechn. Wp-Ertrag i.%	Tats.Wp-Ertrag in %	Portefeuille-Zusammensetzung in %											
1	VART	4,407	29,758	5,000	5,000	5,000	5,000	5,000							
2	BEMO	85,493	47,727	60,000	35,000	35,000	8,590	1,158							
3	DEMG	28,467	35,036	25,000	50,000	50,000	50,000	50,000							
4	TEXA	9,025	24,870	10,000	10,000	10,000	10,000	30,645							
5	DEGU	21,631	16,329	0,000	0,000	0,000	26,410	13,198							
6															
7															
8															
9															
10															
11															
12															

Test 20A - Schätzzeitraum Dez. 1968 bis Juni 1969, Regressionsanalyse 1967 bis 1968

Indexwert 142,100   Indexstandardabweichung +-5,000

Corner-Portefeuille Nr.				1	2	3	4	5	6	7	8	9	10	11	12
Errechn. Portefeuilleertrag in %				16,003	13,832	13,145	3,209								
Standardabweichung in %				8,154	5,651	5,272	0,000								
Tats. Portefeuilleertrag in %				-6,707	-7,333	-6,802	0,000								
Wp-Nr	Wp-Name	Errechn. Wp-Ertrag i.%	Tats.Wp-Ertrag in %	Portefeuille-Zusammensetzung in %											
1	AEG	12,382	-7,751	0,000	59,942	54,102	0,000								
2	MAN	16,003	-6,707	100,000	40,058	35,330	0,000								
3	BASF	7,499	-2,263	0,000	0,000	10,568	0,000								
4	BAVA	0,471	-0,190	0,000	0,000	0,000	0,000								
5	BEID	3,980	19,444	0,000	0,000	0,000	0,000								
6	CASS	-6,471	13,761	0,000	0,000	0,000	0,000								
7	TEXA	-2,909	-0,099	0,000	0,000	0,000	0,000								
8	DEGU	-1,677	15,131	0,000	0,000	0,000	0,000								
9	BP67	3,209	0,000	0,000	0,000	0,000	100,000								
10															
11															
12															

Test 20B - Schätzzeitraum Dez. 1968 bis Juni 1969, Regressionsanalyse 1967 bis 1968

Indexwert 142,100 Indexstandardabweichung +-5,000

Berechnung d. Tests 20A mit zusätzl. Restriktion: X9 ≤ 10%

Corner-Portefeuille Nr-				1	2	3	4	5	6	7	8	9	10	11	12
Errechn. Portefeuilleertrag in %				16,003	13,832	13,145	12,152	9,590	9,255	4,136	3,280	2,180	2,103	1,803	1,105
Standardabweichung in %				8,154	5,651	5,272	4,745	3,687	3,600	2,589	2,500	2,424	2,420	2,407	2,394
Tats. Portefeuilleertrag in %				-6,707	-7,333	-6,802	-6,122	-4,144	-4,001	-1,686	-1,118	-0,205	-0,154	0,136	0,789
Wp-Nr	Wp-Name	Errechn. Wp-Ertrag i.%	Tats.Wp-Ertrag in %	Portefeuille-Zusammensetzung in %											
1	AEG	12,382	-7,751	0,000	59,942	54,102	48,692	26,930	25,728	6,909	3,595	0,000	0,000	0,000	0,000
2	MAN	16,003	-6,707	100,000	40,058	35,330	31,797	14,175	13,436	4,091	2,511	0,912	0,718	0,000	0,000
3	BASF	7,499	-2,263	0,000	0,000	10,568	9,511	48,895	48,782	35,790	33,450	30,564	30,178	28,628	22,422
4	BAVA	0,471	-0,190	0,000	0,000	0,000	0,000	0,000	0,000	25,987	29,991	33,004	33,200	33,541	34,307
5	BEID	3,980	19,444	0,000	0,000	0,000	0,000	0,000	0,000	0,000	0,835	1,442	1,449	1,357	0,721
6	CASS	-6,471	13,761	0,000	0,000	0,000	0,000	0,000	0,000	0,000	0,000	2,554	2,761	3,329	5,167
7	TEXA	-2,909	-0,099	0,000	0,000	0,000	0,000	0,000	2,054	17,222	19,617	21,523	21,694	22,163	23,850
8	DEGU	-1,677	15,131	0,000	0,000	0,000	0,000	0,000	0,000	0,000	0,000	0,000	0,000	0,981	3,533
9	BP67	3,209	0,000	0,000	0,000	0,000	10,000	10,000	10,000	10,000	10,000	10,000	10,000	10,000	10,000
10															
11															
12															

Test 20C - Schätzzeitraum Dez. 1968 bis Juni 1969, Regressionsanalyse 1967 bis 1968

Indexwert 142,100 Indexstandardabweichung +-5,000

Berechnung d. Tests 20A mit zusätzl. Restriktion: X9 = 10%

Corner-Portefeuille Nr.				1	2	3	4	5	6	7	8	9	10	11	12
Errechn. Portefeuilleertrag in %				14,723	12,770	9,590	9,255	4,136	3,280	2,180	2,103	1,803	1,105		
Standardabweichung in %				7,339	5,086	3,687	3,600	2,589	2,500	2,424	2,420	2,407	2.394		
Tats. Portefeuilleertrag in %				-6,037	-6,600	-4,144	-4,001	-1,686	-1,118	-0,205	-0,154	0,136	0,789		
Wp-Nr	Wp-Name	Errechn. Wp-Ertrag i.%	Tats.Wp-Ertrag in %	Portefeuille-Zusammensetzung in %											
1	AEG	12,382	-7,751	0,000	53,947	26,930	25,728	6,909	3,595	0,000	0,000	0,000	0,000		
2	MAN	16,003	-6,707	90,000	36,053	14,175	13,436	4,091	2,511	0,912	0,718	0,000	0,000		
3	BASF	7,499	-2,263	0,000	0,000	48,895	48,782	35,790	33,450	30,564	30,178	28,628	22,422		
4	BAVA	0,471	-0,190	0,000	0,000	0,000	0,000	25,987	29,991	33,004	33,200	33,541	34,307		
5	BEID	3,980	19,444	0,000	0,000	0,000	0,000	0,000	0,835	1,442	1,449	1,357	0,721		
6	CASS	-6,471	13,761	0,000	0,000	0,000	0,000	0,000	0,000	2,554	2,761	3,329	5,167		
7	TEXA	-2,909	-0,099	0,000	0,000	0,000	2,054	17,222	19,617	21,523	21,694	22,163	23,850		
8	DEGU	-1,677	15,131	0,000	0,000	0,000	0,000	0,000	0,000	0,000	0,000	0,981	3,533		
9	BP67	3,209	0,000	10,000	10,000	10,000	10,000	10,000	10,000	10,000	10,000	10,000	10,000		
10															
11															
12															

Test 20D - Schätzzeitraum Dez. 1968 bis Juni 1969, Regressionsanalyse 1967 bis 1968

Indexwert 142,100 Indexstandardabweichung +-5,000

Berechnung d. Tests 20A ohne X9 BP67, Summe der Aktienwerte = 90%

Corner-Portefeuille Nr.				1	2	3	4	5	6	7	8	9	10	11	12
Errechn. Portefeuilleertrag in %				14,402	12,449	9,269	8,934	3,815	2,959	1,859	1,782	1,482	0,784		
Standardabweichung in %				7,339	5,086	3,687	3,600	2,589	2,500	2,424	2,420	2,407	2,394		
Tats. Portefeuilleertrag in %				-6,037	-6,600	-4,144	-4,001	-1,686	-1,118	-0,205	-0,154	0,136	0,789		
Wp-Nr	Wp-Name	Errechn. Wp-Ertrag i. %	Tats. Wp-Ertrag in %	Portefeuille-Zusammensetzung in %											
1	AEG	12,382	-7,751	0,000	53,947	26,930	25,728	6,909	3,595	0,000	0,000	0,000	0,000		
2	MAN	16,003	-6,707	90,000	36,053	14,175	13,436	4,091	2,511	0,912	0,718	0,000	0,000		
3	BASF	7,499	-2,263	0,000	0,000	48,895	48,782	35,790	33,450	30,564	30,178	28,628	22,422		
4	BAVA	0,471	-0,190	0,000	0,000	0,000	0,000	25,987	29,991	33,004	33,200	33,541	34,307		
5	BEID	3,980	19,444	0,000	0,000	0,000	0,000	0,000	0,835	1,442	1,449	1,357	0,721		
6	CASS	-6,471	13,761	0,000	0,000	0,000	0,000	0,000	0,000	2,554	2,761	3,329	5,167		
7	TEXA	-2,909	-0,099	0,000	0,000	0,000	2,054	17,222	19,617	21,523	21,694	22,163	23,850		
8	DEGU	-1,677	15,131	0,000	0,000	0,000	0,000	0,000	0,000	0,000	0,000	0,981	3.533		
9															
10															
11															
12															

Test 20E - Schätzzeitraum Dez.. 1968 bis Juni 1969, Regressionsanalyse 1967 bis 1968

Indexwert 142,100 Indexstandardabweichung +-5,000

Berechnung d. Tests 20A ohne X9 BP67, Summe der Aktienwerte = 100%

Corner-Portefeuille Nr.				1	2	3	4	5	6	7	8	9	10	11	12
Errechn. Portefeuilleertrag in %				16,003	13,832	10,299	9,927	4,239	3,288	2,066	1,980	1,647	0,871		
Standardabweichung in %				8,154	5,651	4,096	4,001	2,877	2,778	2,693	2,689	2,675	2,660		
Tats. Portefeuilleertrag in %				-6,707	-7,333	-4,605	-4,446	-1,874	-1,242	-0,228	-0,171	0,151	0,877		
Wp-Nr	Wp-Name	Errechn. Wp-Ertrag i.%	Tats.Wp-Ertrag in %	Portefeuille-Zusammensetzung in %											
1	AEG	12,382	-7,751	0,000	59,942	29,922	28,586	7,677	3,995	0,000	0,000	0,000	0,000		
2	MAN	16,003	-6,707	100,000	40,058	15,750	14,929	4,546	2,790	1,014	0,798	0,000	0,000		
3	BASF	7,499	-2,263	0,000	0,000	54,328	54,202	39,767	37,167	33,960	33,532	31,809	24,913		
4	BAVA	0,471	-0,190	0,000	0,000	0,000	0,000	28,874	33,324	36,671	36,889	37,268	38,119		
5	BEID	3,980	19,444	0,000	0,000	0,000	0,000	0,000	0,928	1,602	1,610	1,508	0,801		
6	CASS	-6,471	13,761	0,000	0,000	0,000	0,000	0,000	0,000	2,838	3,067	3,699	5,741		
7	TEXA	-2,909	-0,099	0,000	0,000	0,000	2,282	19,136	21,796	23,915	24,104	24,625	26,500		
8	DEGU	-1,677	15,131	0,000	0,000	0,000	0,000	0,000	0,000	0,000	0,000	1,090	3,926		
9															
10															
11															
12															

Test 30A - Schätzzeitraum Dez. 1970 bis Jan. 1971, Regressionsanalyse 1967 bis 1970

Indexwert 132,600 Indexstandardabweichung +-3,000

Corner-Portefeuille Nr.				1	2	3	4	5	6	7	8	9	10	11	12
Errechn. Portefeuilleertrag in %				24,488	20,853	18,845	16,319	12,426							
Standardabweichung in %				10,364	6,961	5,855	5,049	4,588							
Tats. Portefeuilleertrag in %				25,547	19,857	17,476	15,659	13,819							
Wp-Nr	Wp-Name	Errechn. Wp-Ertrag i.%	Tats.Wp-Ertrag in %	Portefeuille-Zusammensetzung in %											
1	DEMG	24,488	25,547	100,000	59,408	41,606	29,610	16,394							
2	BABC	15,532	11,530	0,000	40,592	45,891	41,520	32,692							
3	COGA	1,108	12,716	0,000	0,000	0,000	0,000	11,485							
4	TEXA	5,575	10,362	0,000	0,000	0,000	13,687	24,273							
5	DEGU	12,226	12,441	0,000	0,000	12,503	15,183	15,155							
6															
7															
8															
9															
10															
11															
12															

Test 30D - Schätzzeitraum Dez. 1970 bis Jan. 1971, Regressionsanalyse 1967 bis 1970

Indexwert 132,600 Indexstandardabweichung +-3,000

Berechnung des Tests 30A mit zusätzl. Restriktionen: X1 ≤50%, X2 ≤ 51%, X4 ≤ 50%, X5 ≤ 50%

Corner-Portefeuille Nr.				1	2	3	4	5	6	7	8	9	10	11	12
Errechn. Portefeuilleertrag in %				20,010	19,792	18,845	16,319	12,426							
Standardabweichung in %				6,467	6,306	5,855	5,049	4,588							
Tats. Portefeuilleertrag in %				18,539	18,599	17,476	15,659	13,819							
Wp-Nr	Wp-Name	Errechn. Wp-Ertrag i.%	Tats.Wp-Ertrag in %	Portefeuille-Zusammensetzung in %											
1	DEMG	24,488	25,547	50,000	50,000	41,606	29,610	16,394							
2	BABC	15,532	11,530	50,000	43,392	45,891	41,520	32,692							
3	COGA	1,108	12,716	0,000	0,000	0,000	0,000	11,485							
4	TEXA	5,575	10,362	0,000	0,000	0,000	13,687	24,273							
5	DEGU	12,226	12,441	0,000	6,608	12,503	15,183	15,155							
6															
7															
8															
9															
10															
11															
12															

Test 40A - Schätzzeitraum Dez. 1970 bis Jan. 1971, Regressionsanalyse 1967 bis 1970

Indexwert 132,600 Indexstandardabweichung +-3,000

Corner-Portefeuille Nr.				1	2	3	4	5	6	7	8	9	10	11	12
Errechn. Portefeuilleertrag in %				84,992	83,997	72,999	72,863	53,292	42,311	35,135	31,685	24,257	6,553		
Standardabweichung in %				40,467	30,150	19,493	19,419	10,941	8,446	7,099	6,561	5,611	4,568		
Tats. Portefeuilleertrag in %				10,687	20,076	18,043	18,041	15,719	13,914	12,737	12,408	11,118	7,099		
Wp-Nr	Wp-Name	Errechn. Wp-Ertrag i.%	Tats.Wp-Ertrag in %	Portefeuille-Zusammensetzung in %											
1	VART	-4,274	15,281	0,000	0,000	0,000	0,000	0,000	0,000	0,000	2,661	5,788	9,259		
2	AEG	36,999	9,968	0,000	0,000	0,000	0,000	27,517	22,338	18,786	17,065	13,544	6,488		
3	MAN	37,092	18,404	0,000	0,000	0,000	0,343	24,683	20,026	16,839	15,298	12,151	5,844		
4	BASF	59,777	15,298	0,000	0,000	45,348	45,246	25,552	18,940	14,722	12,921	9,646	3,562		
5	BAVA	-24,899	-3,846	0,000	0,000	0,000	0,000	0,000	0,000	0,000	0,000	0,000	14,483		
6	BMW	4,595	7,917	0,000	0,000	0,000	0,000	0,000	0,000	2,564	3,267	3,807	3,874		
7	BEID	-9,772	0,452	0,000	0,000	0,000	0,000	0,000	0,000	0,000	0,000	7,037	15,954		
8	BERG	84,992	10,687	100,000	57,835	31,008	30,871	12,606	9,011	6,772	5,858	4,273	1,414		
9	BKUL	8,542	8,210	0,000	0,000	0,000	0,000	0,000	22,799	35,162	38,488	40,563	38,183		
10	BEMO	82,632	32,954	0,000	42,165	23,644	23,540	9,643	6,887	5,157	4,442	3,191	0,938		
11															
12															

Test 40B - Schätzzeitraum Dez. 1970 bis Jan. 1971, Regressionsanalyse 1967 bis 1970

Indexwert 132,600 Indexstandardabweichung +-3,000

Berechnung des Tests 40A mit dem Diagonalmodell

Corner-Portefeuille Nr.				1	2	3	4	5	6	7	8	9	10	11	12
Errechn. Portefeuilleertrag in %				83,668	78,842	72,999	72,863	53,292	42,311	35,135	31,685	24,257	6,553		
Standardabweichung in %				30,914	24,231	19,493	19,419	10,941	8,446	7,099	6,561	5,611	4,568		
Tats. Portefeuilleertrag in %				23,176	19,123	18,043	18,041	15,719	13,914	12,737	12,408	11,118	7,099		
Wp-Nr	Wp-Name	Errechn. Wp-Ertrag i.%	Tats.Wp-Ertrag in %	Portefeuille-Zusammensetzung in %											
1	VART	-4,274	15,281	0,000	0,000	0,000	0,000	0,000	0,000	0,000	2,661	5,788	9,259		
2	AEG	36,999	9,968	0,000	0,000	0,000	0,000	27,517	22,338	18,786	17,065	13,544	6,488		
3	MAN	37,092	18,404	0,000	0,000	0,000	0,342	24,683	20,026	16,839	15,298	12,151	5,844		
4	BASF	59,777	15,298	0,000	21,254	45,348	45,246	25,552	18,940	14,722	12,921	9,646	3,562		
5	BAVA	-24,899	-3,846	0,000	0,000	0,000	0,000	0,000	0,000	0,000	0,000	0,000	14,482		
6	BMW	4,595	7,917	0,000	0,000	0,000	0,000	0,000	0,000	2,564	3,267	3,807	3,874		
7	BEID	-9,772	0,452	0,000	0,000	0,000	0,000	0,000	0,000	0,000	0,000	7,038	15,954		
8	BERG	84,992	10,687	43,910	45,261	31,008	30,871	12,606	9,011	6,772	5,858	4,273	1,414		
9	BKUL	8,542	8,210	0,000	0,000	0,000	0,000	0,000	22,799	35,162	38,488	40,563	38,183		
10	BEMO	82,632	32,954	56,090	33,484	23,644	23,540	9,643	6,887	5,157	4,442	3,191	0,938		
11	INDX	0,000	0,000	0,000	0,000	17,712	18,022	63,104	54,101	52,795	54,710	61,226	70,175		
12															

Test 50A - Schätzzeitraum Dez. 1971 bis Jan. 1972, echte Varianzen und Kovarianzen 1967 bis 1971
Vergleichsrechnung des Tests 50B mit dem Standardmodell

Corner-Portefeuille Nr.				1	2	3	4	5	6	7	8	9	10	11	12
Errechn. Portefeuilleertrag in %				43,979	26,917	14,964	14,874	10,308	-1,118						
Standardabweichung in %				29,320	11,648	7,855	7,835	6,973	5,944						
Tats. Portefeuilleertrag in %				7,292	3,146	6,483	6,561	6,624	7,054						
Wp-Nr	Wp-Name	Errechn. Wp-Ertrag i.%	Tats.Wp-Ertrag in %	Portefeuille-Zusammensetzung in %											
1	VART	-8,652	1,116	0,000	0,000	0,000	0,000	0,000	0,000						
2	BASF	43,979	7,292	100,000	26,934	0,000	0,000	0,000	0,000						
3	BAVA	-8,222	0,000	0,000	0,000	0,000	0,000	14,615	48,190						
4	BMW	16,449	5,279	0,000	0,000	0,000	0,000	0,000	0,000						
5	BEID	20,628	1,618	0,000	73,065	72,746	72,311	56,013	10,032						
6	BERG	-0,150	19,469	0,000	0,000	27,253	27,688	29,371	33,177						
7	BEMO	4,826	26,907	0,000	0,000	0,000	0,000	0,000	0,000						
8	BBC	33,111	10,390	0,000	0,000	0,000	0,000	0,000	0,000						
9	DAIM	9,584	5,030	0,000	0,000	0,000	0,000	0,000	8,599						
10															
11															
12															

Test 50B - Schätzzeitraum Dez. 1971 bis Jan. 1972, Regressionsanalyse 1967 bis 1971

Test 50C - Die Variable X10 INDX tritt nur im Diagonalmodell auf

Indexwert 138,500 Indexstandardabweichung +-3,000

Corner-Portefeuille Nr.				1	2	3	4	5	6	7	8	9	10	11	12
Errechn. Portefeuilleertrag in %				43,979	38,066	33,194	29,099	27,251	25,372	21,541	20,411	8,769			
Standardabweichung in %				29,327	17,169	12,960	10,428	9,589	8,851	7,691	7,436	6,055			
Tats. Portefeuilleertrag in %				7,292	8,977	7,097	6,025	5,808	6,020	6,890	6,852	5,853			
Wp-Nr	Wp-Name	Errechn. Wp-Ertrag i.%	Tats. Wp-Ertrag in %	Portefeuille-Zusammensetzung in %											
1	VART	-8,652	1,116	0,000	0,000	0,000	0,000	0,000	0,000	0,000	0,000	14,536			
2	BASF	43,979	7,292	100,000	45,593	31,222	21,164	18,376	15,824	11,402	10,617	4,073			
3	BAVA	-8,222	0,000	0,000	0,000	0,000	0,000	0,000	0,000	0,000	2,213	16,497			
4	BMW	16,449	5,279	0,000	0,000	0,000	11,008	11,789	12,192	12,296	12,013	8,151			
5	BEID	20,628	1,618	0,000	0,000	26,516	35,867	34,889	33,473	29,997	28,896	17,370			
6	BERG	-0,150	19,469	0,000	0,000	0,000	0,000	0,000	0,000	4,181	4,630	7,179			
7	DEMO	4,826	26,907	0,000	0,000	0,000	0,000	0,000	1,830	4,419	4,655	5,672			
8	BBC	33,111	10,390	0,000	54,407	42,261	31,960	28,413	25,073	19,111	17,962	7,921			
9	DAIM	9,584	5,030	0,000	0,000	0,000	0,000	6,533	11,608	18,596	19,014	18,601			
10	INDX	0,000	0,000	28,800	72,778	97,020	121,683	129,279	133,290	131,495	130,128	121,781			
11															
12															

Test 50G - Schätzzeitraum Dez. 1971 bis Jan. 1972, Regressionsanalyse 1967 bis 1971

IBM/360-Programm   Indexwert 138,500   Indexstandardabweichung +-3,000

Die Tests 50H, 50J, 50K und 50L liefern für die Indexangaben 141,500 +- 3,000; 135,500 +- 3,000; 138,500 +- 5,000 und 200,000 +- 15,000 dieselben Ergebnisse wie Test 50G

Corner-Portefeuille Nr.				1	2	3	4	5	6	7	8	9	10	11	12
Errechn. Portefeuilleertrag in %				44,00	38,08	33,20	29,11	27,26	25,38	21,55	20,42	8,77			
Standardabweichung in %				29,33	17,17	12,96	10,43	9,59	8,85	7,69	7,44	6,05			
Tats. Portefeuilleertrag in %				7,29	8,98	7,09	6,02	5,81	6,02	6,89	6,85	5,85			
Wp-Nr	Wp-Name	Errechn. Wp-Ertrag i.%	Tats.Wp-Ertrag in %	Portefeuille-Zusammensetzung in %											
1	VART	-8,65	1,12	0,00	0,00	0,00	0,00	0,00	0,00	0,00	0,00	14,53			
2	BASF	44,00	7,29	100,00	45,61	31,24	21,18	18,39	15,83	11,41	10,63	4,08			
3	BAVA	-8,22	0,00	0,00	0,00	0,00	0,00	0,00	0,00	0,00	2,21	16,49			
4	BMW	16,45	5,28	0,00	0,00	0,00	11,01	11,79	12,19	12,30	12,01	8,15			
5	BEID	20,63	1,62	0,00	0,00	26,52	35,86	34,89	33,47	30,00	28,90	17,37			
6	BERG	-0,15	19,47	0,00	0,00	0,00	0,00	0,00	0,00	4,18	4,63	7,18			
7	BEMO	4,83	26,91	0,00	0,00	0,00	0,00	0,00	1,83	4,42	4,65	5,67			
8	BBC	33,11	10,39	0,00	54,39	42,25	31,95	28,40	25,06	19,11	17,96	7,92			
9	DAIM	9,58	5,03	0,00	0,00	0,00	0,00	6,54	11,61	18,59	19,01	18,60			
10															
11															
12															

Test 50M - Schätzzeitraum Dez. 1971 bis Jan. 1972, Regressionsanalyse 1967 bis 1971

Indexwert 138,500 Indexstandardabweichung +-3,000

Berechnung d. Tests 50C mit zusätzl. Restriktionen: $x_i \leq 25\%$ (i = 1,...,9)

Corner-Portefeuille Nr.				1	2	3	4	5	6	7	8	9	10	11	12
Errechn. Portefeuilleertrag in %				28,541	27,953	27,401	25,386	24,172	21,584	20,441	16,476	8,769			
Standardabweichung in %				10,675	10,204	9,908	8,966	8,510	7,739	7,466	6,695	6,055			
Tats. Portefeuilleertrag in %				6,145	6,123	6,088	6,445	6,798	7,225	7,113	6,514	5,853			
Wp-Nr	Wp-Name	Errechn. Wp-Ertrag i.%	Tats.Wp-Ertrag in %	Portefeuille-Zusammensetzung in %											
1	VART	-8,652	1,116	0,000	0,000	0,000	0,000	0,000	0,000	0,000	4,913	14,536			
2	BASF	43,979	7,292	25,000	25,000	23,442	18,167	15,425	12,124	11,177	8,405	4,073			
3	BAVA	-8,222	0,000	0,000	0,000	0,000	0,000	0,000	0,000	2,221	7,041	16,497			
4	BMW	16,449	5,279	25,000	16,434	16,190	14,788	13,723	13,316	12,808	10,708	8,151			
5	BEID	20,628	1,618	25,000	25,000	25,000	25,000	25,000	25,000	25,000	25,000	17,370			
6	BERG	-0,150	19,469	0,000	0,000	0,000	0,000	1,616	4,343	4,758	5,492	7,179			
7	BEMO	4,826	26,907	0,000	0,000	0,000	2,196	3,040	4,662	4,845	4,998	5,672			
8	BBC	33,111	10,390	25,000	25,000	25,000	25,000	25,000	20,402	18,963	14,568	7,921			
9	DAIM	9,584	5,030	0,000	8,566	10,369	14,849	16,196	20,153	20,229	18,874	18,601			
10	INDX	0,000	0,000	128,761	125,854	128,211	132,332	131,019	130,350	129,231	127,306	121,780			
11															
12															

Test 60A - Schätzzeitraum Dez. 1970 bis Jan. 1971, Regressionsanalyse 1967 bis 1970
Indexwert 132,600 Indexstandardabweichung +-3,000

Corner-Portefeuille Nr.				1	2	3	4	5	6	7	8	9	10	11	12
Errechn. Portefeuilleertrag in %				60,902	52,192	48,905	37,558	32,196	32,036	29,822	23,103	22,611	15,241		
Standardabweichung in %				18,857	12,976	11,544	7,386	5,990	5,954	5,483	4,361	4,302	3,849		
Tats. Portefeuilleertrag in %				22,769	20,157	20,591	17,709	16,269	16,207	15,432	13,377	13,228	11,374		
Wp-Nr	Wp-Name	Errechn. Wp-Ertrag i.%	Tats.Wp-Ertrag in %	Portefeuille-Zusammensetzung in %											
1	BIND	8,599	2,758	0,000	0,000	0,000	0,000	0,000	0,264	3,264	9,262	9,648	13,857		
2	BBC	60,902	22,769	100,000	60,321	52,172	27,816	19,254	19,047	16,320	9,236	8,739	2,136		
3	CASS	38,950	16,187	0,000	39,679	37,468	24,536	18,252	18,087	15,807	9,635	9,193	3,121		
4	COGU	22,160	7,272	0,000	0,000	0,000	26,096	27,299	27,255	26,278	22,106	21,786	16,801		
5	DAIM	5,573	8,626	0,000	0,000	0,000	0,000	0,000	0,000	0,000	0,000	0,240	2,925		
6	DEMG	24,488	25,547	0,000	0,000	10,360	21,552	20,599	20,531	19,393	15,433	15,139	10,777		
7	BABC	15,532	11,530	0,000	0,000	0,000	0,000	14,595	14,816	16,867	19,480	19,594	19,473		
8	COGA	1,108	12,716	0,000	0,000	0,000	0,000	0,000	0,000	0,000	0,000	0,000	6,503		
9	TEXA	5,575	10,362	0,000	0,000	0,000	0,000	0,000	0,000	0,000	8,865	9,447	16,135		
10	DEGU	12,226	12,441	0,000	0,000	0,000	0,000	0,000	0,000	2,072	5,983	6,214	8,273		
11															
12															

Test 60B - Schätzzeitraum Dez. 1970 bis Jan. 1971, Regressionsanalyse 1967 bis 1970

Indexwert 135,600 Indexstandardabweichung +-3,000

Corner-Portefeuille Nr.				1	2	3	4	5	6	7	8	9	10	11	12
Errechn. Portefeuilleertrag in %				64,204	55,158	51,929	41,481	35,948	34,009	31,666	26,685	25,421	17,499		
Standardabweichung in %				18,857	12,723	11,412	7,760	6,274	5,834	5,357	4,525	4,361	3,849		
Tats. Portefeuilleertrag in %				22,769	19,982	20,427	17,981	16,550	16,078	15,259	13,767	13,388	11,374		
Wp-Nr	Wp-Name	Errechn. Wp-Ertrag i.%	Tats. Wp-Ertrag in %	Portefeuille-Zusammensetzung in %											
1	BIND	10,234	2,758	0,000	0,000	0,000	0,000	0,000	0,000	3,313	7,845	8,885	13,857		
2	BBC	64,204	22,769	100,000	57,659	50,335	29,886	21,221	18,434	15,579	10,492	9,238	2,136		
3	CASS	42,838	16,187	0,000	42,341	39,760	27,314	20,522	18,195	15,694	11,055	9,893	3,121		
4	COGU	23,622	7,272	0,000	0,000	0,000	22,867	25,092	25,177	24,499	22,023	21,354	16,801		
5	DAIM	9,735	8,626	0,000	0,000	0,000	0,000	0,000	0,000	0,000	0,000	0,512	2,925		
6	DEMG	26,038	25,547	0,000	0,000	9,905	19,933	19,603	19,110	18,135	15,619	14,962	10,777		
7	BABC	18,436	11,530	0,000	0,000	0,000	0,000	13,562	16,651	18,543	19,875	20,059	19,473		
8	COGA	4,487	12,716	0,000	0,000	0,000	0,000	0,000	0,000	0,000	0,000	0,000	6,503		
9	TEXA	6,919	10,362	0,000	0,000	0,000	0,000	0,000	0,000	0,000	6,726	8,297	16,135		
10	DEGU	15,890	12,441	0,000	0,000	0,000	0,000	0,000	2,434	4,237	6,365	6,799	8,273		
11															
12															

Test 60C - Schätzzeitraum Dez. 1970 bis Jan. 1971, Regressionsanalyse 1967 bis 1970

Indexwert 129,600 Indexstandardabweichung +-3,000

Corner-Portefeuille Nr.				1	2	3	4	5	6	7	8	9	10	11	12
Errechn. Portefeuilleertrag in %				57,601	49,383	45,990	33,972	30,063	28,125	27,588	19,949	19,941	12,982		
Standardabweichung in %				18,857	13,313	11,722	7,087	6,066	5,633	5,521	4,257	4,256	3,849		
Tats. Portefeuilleertrag in %				22,769	20,369	20,784	17,467	16,388	15,623	15,444	13,084	13,082	11,374		
Wp-Nr	Wp-Name	Errechn. Wp-Ertrag i.%	Tats.Wp-Ertrag in %	Portefeuille-Zusammensetzung in %											
1	BIND	6,963	2,758	0,000	0,000	0,000	0,000	0,000	3,189	3,742	10,330	10,334	13,857		
2	BBC	57,601	22,769	100,000	63,541	54,346	25,983	19,683	17,115	16,517	8,292	8,285	2,136		
3	CASS	35,062	16,187	0,000	36,459	34,755	22,077	17,781	15,861	15,384	8,565	8,559	3,121		
4	COGU	20,698	7,272	0,000	0,000	0,000	28,955	29,074	28,252	27,895	22,172	22,166	16,801		
5	DAIM	1,411	8,626	0,000	0,000	0,000	0,000	0,000	0,000	0,000	0,000	0,000	2,925		
6	DEMG	22,938	25,547	0,000	0,000	10,898	22,985	21,802	20,785	20,446	15,296	15,291	10,777		
7	BABC	12,627	11,530	0,000	0,000	0,000	0,000	11,660	14,798	15,227	19,178	19,179	19,473		
8	COGA	-2,271	12,716	0,000	0,000	0,000	0,000	0,000	0,000	0,000	0,000	0,008	6,503		
9	TEXA	4,231	10,362	0,000	0,000	0,000	0,000	0,000	0,000	0,788	10,477	10,484	16,135		
10	DEGU	8,562	12,441	0,000	0,000	0,000	0,000	0,000	0,000	0,000	5,690	5,694	8,273		
11															
12															

Test 6OD - Schätzzeitraum Dez. 1970 bis Jan. 1971, Regressionsanalyse 1967 bis 1970

Indexwert 132,600   Indexstandardabweichung +-6,000

Corner-Portefeuille Nr.				1	2	3	4	5	6	7	8	9	10	11	12
Errechn. Portefeuilleertrag in %				60,902	53,336	49,658	33,863	33,683	32,157	17,354	17,344	15,249	14,850		
Standardabweichung in %				19,705	14,836	13,195	7,614	7,573	7,242	5,215	5,215	5,171	5,169		
Tats. Portefeuilleertrag in %				22,769	20,500	20,955	16,890	16,841	16,252	11,457	11,454	10,938	10,832		
Wp-Nr	Wp-Name	Errechn. Wp-Ertrag i.%	Tats.Wp-Ertrag in %	Portefeuille-Zusammensetzung in %											
1	BIND	8,599	2,758	0,000	0,000	0,000	0,000	0,000	2,478	17,270	17,278	18,563	18,834		
2	BBC	60,902	22,769	100,000	65,531	56,269	21,601	21,313	19,337	3,364	3,354	1,432	0,958		
3	CASS	38,950	16,187	0,000	34,469	32,356	16,199	15,992	14,478	1,724	1,715	0,000	0,000		
4	COGU	22,160	7,272	0,000	0,000	0,000	35,790	35,818	35,264	25,700	25,693	24,239	23,858		
5	DAIM	5,573	8,626	0,000	0,000	0,000	0,000	0,000	0,000	0,000	0,000	0,000	0,000		
6	DEMG	24,488	25,547	0,000	0,000	11,374	26,410	26,371	25,638	16,582	16,576	15,303	14,976		
7	BABC	15,532	11,530	0,000	0,000	0,000	0,000	0,506	2,805	14,279	14,284	14,501	14,429		
8	COGA	1,108	12,716	0,000	0,000	0,000	0,000	0,000	0,000	0,000	0,000	2,054	2,487		
9	TEXA	5,575	10,362	0,000	0,000	0,000	0,000	0,000	0,000	21,082	21,094	23,094	23,539		
10	DEGU	12,226	12,441	0,000	0,000	0,000	0,000	0,000	0,000	0,000	0,007	0,813	0,920		
11															
12															

OPTIMALE WERTPAPIERMISCHUNG MIT DEM INDEXMODELL
****

TEST 10B - DEZ. 1970 BIS MAERZ 1971, REGRESSIONSANALYSE 1967 BIS 1970

WP-NR	WP-NAME	KKURS	STEIGUNG	ABS.GLIED	STD-ABW	DIVID	VKURS
1	VART	373.000	4.206	-200.660	48.255	0.000	484.000
2	BEMO	88.000	0.327	117.356	39.701	0.000	130.000
3	DEMG	137.000	0.707	76.670	14.040	0.000	185.000
4	TEXA	193.000	0.864	89.101	16.494	0.000	241.000
5	DEGU	321.500	3.927	-159.912	28.595	0.000	374.000

INDEXWERT 140.300
STD.-ABW. 5.000

ERRECHNETER ERTRAG WP-NR 1 VART = 4.407 PROZENT
TATSAECHL. ERTRAG WP-NR 1 VART = 29.758 PROZENT

ERRECHNETER ERTRAG WP-NR 2 BEMO = 85.493 PROZENT
TATSAECHL. ERTRAG WP-NR 2 BEMO = 47.727 PROZENT

ERRECHNETER ERTRAG WP-NR 3 DEMG = 28.467 PROZENT
TATSAECHL. ERTRAG WP-NR 3 DEMG = 35.036 PROZENT

ERRECHNETER ERTRAG WP-NR 4 TEXA = 9.025 PROZENT
TATSAECHL. ERTRAG WP-NR 4 TEXA = 24.870 PROZENT

ERRECHNETER ERTRAG WP-NR 5 DEGU = 21.631 PROZENT
TATSAECHL. ERTRAG WP-NR 5 DEGU = 16.329 PROZENT

R =	0.00	0.00	0.00	0.00	0.00	1.00
S =	0.04	0.85	0.28	0.09	0.21	0.00
EE=	0.29	0.47	0.35	0.24	0.16	0.00

LP-ANFANGSTABLEAU

	C		X 1	X 2	X 3	X 4	X 5
Z-FKT.	0.000		0.044	0.854	0.284	0.090	0.216
X 6	1.000	EQ	1.000	1.000	1.000	1.000	1.000

LOESUNG NACH 1 ITERATION(EN)

BASIS	*	X 1	X 2	X 3	X 4	X 5	X 6
Z-FKT.	0.855	0.811	0.000	0.570	0.765	0.639	0.855
X 2	1.000	1.000	1.000	1.000	1.000	1.000	1.000

ANTEILE = 0.0000 1.0000 0.0000 0.0000 0.0000

ERTRAGSMAXIMALE AUSGANGSLOESUNG

ZIELFU.-WERT = 0.85493

X(1) VART = 0.00000
X(2) BEMO = 1.00000
X(3) DEMG = 0.00000
X(4) TEXA = 0.00000
X(5) DEGU = 0.00000

VARIANZ-KOVARIANZ-MATRIX

	1	2	3	4	5	6
1	1.9915	0.1047	0.1456	0.1263	0.3443	1.0000
2	0.1047	20.3879	0.0480	0.0416	0.1134	1.0000
3	0.1456	0.0480	1.1170	0.0578	0.1578	1.0000
4	0.1263	0.0416	0.0578	0.7805	0.1368	1.0000
5	0.3443	0.1134	0.1578	0.1368	1.1640	1.0000
6	1.0000	1.0000	1.0000	1.0000	1.0000	0.0000

AUSGANGSMATRIX M

	1	2	3	4	5	6
1	1.0000	0.0000	0.0000	0.0000	0.0000	0.0000
2	0.0000	20.3879	0.0000	0.0000	0.0000	1.0000
3	0.0000	0.0000	1.0000	0.0000	0.0000	0.0000
4	0.0000	0.0000	0.0000	1.0000	0.0000	0.0000
5	0.0000	0.0000	0.0000	0.0000	1.0000	0.0000
6	0.0000	1.0000	0.0000	0.0000	0.0000	0.0000

INVERTIERTE MATRIX

	1	2	3	4	5	6
1	1.0000	0.0000	0.0000	0.0000	0.0000	0.0000
2	0.0000	0.0000	0.0000	0.0000	0.0000	1.0000
3	0.0000	0.0000	1.0000	0.0000	0.0000	0.0000
4	0.0000	0.0000	0.0000	1.0000	0.0000	0.0000
5	0.0000	0.0000	0.0000	0.0000	1.0000	0.0000
6	0.0000	1.0000	0.0000	0.0000	0.0000	-20.3879

M-MATRIX MIT NULLKREUZEN

	1	2	3	4	5	6
1	0.0000	0.0000	0.0000	0.0000	0.0000	0.0000
2	0.0000	0.0000	0.0000	0.0000	0.0000	1.0000
3	0.0000	0.0000	0.0000	0.0000	0.0000	0.0000
4	0.0000	0.0000	0.0000	0.0000	0.0000	0.0000
5	0.0000	0.0000	0.0000	0.0000	0.0000	0.0000
6	0.0000	1.0000	0.0000	0.0000	0.0000	-20.3879

KRITISCHE LINIE 1

```
X(  1) =  0.000000E 00 + UE  0.000000E 00
X(  2) =  0.100000E 01 + UE  0.000000E 00
X(  3) =  0.000000E 00 + UE  0.000000E 00
X(  4) =  0.000000E 00 + UE  0.000000E 00
X(  5) =  0.000000E 00 + UE  0.000000E 00
U(  6) = -0.203879E 02 + UE  0.854932E 00
```

W- UND Y-WERTE

```
W(  1) = -0.202831E 02    Y(  1) =  0.810853E 00
W(  2) =  0.000000E 00    Y(  2) =  0.000000E 00
W(  3) = -0.203399E 02    Y(  3) =  0.570254E 00
W(  4) = -0.203463E 02    Y(  4) =  0.764681E 00
W(  5) = -0.202744E 02    Y(  5) =  0.638615E 00
W(  6) =  0.000000E 00    Y(  6) =  0.000000E 00
```

```
LAMBDA-WERTE

LAMBDA   1 =  0.250146E 02
LAMBDA   2 =  0.000000E 00
LAMBDA   3 =  0.356681E 02
LAMBDA   4 =  0.266075E 02
LAMBDA   5 =  0.317475E 02

MAXIMALES LAMBDA

LAMBDA   3 =  0.356681E 02



CORNER-PORTEFEUILLE      1

ERRECHN. PF-ERTRAG   =   85.493 PROZENT
STANDARDABWEICHUNG   =   45.153 PROZENT

ERTRAG + STD.-ABW.   =  130.646 PROZENT
ERTRAG - STD.-ABW.   =   40.340 PROZENT

SUMME    VARIANZEN   =   20.387
SUMME  KOVARIANZEN   =    0.000

TATSAECHL.PF-ERTRG   =   47.727 PROZENT
PORTEFEUILLE-ZUSAMMENSETZUNG

         X(  1) VART   =    0.000 PROZENT
         X(  2) BEMO   =  100.000 PROZENT
         X(  3) DEMG   =    0.000 PROZENT
         X(  4) TEXA   =    0.000 PROZENT
         X(  5) DEGU   =    0.000 PROZENT

                GESAMT =  100.000 PROZENT

Q-ELEMENT = -0.202919E 02
C-ELEMENT =  0.214089E 02
```

ZWISCHENMATRIX

	1	2	3	4	5	6
1	0.0000	0.0000	0.0000	0.0000	0.0000	0.0000
2	0.0000	0.0467	-0.0467	0.0000	0.0000	0.0499
3	0.0000	-0.0467	0.0467	0.0000	0.0000	0.9500
4	0.0000	0.0000	0.0000	0.0000	0.0000	0.0000
5	0.0000	0.0000	0.0000	0.0000	0.0000	0.0000
6	0.0000	0.0499	0.9500	0.0000	0.0000	-1.0636

KRITISCHE LINIE 2

```
X(  1) =  0.000000E 00 + UE  0.000000E 00
X(  2) =  0.499328E-01 + UE  0.266362E-01
X(  3) =  0.950067E 00 + UE -0.266362E-01
X(  4) =  0.000000E 00 + UE  0.000000E 00
X(  5) =  0.000000E 00 + UE  0.000000E 00
U(  6) = -0.106363E 01 + UE  0.313152E 00
```

W- UND Y-WERTE

```
W(  1) = -0.919998E 00     Y(  1) =  0.267983E 00
W(  2) =  0.000000E 00     Y(  2) =  0.000000E 00
W(  3) =  0.000000E 00     Y(  3) =  0.000000E 00
W(  4) = -0.100656E 01     Y(  4) =  0.222469E 00
W(  5) = -0.908044E 00     Y(  5) =  0.956547E-01
W(  6) =  0.000000E 00     Y(  6) =  0.000000E 00
```

LAMBDA-WERTE

```
LAMBDA   1 =  0.343304E 01
LAMBDA   2 = -0.187461E 01
LAMBDA   3 =  0.356682E 02
LAMBDA   4 =  0.452452E 01
LAMBDA   5 =  0.949293E 01
```

MAXIMALES LAMBDA

LAMBDA 5 = 0.949293E 01

```
CORNER-PORTEFEUILLE     2

ERRECHN. PF-ERTRAG   =  45.734 PROZENT
STANDARDABWEICHUNG   =  15.596 PROZENT

ERTRAG + STD.-ABW.   =  61.330 PROZENT
ERTRAG - STD.-ABW.   =  30.138 PROZENT

SUMME    VARIANZEN   =   2.412
SUMME  KOVARIANZEN   =   0.020

TATSAECHL.PF-ERTRG   =  38.879 PROZENT
PORTFEUILLE-ZUSAMMENSETZUNG

      X(  1) VART    =   0.000 PROZENT
      X(  2) BEMO    =  30.279 PROZENT
      X(  3) DEMG    =  69.721 PROZENT
      X(  4) TEXA    =   0.000 PROZENT
      X(  5) DEGU    =   0.000 PROZENT

          GESAMT     = 100.000 PROZENT


Q-ELEMENT = -0.752359E 00
C-ELEMENT =  0.191642E 01


ZWISCHENMATRIX

          1        2        3        4        5        6

 1     0.0000   0.0000   0.0000   0.0000   0.0000   0.0000
 2     0.0000   0.0479  -0.0229   0.0000  -0.0249   0.0272
 3     0.0000  -0.0229   0.5197   0.0000  -0.4968   0.4989
 4     0.0000   0.0000   0.0000   0.0000   0.0000   0.0000
 5     0.0000  -0.0249  -0.4968   0.0000   0.5218   0.4738
 6     0.0000   0.0272   0.4989   0.0000   0.4738  -0.6333

KRITISCHE LINIE     3

X(  1) =  0.000000E 00 + UE  0.000000E 00
X(  2) =  0.272548E-01 + UE  0.290251E-01
X(  3) =  0.498923E 00 + UE  0.208878E-01
X(  4) =  0.000000E 00 + UE  0.000000E 00
X(  5) =  0.473821E 00 + UE -0.499130E-01
U(  6) = -0.633386E 00 + UE  0.267829E 00
```

```
W(  1) = -0.394694E 00      Y(  1) =  0.212646E 00
W(  2) =  0.000000E 00      Y(  2) =  0.000000E 00
W(  3) =  0.000000E 00      Y(  3) =  0.000000E 00
W(  4) = -0.538547E 00      Y(  4) =  0.173167E 00
W(  5) =  0.000000E 00      Y(  5) =  0.000000E 00
W(  6) =  0.000000E 00      Y(  6) =  0.000000E 00

LAMBDA-WERTE

LAMBDA   1 =  0.185610E 01
LAMBDA   2 = -0.939005E 00
LAMBDA   3 = -0.238858E 02
LAMBDA   4 =  0.310998E 01
LAMBDA   5 =  0.949293E 01

MAXIMALES LAMBDA

LAMBDA   4 =  0.310998E 01


CORNER-PORTEFEUILLE     3

ERRECHN. PF-ERTRAG   =  32.991 PROZENT
STANDARDABWEICHUNG   =   9.091 PROZENT

ERTRAG + STD.-ABW.   =  42.082 PROZENT
ERTRAG - STD.-ABW.   =  23.900 PROZENT

SUMME    VARIANZEN   =   0.754
SUMME  KOVARIANZEN   =   0.071

TATSAECHL.PF-ERTRG   =  30.568 PROZENT
PORTEFEUILLE-ZUSAMMENSETZUNG

          X(  1) VART  =   0.000 PROZENT
          X(  2) BEMO  =  11.752 PROZENT
          X(  3) DEMG  =  56.388 PROZENT
          X(  4) TEXA  =   0.000 PROZENT
          X(  5) DEGU  =  31.859 PROZENT

                GESAMT = 100.000 PROZENT

Q-ELEMENT = -0.440381E 00
C-ELEMENT =  0.122092E 01
```

ZWISCHENMATRIX

	1	2	3	4	5	6
1	0.0000	0.0000	0.0000	0.0000	0.0000	0.0000
2	0.0000	0.0483	-0.0136	-0.0200	-0.0146	0.0164
3	0.0000	-0.0136	0.6931	-0.3768	-0.3026	0.2959
4	0.0000	-0.0200	-0.3768	0.8190	-0.4221	0.4410
5	0.0000	-0.0146	-0.3026	-0.4221	0.7393	0.2464
6	0.0000	0.0164	0.2959	0.4410	0.2464	-0.3958

KRITISCHE LINIE 4

```
X(  1) =  0.000000E 00 + UE  0.000000E 00
X(  2) =  0.164459E-01 + UE  0.325007E-01
X(  3) =  0.295982E 00 + UE  0.861425E-01
X(  4) =  0.441098E 00 + UE -0.141832E 00
X(  5) =  0.246473E 00 + UE  0.231895E-01
U(  6) = -0.395834E 00 + UE  0.191445E 00
```

W- UND Y-WERTE

```
W(  1) = -0.210411E 00     Y(  1) =  0.153391E 00
W(  2) =  0.000000E 00     Y(  2) =  0.000000E 00
W(  3) =  0.000000E 00     Y(  3) =  0.000000E 00
W(  4) =  0.000000E 00     Y(  4) =  0.000000E 00
W(  5) =  0.000000E 00     Y(  5) =  0.000000E 00
W(  6) =  0.000000E 00     Y(  6) =  0.000000E 00
```

LAMBDA-WERTE

```
LAMBDA   1 =  0.137172E 01
LAMBDA   2 = -0.506016E 00
LAMBDA   3 = -0.343595E 01
LAMBDA   4 =  0.310998E 01
LAMBDA   5 = -0.106286E 02
```

MAXIMALES LAMBDA

```
LAMBDA   1 =  0.137172E 01
```

```
CORNER-PORTEFEUILLE     4

ERRECHN. PF-ERTRAG    =   25.252 PROZENT
STANDARDABWEICHUNG    =    6.925 PROZENT

ERTRAG + STD.-ABW.    =   32.177 PROZENT
ERTRAG - STD.-ABW.    =   18.326 PROZENT

SUMME    VARIANZEN    =    0.405
SUMME  KOVARIANZEN    =    0.074

TATSAECHL.PF-ERTRG    =   28.098 PROZENT
PORTFEUILLE-ZUSAMMENSETZUNG

       X(  1) VART    =    0.000 PROZENT
       X(  2) BEMO    =    6.103 PROZENT
       X(  3) DEMG    =   41.415 PROZENT
       X(  4) TEXA    =   24.654 PROZENT
       X(  5) DEGU    =   27.828 PROZENT

            GESAMT    =  100.000 PROZENT

Q-ELEMENT =   0.803479E-02
C-ELEMENT =   0.198350E 01


ZWISCHENMATRIX

            1         2         3         4         5         6

1       0.5041   -0.0060   -0.1228   -0.1725   -0.2027    0.1060
2      -0.0060    0.0484   -0.0122   -0.0180   -0.0122    0.0151
3      -0.1228   -0.0122    0.7230   -0.3347   -0.2531    0.2701
4      -0.1725   -0.0180   -0.3347    0.8780   -0.3527    0.4047
5      -0.2027   -0.0122   -0.2531   -0.3527    0.8209    0.2038
6       0.1060    0.0151    0.2701    0.4047    0.2038   -0.3735

KRITISCHE LINIE     5

X(  1) =  0.106080E 00 + UE -0.773336E-01
X(  2) =  0.151784E-01 + UE  0.334246E-01
X(  3) =  0.270126E 00 + UE  0.104991E 00
X(  4) =  0.404799E 00 + UE -0.115370E 00
X(  5) =  0.203814E 00 + UE  0.542880E-01
U(  6) = -0.373513E 00 + UE  0.175173E 00
```

```
W- UND Y-WERTE

W(  1) =  0.000000E 00      Y(  1) =  0.000000E 00
W(  2) =  0.000000E 00      Y(  2) =  0.000000E 00
W(  3) =  0.000000E 00      Y(  3) =  0.000000E 00
W(  4) =  0.000000E 00      Y(  4) =  0.000000E 00
W(  5) =  0.000000E 00      Y(  5) =  0.000000E 00
W(  6) =  0.000000E 00      Y(  6) =  0.000000E 00

LAMBDA-WERTE

LAMBDA   1 =  0.137172E 01
LAMBDA   2 = -0.454109E 00
LAMBDA   3 = -0.257284E 01
LAMBDA   4 =  0.350868E 01
LAMBDA   5 = -0.375431E 01

MAXIMALES LAMBDA

LAMBDA   1 =  0.000000E 00



VARIANZMINIMALES PORTFFEUILLE

ERRECHN. PF-ERTRAG   =  17.517 PROZENT
STANDARDABWEICHUNG   =   6.111 PROZENT

ERTRAG + STD.-ABW.   =  23.628 PROZENT
ERTRAG - STD.-ABW.   =  11.405 PROZENT

SUMME    VARIANZEN   =   0.284
SUMME  KOVARIANZEN   =   0.088

TATSAECHL.PF-ERTRG   =  26.741 PROZENT
PORTEFEUILLE-ZUSAMMENSETZUNG

      X(  1) VART    =  10.608 PROZENT
      X(  2) BEMO    =   1.518 PROZENT
      X(  3) DEMG    =  27.013 PROZENT
      X(  4) TEXA    =  40.480 PROZENT
      X(  5) DEGU    =  20.381 PROZENT

          GESAMT     = 100.000 PROZENT
```

OPTIMALE WERTPAPIERMISCHUNG MIT DEM DIAGONALMODELL
****

TEST 10D - DEZ. 1970 BIS MAERZ 1971, REGRESSIONSANALYSE 1967 BIS 1970

WP-NR	WP-NAME	KKURS	STEIGUNG	ABS.GLIED	STD-ABW	DIVID	VKURS
1	VART	373.000	4.206	-200.660	48.255	0.000	484.000
2	BEMO	88.000	0.327	117.356	39.701	0.000	130.000
3	DEMG	137.000	0.707	76.670	14.040	0.000	185.000
4	TEXA	193.000	0.864	89.101	16.494	0.000	241.000
5	DEGU	321.500	3.927	-159.912	28.595	0.000	374.000

INDEXWERT 140.300
STD.-ABW. 5.000

ERRECHNETER ERTRAG WP-NR 1 VART = 4.407 PROZENT
TATSAECHL. ERTRAG WP-NR 1 VART = 29.758 PROZENT

ERRECHNETER ERTRAG WP-NR 2 BEMO = 85.493 PROZENT
TATSAECHL. ERTRAG WP-NR 2 BEMO = 47.727 PROZENT

ERRECHNETER ERTRAG WP-NR 3 DEMG = 28.467 PROZENT
TATSAECHL. ERTRAG WP-NR 3 DEMG = 35.036 PROZENT

ERRECHNETER ERTRAG WP-NR 4 TEXA = 9.025 PROZENT
TATSAECHL. ERTRAG WP-NR 4 TEXA = 24.870 PROZENT

ERRECHNETER ERTRAG WP-NR 5 DEGU = 21.631 PROZENT
TATSAECHL. ERTRAG WP-NR 5 DEGU = 16.329 PROZENT

R =	0.00	0.00	0.00	0.00	0.00	0.00	1.00	0.00
S =	0.04	0.85	0.28	0.09	0.21	0.00	0.00	0.00
EE=	0.29	0.47	0.35	0.24	0.16	0.00	0.00	0.00

LP-ANFANGSTABLEAU

	C		X 1	X 2	X 3	X 4	X 5	X 6
Z-FKT.	0.000		0.044	0.854	0.284	0.090	0.216	0.000
X 7	0.000	EQ	1.582	0.521	0.725	0.628	1.713	-1.000
X 8	1.000	EQ	1.000	1.000	1.000	1.000	1.000	0.000

LOESUNG NACH 3 ITERATION(EN)

BASIS	*	X 1	X 2	X 3	X 4	X 5	X 6	X 7	X 8
Z-FKT.	0.855	0.811	0.000	0.570	0.765	0.639	0.000	0.000	0.855
X 2	1.000	1.000	1.000	1.000	1.000	1.000	0.000	0.000	1.000
X 6	0.521	-1.061	0.000	-0.204	-0.107	-1.192	1.000	-1.000	0.521

ANTEILE = 0.0000 1.0000 0.0000 0.0000 0.0000 0.5213

ERTRAGSMAXIMALE AUSGANGSLOESUNG

ZIELFU.-WERT = 0.85493

X(1) VART = 0.00000
X(2) BEMO = 1.00000
X(3) DEMG = 0.00000
X(4) TEXA = 0.00000
X(5) DEGU = 0.00000
X(6) INDX = 0.52134

VARIANZ-KOVARIANZ-MATRIX

	1	2	3	4	5	6	7	8
1	1.6736	0.0000	0.0000	0.0000	0.0000	0.0000	1.0000	1.5820
2	0.0000	20.3534	0.0000	0.0000	0.0000	0.0000	1.0000	0.5213
3	0.0000	0.0000	1.0502	0.0000	0.0000	0.0000	1.0000	0.7250
4	0.0000	0.0000	0.0000	0.7303	0.0000	0.0000	1.0000	0.6285
5	0.0000	0.0000	0.0000	0.0000	0.7910	0.0000	1.0000	1.7137
6	0.0000	0.0000	0.0000	0.0000	0.0000	0.1270	0.0000	-1.0000
7	1.0000	1.0000	1.0000	1.0000	1.0000	0.0000	0.0000	0.0000
8	1.5820	0.5213	0.7250	0.6285	1.7137	-1.0000	0.0000	0.0000

AUSGANGSMATRIX M

	1	2	3	4	5	6	7	8
1	1.0000	0.0000	0.0000	0.0000	0.0000	0.0000	0.0000	0.0000
2	0.0000	20.3534	0.0000	0.0000	0.0000	0.0000	1.0000	0.5213
3	0.0000	0.0000	1.0000	0.0000	0.0000	0.0000	1.0000	0.0000
4	0.0000	0.0000	0.0000	1.0000	0.0000	0.0000	0.0000	0.0000
5	0.0000	0.0000	0.0000	0.0000	1.0000	0.0000	0.0000	0.0000
6	0.0000	0.0000	0.0000	0.0000	0.0000	0.1270	0.0000	-1.0000
7	0.0000	1.0000	0.0000	0.0000	0.0000	0.0000	0.0000	0.0000
8	0.0000	0.5213	0.0000	0.0000	0.0000	-1.0000	0.0000	0.0000

INVERTIERTE MATRIX

	1	2	3	4	5	6	7	8
1	1.0000	0.0000	0.0000	0.0000	0.0000	0.0000	0.0000	0.0000
2	0.0000	0.0000	0.0000	0.0000	0.0000	0.0000	1.0000	0.0000
3	0.0000	0.0000	1.0000	0.0000	0.0000	0.0000	0.0000	0.0000
4	0.0000	0.0000	0.0000	1.0000	0.0000	0.0000	0.0000	0.0000
5	0.0000	0.0000	0.0000	0.0000	1.0000	0.0000	0.0000	0.0000
6	0.0000	0.0000	0.0000	0.0000	0.0000	0.0000	0.5213	-1.0000
7	0.0000	1.0000	0.0000	0.0000	0.0000	0.5213	-20.3879	0.0662
8	0.0000	0.0000	0.0000	0.0000	0.0000	-1.0000	0.0662	-0.1270

M-MATRIX MIT NULLKREUZEN

	1	2	3	4	5	6	7	8
1	0.0000	0.0000	0.0000	0.0000	0.0000	0.0000	0.0000	0.0000
2	0.0000	0.0000	0.0000	0.0000	0.0000	0.0000	1.0000	0.0000
3	0.0000	0.0000	0.0000	0.0000	0.0000	0.0000	0.0000	0.0000
4	0.0000	0.0000	0.0000	0.0000	0.0000	0.0000	0.0000	0.0000
5	0.0000	0.0000	0.0000	0.0000	0.0000	0.0000	0.0000	0.0000
6	0.0000	0.0000	0.0000	0.0000	0.0000	0.0000	0.5213	-1.0000
7	0.0000	1.0000	0.0000	0.0000	0.0000	0.5213	-20.3879	0.0662
8	0.0000	0.0000	0.0000	0.0000	0.0000	-1.0000	0.0662	-0.1270

KRITISCHE LINIE 1

```
X(  1) =   0.000000E 00 + UE  0.000000E 00
X(  2) =   0.100000E 01 + UE  0.000000E 00
X(  3) =   0.000000E 00 + UE  0.000000E 00
X(  4) =   0.000000E 00 + UE  0.000000E 00
X(  5) =   0.000000E 00 + UE  0.000000E 00
X(  6) =   0.521342E 00 + UE  0.338392E-08
U(  7) =  -0.203879E 02 + UE  0.854932E 00
U(  8) =   0.662136E-01 + UE  0.497636E-10
```

W- UND Y-WERTE

```
W(  1) =  -0.202831E 02    Y(  1) =  0.810852E 00
W(  2) =   0.000000E 00    Y(  2) =  0.000000E 00
W(  3) =  -0.203399E 02    Y(  3) =  0.570253E 00
W(  4) =  -0.203463E 02    Y(  4) =  0.764681E 00
W(  5) =  -0.202744E 02    Y(  5) =  0.638615E 00
W(  6) =   0.000000E 00    Y(  6) =  0.000000E 00
W(  7) =   0.000000E 00    Y(  7) =  0.000000E 00
W(  8) =   0.000000E 00    Y(  8) =  0.000000E 00
```

```
LAMBDA-WERTE

LAMBDA    1 =   0.250146E 02
LAMBDA    2 =   0.000000E 00
LAMBDA    3 =   0.356682E 02
LAMBDA    4 =   0.266075E 02
LAMBDA    5 =   0.317475E 02
LAMBDA    6 =   0.000000E 00

MAXIMALES LAMBDA

LAMBDA    3 =   0.356682E 02


CORNER-PORTEFEUILLE       1

ERRECHN. PF-ERTRAG   =   85.493 PROZENT
STANDARDABWEICHUNG   =   45.153 PROZENT

ERTRAG + STD.-ABW.   =  130.646 PROZENT
ERTRAG - STD.-ABW.   =   40.340 PROZENT

INDEXUNABH. RISIKO   =   20.353
INDEXABH.   RISIKO   =    0.034

TATSAECHL.PF-ERTRG   =   47.727 PROZENT
PORTEFEUILLE-ZUSAMMENSETZUNG

       X(  1) VART   =    0.000 PROZENT
       X(  2) BEMO   =  100.000 PROZENT
       X(  3) DEMG   =    0.000 PROZENT
       X(  4) TEXA   =    0.000 PROZENT
       X(  5) DEGU   =    0.000 PROZENT
       X(  6) INDX   =   52.134 PROZENT

              GESAMT =  152.134 PROZENT

Q-ELEMENT = -0.203586E 02
C-ELEMENT =  0.214089E 02
```

ZWISCHENMATRIX

	1	2	3	4	5	6	7	8
1	0.0000	0.0000	0.0000	0.0000	0.0000	0.0000	0.0000	0.0000
2	0.0000	0.0467	-0.0467	0.0000	0.0000	-0.0095	0.0499	-0.0012
3	0.0000	-0.0467	0.0467	0.0000	0.0000	0.0095	0.9500	0.0012
4	0.0000	0.0000	0.0000	0.0000	0.0000	0.0000	0.0000	0.0000
5	0.0000	0.0000	0.0000	0.0000	0.0000	0.0000	0.0000	0.0000
6	0.0000	-0.0095	0.0095	0.0000	0.0000	0.0019	0.7148	-0.9997
7	0.0000	0.0499	0.9500	0.0000	0.0000	0.7148	-1.0636	0.0907
8	0.0000	-0.0012	0.0012	0.0000	0.0000	-0.9997	0.0907	-0.1269

KRITISCHE LINIE 2

```
X(  1) =  0.000000E 00 + UE  0.000000E 00
X(  2) =  0.499326E-01 + UE  0.266362E-01
X(  3) =  0.950067E 00 + UE -0.266362E-01
X(  4) =  0.000000E 00 + UE  0.000000E 00
X(  5) =  0.000000E 00 + UE  0.000000E 00
X(  6) =  0.714872E 00 + UE -0.542584E-02
U(  7) = -0.106363E 01 + UE  0.313152E 00
U(  8) =  0.907931E-01 + UE -0.689115E-03
```

W- UND Y-WERTE

```
W(  1) = -0.919995E 00     Y(  1) =  0.267982E 00
W(  2) =  0.000000E 00     Y(  2) =  0.000000E 00
W(  3) =  0.000000E 00     Y(  3) =  0.000000E 00
W(  4) = -0.100656E 01     Y(  4) =  0.222468E 00
W(  5) = -0.908040E 00     Y(  5) =  0.956545E-01
W(  6) =  0.000000E 00     Y(  6) =  0.000000E 00
W(  7) =  0.000000E 00     Y(  7) =  0.000000E 00
W(  8) =  0.000000E 00     Y(  8) =  0.000000E 00
```

LAMBDA-WERTE

```
LAMBDA   1 =  0.343303E 01
LAMBDA   2 = -0.187461E 01
LAMBDA   3 =  0.356682E 02
LAMBDA   4 =  0.452451E 01
LAMBDA   5 =  0.949292E 01
LAMBDA   6 =  0.131753E 03
```

MAXIMALES LAMBDA

```
LAMBDA   5 =  0.949292E 01
```

```
ERRECHN. PF-ERTRAG   =  45.734 PROZENT
STANDARDABWEICHUNG   =  15.596 PROZENT

ERTRAG + STD.-ABW.   =  61.330 PROZENT
ERTRAG - STD.-ABW.   =  30.138 PROZENT

INDEXUNABH. RISIKO   =   2.376
INDEXABH.   RISIKO   =   0.055

TATSAECHL.PF-ERTRG   =  38.879 PROZENT
PORTEFEUILLE-ZUSAMMENSETZUNG

        X(  1) VART  =   0.000 PROZENT
        X(  2) BEMO  =  30.279 PROZENT
        X(  3) DEMG  =  69.721 PROZENT
        X(  4) TEXA  =   0.000 PROZENT
        X(  5) DEGU  =   0.000 PROZENT
        X(  6) INDX  =  66.336 PROZENT

          GESAMT     = 166.336 PROZENT

Q-ELEMENT = -0.112534E 01
C-ELEMENT =  0.191642E 01
```

ZWISCHENMATRIX

	1	2	3	4	5	6	7	8
1	0.0000	0.0000	0.0000	0.0000	0.0000	0.0000	0.0000	0.0000
2	0.0000	0.0479	-0.0229	0.0000	-0.0249	-0.0344	0.0272	-0.0043
3	0.0000	-0.0229	0.5197	0.0000	-0.4968	-0.4865	0.4989	-0.0617
4	0.0000	0.0000	0.0000	0.0000	0.0000	0.0000	0.0000	0.0000
5	0.0000	-0.0249	-0.4968	0.0000	0.5218	0.5209	0.4738	0.0661
6	0.0000	-0.0344	-0.4865	0.0000	0.5209	0.5220	1.1879	-0.9336
7	0.0000	0.0272	0.4989	0.0000	0.4738	1.1879	-0.6333	0.1508
8	0.0000	-0.0043	-0.0617	0.0000	0.0661	-0.9336	0.1508	-0.1185

KRITISCHE LINIE 3

```
X(  1) =  0.000000E 00 + UE  0.000000E 00
X(  2) =  0.272547E-01 + UE  0.290251E-01
X(  3) =  0.498924E 00 + UE  0.208879E-01
X(  4) =  0.000000E 00 + UE  0.000000E 00
X(  5) =  0.473820E 00 + UE -0.499131E-01
X(  6) =  0.118794E 01 + UE -0.552599E-01
U(  7) = -0.633385E 00 + UE  0.267829E 00
U(  8) =  0.150875E 00 + UE -0.701834E-02
```

```
W- UND Y-WERTE

W(  1) = -0.394693E 00     Y(  1) =  0.212646E 00
W(  2) =  0.000000E 00     Y(  2) =  0.000000E 00
W(  3) =  0.000000E 00     Y(  3) =  0.000000E 00
W(  4) = -0.538546E 00     Y(  4) =  0.173167E 00
W(  5) =  0.000000E 00     Y(  5) =  0.000000E 00
W(  6) =  0.000000E 00     Y(  6) =  0.000000E 00
W(  7) =  0.000000E 00     Y(  7) =  0.000000E 00
W(  8) =  0.000000E 00     Y(  8) =  0.000000E 00

LAMBDA-WERTE

LAMBDA   1 =  0.185609E 01
LAMBDA   2 = -0.939004E 00
LAMBDA   3 = -0.238858E 02
LAMBDA   4 =  0.310998E 01
LAMBDA   5 =  0.949291E 01
LAMBDA   6 =  0.214973E 02

MAXIMALES LAMBDA

LAMBDA   4 =  0.310998E 01



CORNER-PORTEFEUILLE     3

ERRECHN. PF-ERTRAG   =  32.991 PROZENT
STANDARDABWEICHUNG   =   9.091 PROZENT

ERTRAG + STD.-ABW.   =  42.082 PROZENT
ERTRAG - STD.-ABW.   =  23.900 PROZENT

INDEXUNABH. RISIKO   =   0.695
INDEXABH.   RISIKO   =   0.131

TATSAECHL.PF-ERTRG   =  30.568 PROZENT
PORTFEUILLE-ZUSAMMENSETZUNG

        X(  1) VART  =   0.000 PROZENT
        X(  2) BEMO  =  11.752 PROZENT
        X(  3) DEMG  =  56.389 PROZENT
        X(  4) TEXA  =   0.000 PROZENT
        X(  5) DEGU  =  31.859 PROZENT
        X(  6) INDX  = 101.608 PROZENT

              GESAMT = 201.608 PROZENT

Q-ELEMENT = -0.490563E 00
C-ELEMENT =  0.122092E 01
```

	1	2	3	4	5	6	7	8
1	0.0000	0.0000	0.0000	0.0000	0.0000	0.0000	0.0000	0.0000
2	0.0000	0.0483	-0.0136	-0.0200	-0.0146	-0.0223	0.0164	-0.0028
3	0.0000	-0.0136	0.6931	-0.3768	-0.3026	-0.2600	0.2959	-0.0330
4	0.0000	-0.0200	-0.3768	0.8190	-0.4221	-0.4922	0.4410	-0.0625
5	0.0000	-0.0146	-0.3026	-0.4221	0.7393	0.7747	0.2464	0.0983
6	0.0000	-0.0223	-0.2600	-0.4922	0.7747	0.8179	0.9228	-0.8961
7	0.0000	0.0164	0.2959	0.4410	0.2464	0.9228	-0.3958	0.1172
8	0.0000	-0.0028	-0.0330	-0.0625	0.0983	-0.8961	0.1172	-0.1138

KRITISCHE LINIE 4

```
X(  1) =  0.000000E 00 + UE  0.000000E 00
X(  2) =  0.164458E-01 + UE  0.325007E-01
X(  3) =  0.295983E 00 + UE  0.861427E-01
X(  4) =  0.441097E 00 + UE -0.141833E 00
X(  5) =  0.246473E 00 + UE  0.231894E-01
X(  6) =  0.922826E 00 + UE  0.299868E-01
U(  7) = -0.395833E 00 + UE  0.191445E 00
U(  8) =  0.117204E 00 + UE  0.380851E-02
```

W- UND Y-WERTE

```
W(  1) = -0.210411E 00     Y(  1) =  0.153391E 00
W(  2) =  0.000000E 00     Y(  2) =  0.000000E 00
W(  3) =  0.000000E 00     Y(  3) =  0.000000E 00
W(  4) =  0.000000E 00     Y(  4) =  0.000000E 00
W(  5) =  0.000000E 00     Y(  5) =  0.000000E 00
W(  6) =  0.000000E 00     Y(  6) =  0.000000E 00
W(  7) =  0.000000E 00     Y(  7) =  0.000000E 00
W(  8) =  0.000000E 00     Y(  8) =  0.000000E 00
```

LAMBDA-WERTE

```
LAMBDA   1 =  0.137172E 01
LAMBDA   2 = -0.506016E 00
LAMBDA   3 = -0.343595E 01
LAMBDA   4 =  0.310998E 01
LAMBDA   5 = -0.106286E 02
LAMBDA   6 = -0.307743E 02
```

MAXIMALES LAMBDA

```
LAMBDA   1 =  0.137172E 01
```

```
CORNFR-PORTEFEUILLE     4

ERRECHN. PF-ERTRAG    =   25.252 PROZENT
STANDARDABWEICHUNG    =    6.925 PROZENT

ERTRAG + STD.-ABW.    =   32.177 PROZENT
ERTRAG - STD.-ABW.    =   18.326 PROZENT

INDEXUNABH. RISIKO    =    0.361
INDEXABH.   RISIKO    =    0.118

TATSAECHL.PF-ERTRG    =   28.098 PROZENT
PORTEFEUILLE-ZUSAMMENSETZUNG

      X(  1) VART     =    0.000 PROZENT
      X(  2) REMO     =    6.103 PROZENT
      X(  3) DEMG     =   41.415 PROZENT
      X(  4) TEXA     =   24.654 PROZENT
      X(  5) DEGU     =   27.828 PROZENT
      X(  6) INDX     =   96.396 PROZENT

          GESAMT      =  196.396 PROZENT

Q-ELEMENT = -0.309842E 00
C-ELEMENT =  0.198350E 01
```

ZWISCHENMATRIX

	1	2	3	4	5	6	7	8
1	0.5041	-0.0060	-0.1228	-0.1725	-0.2027	0.2494	0.1060	0.0316
2	-0.0060	0.0484	-0.0122	-0.0180	-0.0122	-0.0253	0.0151	-0.0032
3	-0.1228	-0.0122	0.7230	-0.3347	-0.2531	-0.3208	0.2701	-0.0407
4	-0.1725	-0.0180	-0.3347	0.8780	-0.3527	-0.5776	0.4047	-0.0733
5	-0.2027	-0.0122	-0.2531	-0.3527	0.8209	0.6743	0.2038	0.0856
6	0.2494	-0.0253	-0.3208	-0.5776	0.6743	0.9414	0.9753	-0.8804
7	0.1060	0.0151	0.2701	0.4047	0.2038	0.9753	-0.3735	0.1238
8	0.0316	-0.0032	-0.0407	-0.0733	0.0856	-0.8804	0.1238	-0.1118

```
KRITISCHE LINIE     5

X(  1) =  0.106080E 00 + UE -0.773337E-01
X(  2) =  0.151784E-01 + UE  0.334246E-01
X(  3) =  0.270127E 00 + UE  0.104991E 00
X(  4) =  0.404798E 00 + UE -0.115370E 00
X(  5) =  0.203814E 00 + UE  0.542879E-01
X(  6) =  0.975321E 00 + UE -0.828258E-02
U(  7) = -0.373513E 00 + UE  0.175173E 00
U(  8) =  0.123871E 00 + UE -0.105193E-02
```

```
W(  1) =  0.000000E 00     Y(  1) =  0.000000E 00
W(  2) =  0.000000E 00     Y(  2) =  0.000000E 00
W(  3) =  0.000000E 00     Y(  3) =  0.000000E 00
W(  4) =  0.000000E 00     Y(  4) =  0.000000E 00
W(  5) =  0.000000E 00     Y(  5) =  0.000000E 00
W(  6) =  0.000000E 00     Y(  6) =  0.000000E 00
W(  7) =  0.000000E 00     Y(  7) =  0.000000E 00
W(  8) =  0.000000E 00     Y(  8) =  0.000000E 00

LAMBDA-WERTE

LAMBDA   1 =  0.137172E 01
LAMBDA   2 = -0.454109E 00
LAMBDA   3 = -0.257284E 01
LAMBDA   4 =  0.350868E 01
LAMBDA   5 = -0.375432E 01
LAMBDA   6 =  0.117755E 03

MAXIMALES LAMBDA

LAMBDA   1 =  0.000000E 00



VARIANZMINIMALES PORTEFEUILLE

ERRECHN. PF-ERTRAG   =  17.517 PROZENT
STANDARDABWEICHUNG   =   6.111 PROZENT

ERTRAG + STD.-ABW.   =  23.628 PROZENT
ERTRAG - STD.-ABW.   =  11.405 PROZENT

INDEXUNABH. RISIKO   =   0.252
INDEXABH.   RISIKO   =   0.120

TATSAECHL.PF-ERTRG   =  26.741 PROZENT
PORTEFEUILLE-ZUSAMMENSETZUNG

      X(  1) VART    =  10.608 PROZENT
      X(  2) BEMO    =   1.518 PROZENT
      X(  3) DEMG    =  27.013 PROZENT
      X(  4) TEXA    =  40.480 PROZENT
      X(  5) DEGU    =  20.381 PROZENT
      X(  6) INDX    =  97.532 PROZENT

           GESAMT    = 197.532 PROZENT
```

OPTIMALE WERTPAPIERMISCHUNG MIT DEM INDEXMODELL
****

TEST 10E - DEZ. 1970 BIS MAERZ 1971, REGRESSIONSANALYSE 1967 BIS 1970

WP-NR	WP-NAME	KKURS	STEIGUNG	ABS.GLIED	STD-ABW	DIVID	VKURS
1	VART	373.000	4.206	-200.660	48.255	0.000	484.000
2	BEMO	88.000	0.327	117.356	39.701	0.000	130.000
3	DEMG	137.000	0.707	76.670	14.040	0.000	185.000
4	TEXA	193.000	0.864	89.101	16.494	0.000	241.000
5	DEGU	321.500	3.927	-159.912	28.595	0.000	374.000

INDEXWERT 140.300
STD.-ABW. 5.000

ERRECHNETER ERTRAG WP-NR 1 VART = 4.407 PROZENT
TATSAECHL. ERTRAG WP-NR 1 VART = 29.758 PROZENT

ERRECHNETER ERTRAG WP-NR 2 BEMO = 85.493 PROZENT
TATSAECHL. ERTRAG WP-NR 2 BEMO = 47.727 PROZENT

ERRECHNETER ERTRAG WP-NR 3 DEMG = 28.467 PROZENT
TATSAECHL. ERTRAG WP-NR 3 DEMG = 35.036 PROZENT

ERRECHNETER ERTRAG WP-NR 4 TEXA = 9.025 PROZENT
TATSAECHL. ERTRAG WP-NR 4 TEXA = 24.870 PROZENT

ERRECHNETER ERTRAG WP-NR 5 DEGU = 21.631 PROZENT
TATSAECHL. ERTRAG WP-NR 5 DEGU = 16.329 PROZENT

LP-ANFANGSTABLEAU

	C		X 1	X 2	X 3	X 4	X 5
Z-FKT.	0.000		0.044	0.854	0.284	0.090	0.216
X 6	0.600	GE	0.000	1.000	0.000	0.000	0.000
X 7	0.100	LE	0.000	0.000	0.000	1.000	0.000
X 8	0.050	EQ	1.000	0.000	0.000	0.000	0.000
X 9	1.000	EQ	1.000	1.000	1.000	1.000	1.000

LOESUNG NACH 4 ITERATION(EN)

BASIS	*	X 1	X 2	X 3	X 4	X 5	X 6	X 7	X 8	X 9
Z-FKT.	0.595	0.000	0.000	0.000	0.000	0.068	0.570	0.194	-0.241	0.285
X 1	0.050	1.000	0.000	0.000	0.000	0.000	0.000	0.000	1.000	0.000
X 2	0.600	0.000	1.000	0.000	0.000	0.000	1.000	0.000	0.000	0.000
X 3	0.250	0.000	0.000	1.000	0.000	1.000	-1.000	1.000	-1.000	1.000
X 4	0.100	0.000	0.000	0.000	1.000	0.000	0.000	-1.000	0.000	0.000

ERTRAGSMAXIMALE AUSGANGSLOESUNG

ZIELFU.-WERT = 0.59535

X(1) VART = 0.05000
X(2) BEMO = 0.60000
X(3) DEMG = 0.25000
X(4) TEXA = 0.10000
X(5) DEGU = 0.00000

VARIANZ-KOVARIANZ-MATRIX

	1	2	3	4	5	6	7	8	9	10	11
1	1.9915	0.1047	0.1456	0.1263	0.3443	0.0000	0.0000	1.0000	1.0000	0.0000	0.0000
2	0.1047	20.3879	0.0480	0.0416	0.1134	0.0000	0.0000	1.0000	0.0000	0.0000	1.0000
3	0.1456	0.0480	1.1170	0.0578	0.1578	0.0000	0.0000	1.0000	0.0000	0.0000	0.0000
4	0.1263	0.0416	0.0578	0.7805	0.1368	0.0000	0.0000	1.0000	0.0000	1.0000	0.0000
5	0.3443	0.1134	0.1578	0.1368	1.1640	0.0000	0.0000	1.0000	0.0000	0.0000	0.0000
6	0.0000	0.0000	0.0000	0.0000	0.0000	0.0000	0.0000	0.0000	0.0000	-1.0000	0.0000
7	0.0000	0.0000	0.0000	0.0000	0.0000	0.0000	0.0000	0.0000	0.0000	0.0000	1.0000
8	1.0000	1.0000	1.0000	1.0000	1.0000	0.0000	0.0000	0.0000	0.0000	0.0000	0.0000
9	1.0000	0.0000	0.0000	0.0000	0.0000	0.0000	0.0000	0.0000	0.0000	0.0000	0.0000
10	0.0000	0.0000	0.0000	1.0000	0.0000	-1.0000	0.0000	0.0000	0.0000	0.0000	0.0000
11	0.0000	1.0000	0.0000	0.0000	0.0000	0.0000	1.0000	0.0000	0.0000	0.0000	0.0000

```
ERRECHN. PF-ERTRAG   =  59.535 PROZENT
STANDARDABWEICHUNG   =  27.305 PROZENT

ERTRAG + STD.-ABW.   =  86.840 PROZENT
ERTRAG - STD.-ABW.   =  32.230 PROZENT

SUMME    VARIANZEN   =   7.422
SUMME  KOVARIANZEN   =   0.033

TATSAECHL.PF-ERTRG   =  41.370 PROZENT
PORTEFEUILLE-ZUSAMMENSETZUNG

       X(  1) VART   =   5.000 PROZENT
       X(  2) BEMO   =  60.000 PROZENT
       X(  3) DEMG   =  25.000 PROZENT
       X(  4) TEXA   =  10.000 PROZENT
       X(  5) DEGU   =   0.000 PROZENT

           GESAMT    = 100.000 PROZENT


CORNER-PORTEFEUILLE     2

ERRECHN. PF-ERTRAG   =  39.721 PROZENT
STANDARDABWEICHUNG   =  13.220 PROZENT

ERTRAG + STD.-ABW.   =  52.941 PROZENT
ERTRAG - STD.-ABW.   =  26.500 PROZENT

SUMME    VARIANZEN   =   1.711
SUMME  KOVARIANZEN   =   0.036

TATSAECHL.PF-ERTRG   =  36.960 PROZENT
PF. - VERAENDERUNG   =   WP-NR   7 DUMY

PORTEFEUILLE-ZUSAMMENSETZUNG

       X(  1) VART   =   5.000 PROZENT
       X(  2) BEMO   =  25.253 PROZENT
       X(  3) DEMG   =  59.747 PROZENT
       X(  4) TEXA   =  10.000 PROZENT
       X(  5) DEGU   =   0.000 PROZENT

           GESAMT    = 100.000 PROZENT


CORNER-PORTEFEUILLE     3

ERRECHN. PF-ERTRAG   =  28.548 PROZENT
STANDARDABWEICHUNG   =   7.823 PROZENT

ERTRAG + STD.-ABW.   =  36.371 PROZENT
ERTRAG - STD.-ABW.   =  20.724 PROZENT

SUMME    VARIANZEN   =   0.527
SUMME  KOVARIANZEN   =   0.085

TATSAECHL.PF-ERTRG   =  29.673 PROZENT
PF. - VERAENDERUNG   =   WP-NR   5 DEGU

PORTEFEUILLE-ZUSAMMENSETZUNG

       X(  1) VART   =   5.000 PROZENT
       X(  2) BEMO   =   9.009 PROZENT
       X(  3) DEMG   =  48.057 PROZENT
       X(  4) TEXA   =  10.000 PROZENT
       X(  5) DEGU   =  27.934 PROZENT

           GESAMT    = 100.000 PROZENT


VARIANZMINIMALES PORTEFEUILLE

ERRECHN. PF-ERTRAG   =  18.377 PROZENT
STANDARDABWEICHUNG   =   6.162 PROZENT

ERTRAG + STD.-ABW.   =  24.540 PROZENT
ERTRAG - STD.-ABW.   =  12.215 PROZENT

SUMME    VARIANZEN   =   0.300
SUMME  KOVARIANZEN   =   0.079

TATSAECHL.PF-ERTRG   =  26.428 PROZENT
PF. - VERAENDERUNG   =   WP-NR   6 DUMY

PORTEFEUILLE-ZUSAMMENSETZUNG

       X(  1) VART   =   5.000 PROZENT
       X(  2) BEMO   =   1.585 PROZENT
       X(  3) DEMG   =  28.380 PROZENT
       X(  4) TEXA   =  42.399 PROZENT
       X(  5) DEGU   =  22.637 PROZENT

           GESAMT    = 100.000 PROZENT
```

OPTIMALE WERTPAPIERMISCHUNG MIT DEM INDEXMODELL
****

TEST 1OF - DEZ. 1970 BIS MAERZ 1971, REGRESSIONSANALYSE 1967 BIS 1970

WP-NR	WP-NAME	KKURS	STEIGUNG	ABS.GLIED	STD-ABW	DIVID	VKURS
1	VART	373.000	4.206	-200.660	48.255	0.000	484.000
2	BEMO	88.000	0.327	117.356	39.701	0.000	130.000
3	DEMG	137.000	0.707	76.670	14.040	0.000	185.000
4	TEXA	193.000	0.864	89.101	16.494	0.000	241.000
5	DEGU	321.500	3.927	-159.912	28.595	0.000	374.000

INDEXWERT 140.300
STD.-ABW. 5.000

ERRECHNETER ERTRAG WP-NR 1 VART = 4.407 PROZENT
TATSAECHL. ERTRAG WP-NR 1 VART = 29.758 PROZENT

ERRECHNETER ERTRAG WP-NR 2 BEMO = 85.493 PROZENT
TATSAECHL. ERTRAG WP-NR 2 BEMO = 47.727 PROZENT

ERRECHNETER ERTRAG WP-NR 3 DEMG = 28.467 PROZENT
TATSAECHL. ERTRAG WP-NR 3 DEMG = 35.036 PROZENT

ERRECHNETER ERTRAG WP-NR 4 TEXA = 9.025 PROZENT
TATSAECHL. ERTRAG WP-NR 4 TEXA = 24.870 PROZENT

ERRECHNETER ERTRAG WP-NR 5 DEGU = 21.631 PROZENT
TATSAECHL. ERTRAG WP-NR 5 DEGU = 16.329 PROZENT

R =	0.00	0.00	0.00	0.00	0.00	0.00	0.00	1.00	0.05	0.10	0.60
S =	0.04	0.85	0.28	0.09	0.21	0.00	0.00	0.00	0.00	0.00	0.00
EE=	0.29	0.47	0.35	0.24	0.16	0.00	0.00	0.00	0.00	0.00	0.00

LP-ANFANGSTABLEAU

	C		X 1	X 2	X 3	X 4	X 5
Z-FKT.	0.000		0.044	0.854	0.284	0.090	0.216
X 6	0.600	GE	0.000	1.000	0.000	0.000	0.000
X 7	0.100	LE	0.000	0.000	0.000	1.000	0.000
X 8	0.050	EQ	1.000	0.000	0.000	0.000	0.000
X 9	1.000	EQ	1.000	1.000	1.000	1.000	1.000

LOESUNG NACH 4 ITERATION(EN)

BASIS	*	X 1	X 2	X 3	X 4	X 5	X 6	X 7	X 8	X 9
Z-FKT.	0.595	0.000	0.000	0.000	0.000	0.068	0.570	0.194	-0.241	0.285
X 1	0.050	1.000	0.000	0.000	0.000	0.000	0.000	0.000	1.000	0.000
X 2	0.600	0.000	1.000	0.000	0.000	0.000	1.000	0.000	0.000	0.000
X 3	0.250	0.000	0.000	1.000	0.000	1.000	-1.000	1.000	-1.000	1.000
X 4	0.100	0.000	0.000	0.000	1.000	0.000	0.000	-1.000	0.000	0.000

ANTEILE = 0.0500 0.6000 0.2500 0.1000 0.0000 0.0000 0.0000

ERTRAGSMAXIMALE AUSGANGSLOESUNG

ZIELFU.-WERT = 0.59535

X(1) VART = 0.05000
X(2) BEMO = 0.60000
X(3) DEMG = 0.25000
X(4) TEXA = 0.10000
X(5) DEGU = 0.00000

VARIANZ-KOVARIANZ-MATRIX

	1	2	3	4	5	6	7	8	9	10	11
1	1.9915	0.1047	0.1456	0.1263	0.3443	0.0000	0.0000	1.0000	1.0000	0.0000	0.0000
2	0.1047	20.3879	0.0480	0.0416	0.1134	0.0000	0.0000	1.0000	0.0000	0.0000	1.0000
3	0.1456	0.0480	1.1170	0.0578	0.1578	0.0000	0.0000	1.0000	0.0000	0.0000	0.0000
4	0.1263	0.0416	0.0578	0.7805	0.1368	0.0000	0.0000	1.0000	0.0000	1.0000	0.0000
5	0.3443	0.1134	0.1578	0.1368	1.1640	0.0000	0.0000	1.0000	0.0000	0.0000	0.0000
6	0.0000	0.0000	0.0000	0.0000	0.0000	0.0000	0.0000	0.0000	0.0000	-1.0000	0.0000
7	0.0000	0.0000	0.0000	0.0000	0.0000	0.0000	0.0000	0.0000	0.0000	0.0000	1.0000
8	1.0000	1.0000	1.0000	1.0000	1.0000	0.0000	0.0000	0.0000	0.0000	0.0000	0.0000
9	1.0000	0.0000	0.0000	0.0000	0.0000	0.0000	0.0000	0.0000	0.0000	0.0000	0.0000
10	0.0000	0.0000	0.0000	1.0000	0.0000	-1.0000	0.0000	0.0000	0.0000	0.0000	0.0000
11	0.0000	1.0000	0.0000	0.0000	0.0000	0.0000	1.0000	0.0000	0.0000	0.0000	0.0000

AUSGANGSMATRIX M

	1	2	3	4	5	6	7	8	9	10	11
1	1.9915	0.1047	0.1456	0.1263	0.0000	0.0000	0.0000	1.0000	1.0000	0.0000	0.0000
2	0.1047	20.3879	0.0480	0.0416	0.0000	0.0000	0.0000	1.0000	0.0000	0.0000	1.0000
3	0.1456	0.0480	1.1170	0.0578	0.0000	0.0000	0.0000	1.0000	0.0000	0.0000	0.0000
4	0.1263	0.0416	0.0578	0.7805	0.0000	0.0000	0.0000	1.0000	0.0000	1.0000	0.0000
5	0.0000	0.0000	0.0000	0.0000	1.0000	0.0000	0.0000	0.0000	0.0000	0.0000	0.0000
6	0.0000	0.0000	0.0000	0.0000	0.0000	1.0000	0.0000	0.0000	0.0000	0.0000	0.0000
7	0.0000	0.0000	0.0000	0.0000	0.0000	0.0000	1.0000	0.0000	0.0000	0.0000	0.0000
8	1.0000	1.0000	1.0000	1.0000	0.0000	0.0000	0.0000	0.0000	0.0000	0.0000	0.0000
9	1.0000	0.0000	0.0000	0.0000	0.0000	0.0000	0.0000	0.0000	0.0000	0.0000	0.0000
10	0.0000	0.0000	0.0000	1.0000	0.0000	0.0000	0.0000	0.0000	0.0000	0.0000	0.0000
11	0.0000	1.0000	0.0000	0.0000	0.0000	0.0000	0.0000	0.0000	0.0000	0.0000	0.0000

INVERTIERTE MATRIX

	1	2	3	4	5	6	7	8	9	10	11
1	0.0000	0.0000	0.0000	-0.0000	0.0000	0.0000	0.0000	0.0000	1.0000	0.0000	0.0000
2	0.0000	0.0000	0.0000	0.0000	0.0000	0.0000	0.0000	0.0000	0.0000	0.0000	1.0000
3	0.0000	-0.0000	-0.0000	-0.0000	0.0000	0.0000	0.0000	1.0000	-1.0000	-1.0000	-1.0000
4	-0.0000	-0.0000	-0.0000	-0.0000	0.0000	0.0000	0.0000	0.0000	-0.0000	1.0000	-0.0000
5	0.0000	0.0000	0.0000	0.0000	1.0000	0.0000	0.0000	0.0000	0.0000	0.0000	0.0000
6	0.0000	0.0000	0.0000	0.0000	0.0000	1.0000	0.0000	0.0000	0.0000	0.0000	0.0000
7	0.0000	0.0000	0.0000	0.0000	0.0000	0.0000	1.0000	0.0000	0.0000	0.0000	0.0000
8	-0.0000	0.0000	1.0000	0.0000	0.0000	0.0000	0.0000	-1.1170	0.9713	1.0591	1.0690
9	1.0000	-0.0000	-1.0000	-0.0000	0.0000	0.0000	0.0000	0.9713	-2.8171	-1.0397	-1.0280
10	0.0000	-0.0000	-0.9999	0.9999	0.0000	0.0000	0.0000	1.0591	-1.0397	-1.7817	-1.0527
11	0.0000	1.0000	-1.0000	-0.0000	0.0000	0.0000	0.0000	1.0690	-1.0280	-1.0527	-21.4089

M-MATRIX MIT NULLKREUZEN

	1	2	3	4	5	6	7	8	9	10	11
1	0.0000	0.0000	0.0000	-0.0000	0.0000	0.0000	0.0000	0.0000	1.0000	0.0000	0.0000
2	0.0000	0.0000	0.0000	0.0000	0.0000	0.0000	0.0000	0.0000	0.0000	0.0000	1.0000
3	0.0000	-0.0000	-0.0000	-0.0000	0.0000	0.0000	0.0000	1.0000	-1.0000	-1.0000	-1.0000
4	-0.0000	-0.0000	-0.0000	-0.0000	0.0000	0.0000	0.0000	0.0000	-0.0000	1.0000	-0.0000
5	0.0000	0.0000	0.0000	0.0000	0.0000	0.0000	0.0000	0.0000	0.0000	0.0000	0.0000
6	0.0000	0.0000	0.0000	0.0000	0.0000	0.0000	0.0000	0.0000	0.0000	0.0000	0.0000
7	0.0000	0.0000	0.0000	0.0000	0.0000	0.0000	0.0000	0.0000	0.0000	0.0000	0.0000
8	-0.0000	0.0000	1.0000	0.0000	0.0000	0.0000	0.0000	-1.1170	0.9713	1.0591	1.0690
9	1.0000	-0.0000	-1.0000	-0.0000	0.0000	0.0000	0.0000	0.9713	-2.8171	-1.0397	-1.0280
10	0.0000	-0.0000	-0.9999	0.9999	0.0000	0.0000	0.0000	1.0591	-1.0397	-1.7817	-1.0527
11	0.0000	1.0000	-1.0000	-0.0000	0.0000	0.0000	0.0000	1.0690	-1.0280	-1.0527	-21.4089

KRITISCHE LINIE 1

```
X(  1) =  0.500000E-01 + UE -0.840525E-10
X(  2) =  0.600000E 00 + UE  0.183256E-10
X(  3) =  0.249999E 00 + UE -0.538908E-07
X(  4) =  0.999999E-01 + UE -0.206560E-07
X(  5) =  0.000000E 00 + UE  0.000000E 00
X(  6) =  0.000000E 00 + UE  0.000000E 00
X(  7) =  0.000000E 00 + UE  0.000000E 00
U(  8) = -0.321130E 00 + UE  0.284678E 00
U(  9) =  0.109651E 00 + UE -0.240599E 00
U( 10) =  0.197317E 00 + UE -0.194427E 00
U( 11) = -0.119330E 02 + UE  0.570253E 00
```

W- UND Y-WERTE

```
W(  1) =  0.000000E 00    Y(  1) =  0.000000E 00
W(  2) =  0.000000E 00    Y(  2) =  0.000000E 00
W(  3) =  0.000000E 00    Y(  3) =  0.000000E 00
W(  4) =  0.000000E 00    Y(  4) =  0.000000E 00
W(  5) = -0.182698E 00    Y(  5) =  0.683612E-01
W(  6) = -0.197317E 00    Y(  6) =  0.194427E 00
W(  7) = -0.119330E 02    Y(  7) =  0.570253E 00
W(  8) =  0.000000E 00    Y(  8) =  0.000000E 00
W(  9) =  0.000000E 00    Y(  9) =  0.000000E 00
W( 10) =  0.000000E 00    Y( 10) =  0.000000E 00
W( 11) =  0.000000E 00    Y( 11) =  0.000000E 00
```

```
LAMBDA-WERTE

LAMBDA    1 =  0.000000E 00
LAMBDA    2 =  0.000000E 00
LAMBDA    3 =  0.000000E 00
LAMBDA    4 =  0.000000E 00
LAMBDA    5 =  0.267254E 01
LAMBDA    6 =  0.101486E 01
LAMBDA    7 =  0.209258E 02

MAXIMALES LAMBDA

LAMBDA    7 =  0.209258E 02



CORNER-PORTEFEUILLE      1

ERRECHN. PF-ERTRAG   =   59.535 PROZENT
STANDARDABWEICHUNG   =   27.305 PROZENT

ERTRAG + STD.-ABW.   =   86.840 PROZENT
ERTRAG - STD.-ABW.   =   32.230 PROZENT

SUMME    VARIANZEN   =    7.422
SUMME  KOVARIANZEN   =    0.033

TATSAECHL.PF-ERTRG   =   41.370 PROZENT
PORTEFEUILLE-ZUSAMMENSETZUNG

       X(   1) VART  =    5.000 PROZENT
       X(   2) BEMO  =   60.000 PROZENT
       X(   3) DEMG  =   25.000 PROZENT
       X(   4) TEXA  =   10.000 PROZENT
       X(   5) DEGU  =    0.000 PROZENT

            GESAMT   =  100.000 PROZENT

Q-ELEMENT = -0.214089E 02
C-ELEMENT =  0.214089E 02
```

ZWISCHENMATRIX

	1	2	3	4	5	6	7	8	9	10	11
1	0.0000	0.0000	0.0000	-0.0000	0.0000	0.0000	0.0000	0.0000	1.0000	0.0000	0.0000
2	0.0000	0.0467	-0.0467	-0.0000	0.0000	0.0000	-0.0467	0.0499	-0.0480	-0.0491	0.0000
3	0.0000	-0.0467	0.0467	-0.0000	0.0000	0.0000	0.0467	0.9500	-0.9519	-0.9508	-0.0000
4	-0.0000	-0.0000	-0.0000	0.0000	0.0000	0.0000	0.0000	0.0000	-0.0000	1.0000	-0.0000
5	0.0000	0.0000	0.0000	0.0000	0.0000	0.0000	0.0000	0.0000	0.0000	0.0000	0.0000
6	0.0000	0.0000	0.0000	0.0000	0.0000	0.0000	0.0000	0.0000	0.0000	0.0000	0.0000
7	0.0000	-0.0467	0.0467	0.0000	0.0000	0.0000	0.0467	-0.0499	0.0480	0.0491	1.0000
8	-0.0000	0.0499	0.9500	0.0000	0.0000	0.0000	-0.0499	-1.0636	0.9199	1.0065	-0.0000
9	1.0000	-0.0480	-0.9519	-0.0000	0.0000	0.0000	0.0480	0.9199	-2.7678	-0.9891	-0.0000
10	0.0000	-0.0491	-0.9508	0.9999	0.0000	0.0000	0.0491	1.0065	-0.9891	-1.7300	-0.0000
11	0.0000	0.0000	-0.0000	0.0000	0.0000	0.0000	1.0000	-0.0000	-0.0000	-0.0000	-0.0000

KRITISCHE LINIE 2

```
X(  1) =  0.500000E-01 + UE -0.840525E-10
X(  2) =  0.426144E-01 + UE  0.266362E-01
X(  3) =  0.807385E 00 + UE -0.266362E-01
X(  4) =  0.100000E 00 + UE -0.227803E-07
X(  5) =  0.000000E 00 + UE  0.000000E 00
X(  6) =  0.000000E 00 + UE  0.000000E 00
X(  7) =  0.557385E 00 + UE -0.266362E-01
U(  8) = -0.916980E 00 + UE  0.313152E 00
U(  9) =  0.682688E 00 + UE -0.267983E 00
U( 10) =  0.784102E 00 + UE -0.222468E 00
U( 11) = -0.451691E-07 + UE  0.488529E-08
```

W- UND Y-WERTE

```
W(  1) =  0.000000E 00     Y(  1) =  0.000000E 00
W(  2) =  0.000000E 00     Y(  2) =  0.000000E 00
W(  3) =  0.000000E 00     Y(  3) =  0.000000E 00
W(  4) =  0.000000E 00     Y(  4) =  0.000000E 00
W(  5) = -0.753835E 00     Y(  5) =  0.956546E-01
W(  6) = -0.784102E 00     Y(  6) =  0.222468E 00
W(  7) =  0.000000E 00     Y(  7) =  0.000000E 00
W(  8) =  0.000000E 00     Y(  8) =  0.000000E 00
W(  9) =  0.000000E 00     Y(  9) =  0.000000E 00
W( 10) =  0.000000E 00     Y( 10) =  0.000000E 00
W( 11) =  0.000000E 00     Y( 11) =  0.000000E 00
```

```
LAMBDA-WERTE

LAMBDA    1 =  0.000000E 00
LAMBDA    2 = -0.159986E 01
LAMBDA    3 =  0.303114E 02
LAMBDA    4 =  0.000000E 00
LAMBDA    5 =  0.788080E 01
LAMBDA    6 =  0.352454E 01
LAMBDA    7 =  0.209258E 02

MAXIMALES LAMBDA

LAMBDA    5 =  0.788080E 01



CORNER-PORTEFEUILLE     2

ERRECHN. PF-ERTRAG   =  39.721 PROZENT
STANDARDABWEICHUNG   =  13.220 PROZENT

ERTRAG + STD.-ABW.   =  52.941 PROZENT
ERTRAG - STD.-ABW.   =  26.500 PROZENT

SUMME    VARIANZEN   =   1.711
SUMME  KOVARIANZEN   =   0.036

TATSAECHL.PF-ERTRG   =  36.960 PROZENT
PORTEFEUILLE-ZUSAMMENSETZUNG

       X(  1) VART   =   5.000 PROZENT
       X(  2) BEMO   =  25.253 PROZENT
       X(  3) DEMG   =  59.747 PROZENT
       X(  4) TEXA   =  10.000 PROZENT
       X(  5) DEGU   =   0.000 PROZENT

           GESAMT    = 100.000 PROZENT

Q-ELEMENT = -0.752359E 00
C-ELEMENT =  0.191642E 01
```

ZWISCHENMATRIX

	1	2	3	4	5	6	7	8	9	10	11
1	0.0000	-0.0000	-0.0000	-0.0000	0.0000	0.0000	0.0000	0.0000	1.0000	-0.0000	-0.0000
2	0.0000	0.0479	-0.0229	-0.0000	-0.0249	0.0000	-0.0479	0.0272	-0.0203	-0.0245	0.0000
3	0.0000	-0.0229	0.5197	-0.0000	-0.4968	0.0000	0.0229	0.4989	-0.4011	-0.4600	0.0000
4	-0.0000	-0.0000	-0.0000	0.0000	-0.0000	0.0000	0.0000	0.0000	0.0000	1.0000	0.0000
5	0.0000	-0.0249	-0.4968	-0.0000	0.5218	0.0000	0.0249	0.4738	-0.5785	-0.5154	-0.0000
6	0.0000	0.0000	0.0000	0.0000	0.0000	0.0000	0.0000	0.0000	0.0000	0.0000	0.0000
7	0.0000	-0.0479	0.0229	0.0000	0.0249	0.0000	0.0479	-0.0272	0.0203	0.0245	1.0000
8	-0.0000	0.0272	0.4989	0.0000	0.4738	0.0000	-0.0272	-0.6333	0.3946	0.5385	-0.0000
9	1.0000	-0.0203	-0.4011	-0.0000	-0.5785	0.0000	0.0203	0.3946	-2.1264	-0.4177	0.0000
10	0.0000	-0.0245	-0.4600	0.9999	-0.5154	0.0000	0.0245	0.5385	-0.4177	-1.2209	0.0000
11	0.0000	0.0000	0.0000	0.0000	-0.0000	0.0000	1.0000	-0.0000	0.0000	-0.0000	-0.0000

KRITISCHE LINIE 3

```
X(  1) =  0.500000E-01 + UE -0.904123E-10
X(  2) =  0.237877E-01 + UE  0.290251E-01
X(  3) =  0.432857E 00 + UE  0.208878E-01
X(  4) =  0.100000E 00 + UE -0.213203E-07
X(  5) =  0.393355E 00 + UE -0.499130E-01
X(  6) =  0.000000E 00 + UE  0.000000E 00
X(  7) =  0.576212E 00 + UE -0.290251E-01
U(  8) = -0.559796E 00 + UE  0.267829E 00
U(  9) =  0.246593E 00 + UE -0.212646E 00
U( 10) =  0.395565E 00 + UE -0.173167E 00
U( 11) = -0.608480E-07 + UE  0.687480E-08
```

W- UND Y-WERTE

```
W(  1) =  0.000000E 00     Y(  1) =  0.000000E 00
W(  2) =  0.000000E 00     Y(  2) =  0.000000E 00
W(  3) =  0.000000E 00     Y(  3) =  0.000000E 00
W(  4) =  0.000000E 00     Y(  4) =  0.000000E 00
W(  5) =  0.000000E 00     Y(  5) =  0.000000E 00
W(  6) = -0.395565E 00     Y(  6) =  0.173167E 00
W(  7) =  0.000000E 00     Y(  7) =  0.000000E 00
W(  8) =  0.000000E 00     Y(  8) =  0.000000E 00
W(  9) =  0.000000E 00     Y(  9) =  0.000000E 00
W( 10) =  0.000000E 00     Y( 10) =  0.000000E 00
W( 11) =  0.000000E 00     Y( 11) =  0.000000E 00
```

```
LAMBDA-WERTE

LAMBDA    1 =  0.000000E 00
LAMBDA    2 = -0.819554E 00
LAMBDA    3 = -0.207229E 02
LAMBDA    4 =  0.000000E 00
LAMBDA    5 =  0.788080E 01
LAMBDA    6 =  0.228429E 01
LAMBDA    7 =  0.198521E 02

MAXIMALES LAMBDA

LAMBDA    6 =  0.228429E 01



CORNER-PORTEFEUILLE      3

ERRECHN. PF-ERTRAG   =  28.548 PROZENT
STANDARDABWEICHUNG   =   7.823 PROZENT

ERTRAG + STD.-ABW.   =  36.371 PROZENT
ERTRAG - STD.-ABW.   =  20.724 PROZENT

SUMME     VARIANZEN  =   0.527
SUMME   KOVARIANZEN  =   0.085

TATSAECHL.PF-ERTRG   =  29.673 PROZENT
PORTFEUILLE-ZUSAMMENSETZUNG

       X(  1) VART   =   5.000 PROZENT
       X(  2) BEMO   =   9.009 PROZENT
       X(  3) DEMG   =  48.057 PROZENT
       X(  4) TEXA   =  10.000 PROZENT
       X(  5) DEGU   =  27.934 PROZENT

            GESAMT   = 100.000 PROZENT

Q-ELEMENT = -0.122092E 01
C-ELEMENT =  0.122092E 01
```

ZWISCHENMATRIX

	1	2	3	4	5	6	7	8	9	10	11
1	0.0000	-0.0000	-0.0000	-0.0000	0.0000	-0.0000	0.0000	0.0000	1.0000	-0.0000	0.0000
2	0.0000	0.0483	-0.0136	-0.0200	-0.0146	-0.0200	-0.0483	0.0164	-0.0119	-0.0000	0.0000
3	0.0000	-0.0136	0.6931	-0.3768	-0.3026	-0.3768	0.0136	0.2959	-0.2437	-0.0000	0.0000
4	-0.0000	-0.0200	-0.3768	0.8190	-0.4221	0.8190	0.0200	0.4410	-0.3421	0.0000	-0.0000
5	0.0000	-0.0146	-0.3026	-0.4221	0.7393	-0.4221	0.0146	0.2464	-0.4021	-0.0000	0.0000
6	-0.0000	-0.0200	-0.3768	0.8190	-0.4221	0.8190	0.0200	0.4410	-0.3421	-1.0000	-0.0000
7	0.0000	-0.0483	0.0136	0.0200	0.0146	0.0200	0.0483	-0.0164	0.0119	0.0000	0.9999
8	-0.0000	0.0164	0.2959	0.4410	0.2464	0.4410	-0.0164	-0.3958	0.2104	-0.0000	-0.0000
9	1.0000	-0.0119	-0.2437	-0.3421	-0.4021	-0.3421	0.0119	0.2104	-1.9835	-0.0000	0.0000
10	0.0000	-0.0000	0.0000	-0.0000	-0.0000	-1.0000	0.0000	-0.0000	-0.0000	-0.0000	0.0000
11	0.0000	0.0000	0.0000	-0.0000	0.0000	-0.0000	0.9999	-0.0000	0.0000	0.0000	-0.0000

KRITISCHE LINIE 4

```
X(  1) =  0.500000E-01 + UE -0.810977E-10
X(  2) =  0.158485E-01 + UE  0.325007E-01
X(  3) =  0.283795E 00 + UE  0.861426E-01
X(  4) =  0.423989E 00 + UE -0.141832E 00
X(  5) =  0.226366E 00 + UE  0.231895E-01
X(  6) =  0.323989E 00 + UE -0.141832E 00
X(  7) =  0.584151E 00 + UE -0.325007E-01
U(  8) = -0.385313E 00 + UE  0.191445E 00
U(  9) =  0.111236E 00 + UE -0.153391E 00
U( 10) = -0.970437E-07 + UE  0.444392E-07
U( 11) = -0.133247E-06 + UE  0.385691E-07
```

W- UND Y-WERTE

```
W(  1) =  0.000000E 00    Y(  1) =  0.000000E 00
W(  2) =  0.000000E 00    Y(  2) =  0.000000E 00
W(  3) =  0.000000E 00    Y(  3) =  0.000000E 00
W(  4) =  0.000000E 00    Y(  4) =  0.000000E 00
W(  5) =  0.000000E 00    Y(  5) =  0.000000E 00
W(  6) =  0.000000E 00    Y(  6) =  0.000000E 00
W(  7) =  0.000000E 00    Y(  7) =  0.000000E 00
W(  8) =  0.000000E 00    Y(  8) =  0.000000E 00
W(  9) =  0.000000E 00    Y(  9) =  0.000000E 00
W( 10) =  0.000000E 00    Y( 10) =  0.000000E 00
W( 11) =  0.000000E 00    Y( 11) =  0.000000E 00
```

```
LAMBDA-WERTE

LAMBDA    1 =  0.000000E 00
LAMBDA    2 = -0.487635E 00
LAMBDA    3 = -0.329448E 01
LAMBDA    4 =  0.298935E 01
LAMBDA    5 = -0.976159E 01
LAMBDA    6 =  0.228429E 01
LAMBDA    7 =  0.179734E 02

MAXIMALES LAMBDA

LAMBDA    6 =  0.000000E 00



VARIANZMINIMALES PORTEFEUILLE

ERRECHN. PF-ERTRAG   =  18.377 PROZENT
STANDARDABWEICHUNG   =   6.162 PROZENT

ERTRAG + STD.-ABW.   =  24.540 PROZENT
ERTRAG - STD.-ABW.   =  12.215 PROZENT

SUMME     VARIANZEN  =   0.300
SUMME   KOVARIANZEN  =   0.079

TATSAECHL.PF-ERTRG   =  26.428 PROZENT
PORTEFEUILLE-ZUSAMMENSETZUNG

      X(  1) VART    =   5.000 PROZENT
      X(  2) BEMO    =   1.585 PROZENT
      X(  3) DEMG    =  28.380 PROZENT
      X(  4) TEXA    =  42.399 PROZENT
      X(  5) DEGU    =  22.637 PROZENT

             GESAMT  = 100.000 PROZENT
```

OPTIMALE WERTPAPIERMISCHUNG MIT DEM INDEXMODELL
****

TEST 10J - DEZ. 1970 BIS MAERZ 1971, REGRESSIONSANALYSE 1967 BIS 1970

WP-NR	WP-NAME	KKURS	STEIGUNG	ABS.GLIED	STD-ABW	DIVID	VKURS
1	BEMO	88.000	0.327	117.356	39.701	0.000	130.000
2	VART	373.000	4.206	-200.660	48.255	0.000	484.000
3	DEMG	137.000	0.707	76.670	14.040	0.000	185.000
4	TEXA	193.000	0.864	89.101	16.494	0.000	241.000
5	DEGU	321.500	3.927	-159.912	28.595	0.000	374.000

INDEXWERT 140.300
STD.-ABW. 5.000

ERRECHNETER ERTRAG WP-NR 1 BEMO = 85.493 PROZENT
TATSAECHL. ERTRAG WP-NR 1 BEMO = 47.727 PROZENT

ERRECHNETER ERTRAG WP-NR 2 VART = 4.407 PROZENT
TATSAECHL. ERTRAG WP-NR 2 VART = 29.758 PROZENT

ERRECHNETER ERTRAG WP-NR 3 DEMG = 28.467 PROZENT
TATSAECHL. ERTRAG WP-NR 3 DEMG = 35.036 PROZENT

ERRECHNETER ERTRAG WP-NR 4 TEXA = 9.025 PROZENT
TATSAECHL. ERTRAG WP-NR 4 TEXA = 24.870 PROZENT

ERRECHNETER ERTRAG WP-NR 5 DEGU = 21.631 PROZENT
TATSAECHL. ERTRAG WP-NR 5 DEGU = 16.329 PROZENT

R =	0.00	0.00	0.00	0.00	0.00	1.00
S =	0.85	0.04	0.28	0.09	0.21	0.00
FE=	0.47	0.29	0.35	0.24	0.16	0.00

LP-ANFANGSTABLEAU

	C		X 1	X 2	X 3	X 4	X 5
Z-FKT.	0.000		0.854	0.044	0.284	0.090	0.216
X 6	1.000	EQ	1.000	1.000	1.000	1.000	1.000

LOESUNG NACH 1 ITERATION(EN)

BASIS	*	X 1	X 2	X 3	X 4	X 5	X 6
Z-FKT.	0.855	0.000	0.811	0.570	0.765	0.639	0.855
X 1	1.000	1.000	1.000	1.000	1.000	1.000	1.000

ANTEILE = 1.0000 0.0000 0.0000 0.0000 0.0000

ERTRAGSMAXIMALE AUSGANGSLOESUNG

ZIELFU.-WERT = 0.85493

```
X(  1) BEMO  = 1.00000
X(  2) VART  = 0.00000
X(  3) DEMG  = 0.00000
X(  4) TEXA  = 0.00000
X(  5) DEGU  = 0.00000
```

VARIANZ-KOVARIANZ-MATRIX

	1	2	3	4	5	6
1	20.3879	0.1047	0.0480	0.0416	0.1134	1.0000
2	0.1047	1.9915	0.1456	0.1263	0.3443	1.0000
3	0.0480	0.1456	1.1170	0.0578	0.1578	1.0000
4	0.0416	0.1263	0.0578	0.7805	0.1368	1.0000
5	0.1134	0.3443	0.1578	0.1368	1.1640	1.0000
6	1.0000	1.0000	1.0000	1.0000	1.0000	0.0000

AUSGANGSMATRIX M

	1	2	3	4	5	6
1	20.3879	0.0000	0.0000	0.0000	0.0000	1.0000
2	0.0000	1.0000	0.0000	0.0000	0.0000	0.0000
3	0.0000	0.0000	1.0000	0.0000	0.0000	0.0000
4	0.0000	0.0000	0.0000	1.0000	0.0000	0.0000
5	0.0000	0.0000	0.0000	0.0000	1.0000	0.0000
6	1.0000	0.0000	0.0000	0.0000	0.0000	0.0000

INVERTIERTE MATRIX

	1	2	3	4	5	6
1	0.0000	0.0000	0.0000	0.0000	0.0000	1.0000
2	0.0000	1.0000	0.0000	0.0000	0.0000	0.0000
3	0.0000	0.0000	1.0000	0.0000	0.0000	0.0000
4	0.0000	0.0000	0.0000	1.0000	0.0000	0.0000
5	0.0000	0.0000	0.0000	0.0000	1.0000	0.0000
6	1.0000	0.0000	0.0000	0.0000	0.0000	-20.3879

M-MATRIX MIT NULLKREUZEN

	1	2	3	4	5	6
1	0.0000	0.0000	0.0000	0.0000	0.0000	1.0000
2	0.0000	0.0000	0.0000	0.0000	0.0000	0.0000
3	0.0000	0.0000	0.0000	0.0000	0.0000	0.0000
4	0.0000	0.0000	0.0000	0.0000	0.0000	0.0000
5	0.0000	0.0000	0.0000	0.0000	0.0000	0.0000
6	1.0000	0.0000	0.0000	0.0000	0.0000	-20.3879

Überblick über die dreiziffrigen Tests mit ihren charakteristischen Größen

Test-Nr.	110	120	130A	130B	130C	130D	140	150A	150B
Schätz-zeitraum	Dez. 1969-Jan. 1970	Dez. 1969-März.1970	Dez. 1969-Juni 1970	Dez. 1969-Juni 1970	Dez. 1969-Juni 1970	Dez. 1969-Juni 1970	Dez. 1969-Dez. 1970	Aug. 1972-Dez. 1972	Aug. 1972-Dez. 1972
Regress.-analyse	1967-1969	1967-1969	1967-1969	1967-1969	1967-1969	1967-1969	1967-1969	1967-Aug. 1972	1967-Aug. 1972
Indexan-gaben	145,900 ±3,000	144,100 ±4,000	120,400 ±8,000	120,400 ±8,000	120,400 ±13,000	120,400 ±3,000	119,200 ±10,000	148,900 ±4,000	148,900 ±4,000
Zahl der Papiere	89	89	89	30	89	89	90	89	90
Zahl der Restrikt.	1	1	1	1	1	1	16	1	2
Zahl der Portef.	67	58	36	36	20	63	24	79	79

Test-Nr.	210A	210B	210C	220A	220B	220C	230	240
Schätz-zeitraum	Dez. 1971-Jan. 1972	Dez. 1971-Jan. 1972	Dez. 1971-Jan. 1972	Dez. 1971-März 1972	Dez. 1971-März 1972	Dez. 1971-März 1972	Dez. 1971-Juni 1972	Dez. 1971-Dez. 1972
Regress.-analyse	1967-1971	1954-1971	1971	1967-1971	1967-1971	1967-1971	1967-1971	1967-1971
Indexan-gaben	138,500 ±3,000	138,500 ±3,000	138,500 ±3,000	153,500 ±5,000	158,500 ±5,000	148,500 ±5,000	151,600 ±6,000	148,900 ±8,000
Zahl der Papiere	89	80	89	89	89	89	89	89
Zahl der Restrikt.	1	1	1	1	1	1	1	13
Zahl der Portef.	81	84	85	67	71	67	67	60

EUROPÄISCHE HOCHSCHULSCHRIFTEN

Reihe V Volks- und Betriebswirtschaft

Nr. 1 Felix Streichenberg, St. Gallen: Forschung und volkswirtschaftliches Wachstum unter besonderer Berücksichtigung schweizerischer Verhältnisse. 174 S. 1968.

Nr. 2 Gebhard Dirlewanger, Bern: Die Preisdifferenzierung im internationalen Luftverkehr. 308 S. 1969.

Nr. 3 Jean-Louis Aeschlimann, Berne: Structure et Tâches d'un Organisme National de Tourisme. 116 p. 1968.

Nr. 4 Heinrich Zinsli, St. Gallen: Bedarfsanalysen für Textilfarbstoffe. 336 S. 1969.

Nr. 5 Rudolf Joller, St. Gallen: Die Wandlungen im Grundeigentum zwischen 1941 und 1965, untersucht an einigen Gemeinden des Kantons Graubünden. 208 S. 1969.

Nr. 6 Claus P. Wunn, Freiburg: Einfluss der Automation auf den Lohn in betriebswirtschaftlicher Sicht. 265 S. 1969.

Nr. 7 Bruno Link, St. Gallen: Social Costs. Die Lösung des Problems der social costs als Ansatz einer Theorie der Wirtschaftspolitik. 176 S. 1969.

Nr. 8 Pierre Gygi, Bern: Multiple Wechselkurse. Wesen, Erscheinungsformen und volkswirtschaftliche Würdigung. 116 S. 1970.

Nr. 9 David Wilshere, Lausanne: Some Economic and Organisational Aspects of European Research and Development Effectiveness. 168 p. 1969.

Nr. 10 Charles Beat Blankart, Basel: Die Qualifikationsstruktur des Arbeitskräftebedarfs in der Schweiz. 208 S. 1970.

Nr. 11 Adolf Peter, Zürich: Die Messung der personellen Einkommensverteilung. 336 S. 1970.

Nr. 12 Peter Häberlin, Zürich: Die staatlichen Interventionen im Fremdenverkehr. Begründung, Formen und Ausmass der Interventionen in ausgewählten Ländern. 256 S. 1970.

Nr. 13 Rudolf Knoblauch, Bern: Grosse Seen – St. Lorenz-Seeweg und Rhein. Ein Vergleich zweier bedeutender Binnenwasserstrassen. 252 S. 1970.

Nr. 14 Jean-Pierre Haymoz, Lausanne: Taux de cotisation et systèmes financiers dans l'assurance-vieillesse. 72 p. 1970.

Nr. 15 Joachim Hausser, Genève: Le Bénéfice – Base de l'Evaluation de l'Entreprise. 180 p. 1970.

Nr. 16 Otto Sauter, Bern: Die Besoldungspolitik der öffentlichen Gemeinwesen auf dem Platze Bern 1951–1965. 152 S. 1970.

Nr. 17 Charles Jeanneret, Fribourg: Les effets de structure et les effets de concurrence dans les échanges extérieurs des pays industrialisés entre 1953 et 1966. 316 p. 1971.

Nr. 18 Hans Lippuner, Bern: Die Bundesfinanzen und die EWG-Steuerharmonisierung (unter besonderer Berücksichtigung der Umsatzsteuer). 148 S. 1970.

Nr. 19 Rolf Köhler, Neuchâtel: Possibilités et rentabilité des examens d'aptitudes lors du choix des collaborateurs. 116 p. 1970.

Nr. 20 Jean-Bonvin, St-Gall: L'éducation facteur de croissance et développement économique. Une étude de planification à long terme dans le cadre du Sénégal. 580 p. 1970.

Nr. 21 Beat Oesterle, St. Gallen: Regionale Kaufkraft und Kaufkraftströme. Ihr Einfluss auf die Orts-, Regional- und Landesplanung. 212 S. 1970.

Nr. 22 Peter Hermann Spillmann, Freiburg: Die Finanzen des Kantons Solothurn nach dem 2. Weltkrieg. 440 S. 1970.

Nr. 23 Irène Häberle, Basel: Beiträge zur Bilanzierung von Pensionskassenverpflichtungen. 80 S. 1970.

Nr. 24 Gertrud Wirz, Basel: Face Amount or Reserve if Greater. 36 S. 1970.

Nr. 25 Viktor Grob, Neuchâtel: L'information du consommateur (Les institutions d'information du consommateur). 108 p. 1971.

Nr. 26 Werner Greminger, St. Gallen: Das Oligopol im schweizerischen Kartellgesetz. 120 S. 1971.

Nr. 27 Ferenc Gazdag, Freiburg: Die Belastung der Kantonshaushalte durch die Hochschulausgaben. 188 S. 1970.

Nr. 28 Franz Studer, Freiburg: Wirtschaftsstabilisierende Faktoren im schweizerischen Steuersystem. Eine dynamische Analyse der Steueraufkommenselastizitäten und -flexibilitäten der wichtigsten Steuern in den kantonalen Steuersystemen der Schweiz 1950–1966. 200 S. 1972.

Nr. 29 Pierre W. L. Edelmann, St. Gallen: Möglichkeiten und Grenzen der französischen Planification. Ein Beispiel staatlicher Rahmenplanung in der Marktwirtschaft. 200 S. 1971.

Nr. 30 Herbert-Michael Rösinger, Freiburg: Grundlagen des modernen Budgetmanagements, unter besonderer Berücksichtigung des Planning-Programming-Budgeting Systems (PPBS). 230 S. 1970.

Nr. 31 Pius Hofer, St. Gallen: Das Verhältnis zwischen Eigen- und Fremdkapital als Problem der Finanzierungslehre und der betrieblichen Finanzpolitik. 140 S. 1971.

Nr. 32 Werner Frischknecht, St. Gallen: Die Alters-, Hinterlassenen- und Invalidenversicherung (AHV/IV) im Strukturwandel – Eine systematische Entscheidungsgrundlage zur Volkspensionsproblematik. 332 S. 1971.

Nr. 33 Bernd Windhoff, Giessen: Darstellung und Kritik der Konvergenztheorie. 224 S. 1971.

Nr. 34 Riccardo Casutt, Freiburg: Makroökonomische Produktionsfunktionen und technischer Fortschritt. 186 S. 1971.

Nr. 35 Walter Viktor Oertly, St. Gallen: Wirtschaftliche Zentralprobleme Ghanas seit der Unabhängigkeit. Entwicklung der Primärproduktion und aussenwirtschaftliche Verschuldung. 308 S. 1971.

Nr. 36 Hanspeter Weisshaupt, Freiburg: Die betriebliche und verbandliche Personalvorsorge (Stand und Entwicklung). 160 S. 1971.

Nr. 37 Jacques Irniger, Freiburg: Pretesting und Testmarkt. Instrumente der Marketing-Forschung für die Prognose des Absatzvolumens neuer Produkte des Massenkonsums. 96 S. 1972.

Nr. 38 Bruno Maeder, Zürich: Strukturwandlungen im Fremdenverkehr der schweizerischen Hotellerie. Eine Studie der Entwicklung in den Jahren 1948–1968. 240 S. 1971.

Nr. 39 Hermann Maurer, Basel: Die schweizerische Wechselkurspolitik nach dem zweiten Weltkrieg (1945–10.5.1971). 224 S. 1972.

Nr. 40 Alfred Seidel, St. Gallen: Analyse der marktmässigen Grundlagen für das Unternehmerverhalten in mengenmässig gesättigten Märkten. 372 S. 1972.

Nr. 41 Arnd Schick, Mannheim: Der Einfluss des Wirtschaftssystems auf die Kostenplanung zentralgeleiteter Industriebetriebe in der DDR. 204 S. 1971.

Nr. 42 Günter Traut, Mannheim: Das Geldangebotsverhalten der Kreditinstitute in der Bundesrepublik Deutschland von 1957 - 1970. 164 S. 1972.

Nr. 43 Ralf-Bernd Rössing, Bern: Die agrarpolitischen Konzeptionen der Schweiz, Grossbritanniens, der EWG und der USA. 304 S. 1972.

Nr. 44 Michael Krause, Erlangen-Nürnberg: Bankstruktur und Notenbankpolitik in den ostarabischen Ländern. 432 S. 1972.

Nr. 45 Wolfgang P. Schmidt, Mainz: Fertigungsplanung mit Graphen. Verfahren zur integrierten mittel- und kurzfristigen Fertigungsplanung mit elektronischen Datenverarbeitungsanlagen bei mehrstufiger Mehrproduktfertigung. 356 S. 1972.